本书获吉林师范大学博士启动项目资助

民国国立大学

学科价值取向流变研究
（1912—1936）

王丽娟 著

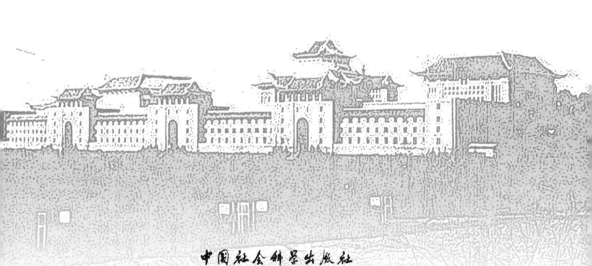

中国社会科学出版社

图书在版编目（CIP）数据

民国国立大学学科价值取向流变研究：1912—1936／王丽娟著.
—北京：中国社会科学出版社，2018.3
ISBN 978 - 7 - 5203 - 2088 - 7

Ⅰ.①民… Ⅱ.①王… Ⅲ.①高等学校—学科建设—研究—
中国—1912—1936 Ⅳ.①G642.3

中国版本图书馆 CIP 数据核字（2018）第 033693 号

出 版 人	赵剑英	
责任编辑	孙　萍	
责任校对	闫　萃	
责任印制	王　超	

出　　版	中国社会科学出版社	
社　　址	北京鼓楼西大街甲 158 号	
邮　　编	100720	
网　　址	http://www.csspw.cn	
发 行 部	010 - 84083685	
门 市 部	010 - 84029450	
经　　销	新华书店及其他书店	

印　　刷	北京明恒达印务有限公司	
装　　订	廊坊市广阳区广增装订厂	
版　　次	2018 年 3 月第 1 版	
印　　次	2018 年 3 月第 1 次印刷	

开　　本	710×1000　1/16	
印　　张	17.5	
字　　数	278 千字	
定　　价	75.00 元	

凡购买中国社会科学出版社图书，如有质量问题请与本社营销中心联系调换
电话:010 - 84083683

目　　录

导　论

一　研究背景

（一）大学学科建设价值取向"钟摆"之惑

在大学学科的长期发展过程中，始终存在着两种截然相反的态度：一种是将大学学科视为探讨高深学问追求学理的机构，趋向于把"闲逸的好奇精神"作为学科追求的目的，它体现了学科的自然存在状态，表现出学科建构在超越于现实之上的应然性；另一种是将大学学科视为体现国家意志和时代要求的社会服务机构，它趋向于将"社会服务"看作学科追求的目的，它体现了学科的社会存在状态，表现了学科建构在现实基础之上的实然性。当前大学学科建设价值取向出现循环往复的"钟摆"现象，学科价值取向在"闲逸的好奇精神"与"社会服务"的理想与现实之间来回摆动，表现在学科价值主体的取向在政府及社会和大学之间来回摆动；学科结构的取向在基础理论学科与应用技术学科两种类型之间来回摆动；学科管理的取向在集权与分权之间来回摆动。

产生大学学科建设价值取向这种"钟摆"现象的根本原因是"二元对立"与"单向度"取向的价值思维模式，这种极端化思维方式机械地割裂了大学学科组织系统各要素之间的有机联系，在实践中越来越暴露出其严重的弊端。大学学科建设的理想价值与现实价值实则互为制约，相互促进，两者是相互统一的，学科现实价值是理想价值的前提，理想价值是现实价值的精神动力及最后归宿，学科价值并非是一种抽象的主体与客体的关系范畴，它是"现实人的历史存在方式"，只有运用实践的思维方式，在学科的理想价值和现实价值之间找到一个恰当的稳固的"阿基米德支点"，才能构成一个有机的学科立体发展范式，进而实现社会、学科与人和谐互动，共同发展，才能真正建构具有特色的大学学科组织。

（二）当前大学学科建设面临的机遇、挑战及存在的隐患

1. 当前大学学科建设面临的机遇和挑战

首先，国际化的机遇与挑战。当前高等教育全球化导致高等教育理念在国际上相互影响；高等教育内容在国际间的相互兼容；高等教育学历在国际间相互承认；高等教育活动在国际间的相互交流，[①] 中国高等教育已经汇入世界范围的大交流、大竞争、大角逐之中。高等教育全球化不仅使我国的高等教育面临着不同价值观、意识形态的挑战，而且又使我国的高等教育面临着人才流失和人才培养如何适应全球化发展需要的挑战。越是民族性的，越是世界的，各个国家的高等教育应当办出自己的特色，探索本土化发展的道路。

其次，科技创新的机遇与挑战。高等教育状况已经成为一个国家国民教育发展水平的重要标志，成为一个国家综合国力的基本构成，成为推进科技创新的生力军。高校既是人才培养的主要阵地，又是人才会聚的战略高地，还是知识创新的重要基地，在推进现代化发展进程中具有得天独厚的优势和条件，因此高校要主动适应新型工业化道路对专门人才特别是高层次创造性人才的要求。改革开放以后中国高等教育改革就没有停止过，1993 年 2 月我国颁布《中国教育改革与发展纲要》，在邓小平理论和"三个代表"重要思想的指导下，我国政府出台了一系列推进高等教育发展的重要文件，如 2003—2007 年《教育振兴行动计划》以及 1998 年颁布的《中华人民共和国高等教育法》，这些文件的颁布为高等教育改革提供了正确的理论指导，同时也标志着高等教育进入法治新时代。

随着"211 工程""985 工程"的全面实施，我国高校迎来了快速发展的难得机遇，高等教育体制改革进入提高自主创新能力的新阶段。高等教育是知识创新、传播和应用的主要基地，也是培育创新精神和创

---

① 方增泉：《新世纪我国高校改革发展面临的机遇和挑战》，《高等教育研究》2006 年第1 期。

新人才的摇篮，无论是在培养高素质的劳动者和专业技术人才方面，还是在提高创新能力和提供知识、技术创新成果以及增强民族凝聚力方面，高等教育都具有独特的重大作用。

当前，我国高校科技创新能力薄弱，学术水平相对落后，这已经严重影响着建设创新型国家的任务的完成。一流的高校应该有一流的科研水平，这是高校培养一流人才的关键因素之一，也是高校核心竞争力的构成要素。2015 年 10 月，为了提升我国高等教育整体实力水平，国务院出台并颁布一项关于世界一流大学和一流学科建设方案的总体进展规划，至 2020 年后，多个高校和多个学科争取进入世界顶尖行列，部分学科进入世界一流学科前沿。至 2030 年后，越来越多的大学和学科进入世界顶尖行列，部分大学步入世界顶尖大学的前列，部分学科进入世界一流的学科前沿，大大提高高等教育的综合实力。到 21 世纪中叶，争取世界一流大学和学科的数量和实力步入世界前列，在中国基本完成高等教育强国的建设任务。①

最后，经济和社会发展给高校带来的机遇和挑战。近年来，我国经济的持续快速发展为教育发展提供了很好的基础和条件，我国综合国力有了明显的增强，教育投入有了较大的增加，国民的经济、文化生活水平的提高，使家庭教育期望值增高，激发了社会对教育资源尤其是优质教育资源的需求，为高等教育发展增加了外部动力。21 世纪我国教育改革发展事业的主要矛盾，是人民群众对于优质教育的强烈需求和优质教育资源供给不足的矛盾。在这种机遇与挑战并存的情况下，国内各高校正抓紧制定新的发展战略，力图在激烈的竞争中脱颖而出。为了适应国家战略需求和高等教育变革的趋势，迫切需要我国高校加强科技创新能力建设，强化高校在国家创新体系中的地位。建设一个充满生机和活力的创新型大学，是建设创新型国家的需要，是参与国际化竞争的需要，也是高校尤其是高水平大学和一流大学的基本价值取向。

2. 当前大学学科建设存在的隐患

当前在高等教育转型历史时期，大学学科建设被科层文化、学术文

---

① 国务院：《统筹推进世界一流大学和一流学科建设总体方案》，2015 年 11 月 06 日（http：//politics. people. com. cn/n/2015/1106/c1001 - 27783012. html）。

化与世俗文化所覆盖，在对秩序与等级的追求、对知识与真理的崇尚，及对市场逻辑的依恋中大学学科建设经常迷失了自己前进的方向，学术文化因受到政治与经济力量的渗透而渐趋衰弱，它时而依附于政治、时而依附于经济，学科文化逐渐走向行政化与庸俗化。"恶性的文化氛围在许多大学的学科建设中不同程度地存在，甚至抢占上风，出现了学科文化建设中的'格雷欣法则'——劣币驱逐良币现象。"[1]

大学学科建设价值取向在政治话语与庸俗文化惯性中迷失了方向，高校管理中行政与学术两种权力失衡，行政权力凌驾于学术权力是普遍存在的问题，忽视学术权力的行政权力使得高校学科发展偏离正轨，大学教师也在学科学术功能隐没的文化氛围中墨守成规，很大程度上失去了自身公众形象和社会文化引领者的气质风貌，同时带来专业发展的低效以及创造性功能的衰竭。

（三）民国国立大学学科价值取向流变研究的缺失

当前我国大学学科价值取向存在着一定问题，而要解决这些问题，需要反思与借鉴我国历史上大学学科价值取向发展演变的历史经验与教训。国立大学作为民国时期高等教育的最高层次，在近代高等教育中发挥了重要的作用，厘清民国国立大学学科价值取向发展演变历程，有利于把握当前我国研究型大学学科价值取向的历史根基，通过探究其历史变迁的内在机制，为当前有效开展学科建设提供方法和思路。但是，至目前为止，学术界对这一问题还缺乏专门、系统的研究。

由于五四之前的近代中国历史独特而复杂，它与传统文化紧密相连，又面对一个新世界与新时代，因此人们更多关注五四前期中西文化冲突大背景下大学学科发展现代化道路之探寻，此时学科发展处于引进阶段，多是西方学科的移植与介绍；而五四以后，二三十年代是国立大学学科发展迅速时期，也是学科本土化的重要发展阶段，大学学科价值取向的演进也是近代中西文化冲突演进的内在动力与标志。因此，这一时期学科发展的意义不仅在于学科本身，更在于它对中国社会文化整体

---

① 蔡琼等：《大学学科文化建设中"格雷欣法则"现象及消解》，《辽宁教育研究》2005年第7期。

变革及社会现代化发展起到重大影响。然而，对这一阶段大学学科发展的历史在学术界少有人思索，学科本土化事业经历了怎样的发展阶段？究竟达到了何种程度？学科本土化是否完成？民国国立大学学科价值取向流变系统研究的缺失，使得当前对研究型大学学科价值观念的传统透视与反省迟迟得不到良好解决，因此，也成为颇具有现实意义的影响现代学科价值重建的重要课题。

二 研究现状

笔者通过查阅维普、万方、cnki 超星图书馆、书生之家图书馆、中国数字图书馆、大成老旧刊全文数据库，东北师范大学大学图书馆、吉林师范大学图书馆，查阅到相关研究文献及档案史料汇编，笔者仅根据研究中所涉及领域，按照主题来进行综述：

（一）关于学科内涵的相关研究

当前国内越来越多的研究者表现出了对大学学科问题的研究兴趣，涌现出大量学术研究成果，包含学位论文、专著及文章。一般而言，在对学科问题进行研究之前首先需要界定学科之内涵，每一种学科内涵的界定，其背后都有一定的哲学价值理念，它表明了研究者的某种教育信仰与价值取向。因此，学者们关于学科的概念、内涵和特征的观点不尽一致，这预示着每种学科内涵界定的背后，学者关注学科研究的方面各不相同，关于学科内涵的研究主要包含以下观点：

1. 教学科目说

李振华《最新牛津现代高级英汉双解词典》对学科的英文释义为"subject of instruction"，就是"教学科目"的意思，这是从学校教育的维度定义学科的内涵，是为了实现各级各类学校的教育目标，将知识按照一定逻辑次序划分而成的相应单位，这表明学科在学校教学中的教育功能；《辞海》中对于学科内涵的解释是学科是"教学的科目，学校教学内容的基本单位"，① 在这里学科被解释为学校为了对人才进行培养训练而设立的教学科目。

2. 创新活动说

此类观点关注于动态理解学科内涵，认为学科是一种知识创新活动以及在活动中形成的人与人的关系。比利时学者阿波斯特尔运用科学社会学的方法解读学科的内涵，认为学科是一种社会创造活动，学科的目的在于知识创新，或者创建某种理论模式，或者通过创新技术改变某个客体。20 世纪 90 年代国内出版研究学科问题的专著《学科学导论——学科发展理论探索》，其中专门一章论述学科创造论，著作者认为学科是一种集学科精神价值、学科方法、学科内容、学科模式、学科主体素养多重因素于一体的综合创造活动。② 然而，因为这本著作是从学科学的角度对学科结构、学科文化背景以及学科创造等问题进行解读，未能对学科内涵给出科学解释。

3. 知识门类说

这种观点以《现代汉语词典》中对学科内涵解释为代表，它是从学科与知识的关系角度，一般认为学科是伴随着知识的发展和成熟，进而对知识进行专门的类别划分，其实就是根据知识的本质而分工的范畴。学者万力维认为："学科是由专业人员以独有的领域为对象，按照专门的术语和方法建立起来的概念一致、体系严密、结论可靠的专门化知识体系。"③

4. 科学分支说

此种观点以《辞海》中对学科内涵的解读为代表，认为"学科是一定科学领域内的分支，如自然科学中的物理学、生物学，社会科学中的史学、教育学等"。这种观点是从学科与科学的关系维度，认为科学是一个概括性的集合体，而学科是对于科学的具体分类，力图阐明学科与科学之间的附属关系；学者孔寒冰从知识生产、学问研究的角度提出

---

① 《辞海》，上海辞书出版社 1988 年版，第 1126 页。

② 陈燮君：《学科学导论——学科发展理论探索》，上海三联书店 1991 年版，第 35 页。

③ 万力维：《学科：原指、延指、隐指》，《现代大学教育》2005 年第 2 期。

学科就是"学问的分支"，即科学的分支或知识的分门别类。①

5. 双重形态说

有的学者从双重维度解读学科内涵，一方面认为学科是"知识分类的体系"，另一方面认为学科也是"知识劳动的组织"，鲍嵘即从知识论与社会学双重维度阐释学科内涵，认为"从知识论的维度看，学科有自己独特的研究对象以及一整套独特的研究方法和问题域；从社会学的维度看，学科与社会分工中的具体某一类分工的知识相关；它是两部分人——身处学术圈内的人与学术圈之外的人的集合，这些人之所以集结，是因为他们共同拥有社会分工中的某一类生产知识"。②

综上所述，鲍嵘认为学科不仅要有自身专门的研究对象、独特的研究领域以及自成体系的研究方法，同时也要有生活在学术圈内外，以一定知识的划分为基础组织起来的专门人群。

另外，浙江工业大学教授宣勇对于学科的内涵解读也持有学科的双重形态说，他认为："现代大学所强调的学科建设有两种不同语义上的指谓，一是作为知识体系的学科的不断发展和完善，即一门学科在知识上的增进；一是作为不同学科要素构成的组织的建设，即作为知识劳动组织的学科建设。"③ 宣勇认为，现代大学的学科建设目标不仅在于提升学科知识生产能力，还包括完善学科组织，不断优化学科生产关系。

6. 多重形态说

这一观点是从多重角度解读学科内涵，学者孔寒冰认为：一般来说，"学科"的内涵应当至少从三个方面来理解："（1）教学的科目（subjects of instruction），即教的科目和学的科目，是一种传递知识、教育教学的活动；（2）学问的分支（branches of knowledge），即科学的分支和知识的分门别类，是一种发展、改进知识和学问研究的活动；（3）学术的组织（units of institution），即学界的或学术的组织，是从事教学与研究的机构。"④ 学者杨天平（2004）从四个维度分析学科内涵：

---

① 孔寒冰：《高等学校学术结构重建的动因》，转引自胡建雄《学科组织创新》，浙江大学出版社 2001 年版，第 243—244 页。

② 鲍嵘：《学科制度的源起及走向初探》，《高等教育研究》2002 年第 4 期。

③ 宣勇：《大学变革的逻辑》上篇，人民出版社 2009 年版，第 33 页。

④ 孔寒冰：《高等学校学术结构重建的动因》，《清华大学教育研究》2001 年第 2 期。

一是科学的分支；二是知识的门类；三是教学的科目；四是知识分类的体系。① 杨天平对于学科内涵的概括几乎包含了学科全部要义，既包括了学科的外延义与内涵义，也包含了学科的原始义和引申义。孔寒冰、杨天平两位学者对学科内涵的揭示很有代表性，得到了广泛认同。在两者的眼中，学科内涵主要包括以下三点：第一，学科是科学的分支；第二，学科是教学的科目；第三，学科是从事教学和科研的组织机构。

山西大学陈学东的博士论文《近代科学学科规训制度的生成与演化》总结概括了现代学科发展的六个新特点：（1）学科建构了科学家与具体机构和经济环境的互动关系；（2）学科成为管理知识消费者和生产者之间市场关系的制度性机制；（3）学科是一种位置分配工具，通过专业和技术，学科设置了专家和业余人员之间的界限；（4）学科的注意力中心不只是学术机构和专家团体，它应当首先关心人类的生活本身；（5）学科通过制度化的途径，形成对感觉、行为的组织方案，以及作为认知和交流的工具；（6）在某种意义上，学科实际上是一种与政治有着特定关联度的机构，甚至协调着政治经济和知识的生产。笔者把陈学东的学科新特征归纳为：首先，学科是社会、学术组织机构与学者之间沟通的平台；其次，学科是规范知识生产、协调知识分子利益关系的制度机制；再次，学科是区别专业与业余人员的手段；最后，学科关注知识者的身体和精神的健康和成长。虽然陈学东谈及学科的内涵，但从其归纳的学科特征中已经暗含学科基本内涵。

南京师范大学万力维在其著作《控制与分等：大学学科制度的权力逻辑》中将学科的内涵概括为五个层面："其一，学科是相对独立的知识体系；其二，学科乃达到专门化程度的知识体系；其三，学科乃一定历史时空中以一定的范式建构起来的规范化的知识形式；其四，学科延伸为由专门化知识群体结成的学界的或学术的组织；其五，学科引申为规训和控制人和社会等研究对象的权力技术的组合。"② 五种含义既包括学科的外延，也包括学科的内涵；既包括学科本体意义，也包括主体

---

① 杨天平：《学科概念的沿演与指谓》，《大学教育科学》，2004年第1期。

② 万力维：《控制与分等：大学学科制度的权力逻辑》，南京师范大学出版社2005年版，第34页。

的发展意义，在不同的语境下对学科内涵的解读不同，但是万变不离其宗，每一种解释都离不开"学科知识体系"的基本内涵。"学科本指一定历史时期形成的规范化、专门化的知识体系；延伸指围绕规范化、专门化的知识体系结成的学术组织，它为专门化知识的生产与再生产提供平台；也隐含为实现知识的专门化、规范化，对研究对象与知识门类予以规训和控制的权力技术的组合。"① 可以看到，万力维对学科内涵的解释基本包含三个层面：第一，专业化的知识体系；第二，从事知识生产、传播与应用的学术组织；第三，规范知识及控制知识者的力量。

7. 矛盾的统一体说

此种观点的研究者认为："首先，学科是一个历史的范畴，是一个发展的动态的概念，知识的保存、传播和生产贯穿于学科发展的始终，围绕知识的保存、传播和生产，衍生了学科组织和学科制度，其中，知识体系是核心，组织体系是基础，制度规范是保障。其次，学科又是一个社会的范畴，作为社会大系统中的子系统，不可避免地受到社会系统中各种因素的影响，社会需求和价值取向成为主导因素，在一定程度上或直接或间接地左右着学科的发展。最后，学科是一个矛盾的统一体，在个体独立和群体关联的矛盾中寻求着动态有序与自然恒稳的统一，在封闭性与开放性的矛盾中实现着科学发展的内在逻辑和社会需求的统一；在理论性和实践性的矛盾中昭示了社会价值、经济价值和科学价值的统一。"② 由此可见，持有"矛盾的统一体说"的研究者将学科特点概括如下：学术性、规范性、开放性、系统性、文化性。因此可以看到，专门的研究对象、系统的研究方法和独特的研究领域是学科构成的基本要素，而学术组织则是三大要素运营的物质平台。

总之，国内外对学科内涵的研究实践，使得我们对学科的理解和认识逐渐丰富和完善。由此可以看到，国内外研究者普遍认为，学科必须具有以下几个要素：一是要有专门的研究对象；二是要有系统的研究方

① 万力维：《控制与分等大学学科制度的权力逻辑》，南京师范大学出版社 2005 年版，第 36 页。

② 翟亚军：《大学学科建设模式研究》，科学出版社 2011 年版，第 31 页。

法；三是要有独特的研究领域；四是要有专门的组织结构。伴随着大学学科建设实践的发展，学科理念也处于动态演变之中，而学科理念这种动态演变的历程恰好表明了大学学科价值取向的历史流变的过程。各方对于学科概念争论的症结在于只是从某一单一视角静态解读学科内涵，这使大学学科建设因此时常深陷"非此即彼"的价值困惑。这也是我国大学学科价值理论体系无法完善和明确的前提性缺陷。从整体角度理解大学学科内涵，学科是一个多向度延伸、多层面存在具有三维动态立体特征的概念形态。从这一视角出发，不仅能够更好地理解学科的历史变化和现实差异，而且能够揭示实践中大学学科多维度价值的有机统一性。

（二）关于学科价值取向的理论研究

学科价值取向的认识和实践是关系到学科发展方向的关键问题，它规定着学科建设的目的、内容及方法等诸多具体问题，长期以来对学科价值的争论持续不断，最为系统和全面的代表性的研究当数美国高等教育专家布鲁贝克的著作《高等教育哲学》，这部著作对历史上以认识论为基础和以政治论为基础不同的学科价值观的历史演变进行了系统论述，指出两种哲学流派中不同学者的思想观点对现代大学学科建设仍具有重要的借鉴意义。[1] 学科价值取向研究一直是学科理论研究的重要内容，争论的结果往往直接影响当时学科发展的总体特征，当前，学科价值的研究主要形成以下方面的观点。

首先，学科价值的多元化取向是学科未来发展的总体趋势。

高树仁认为：基于区域高等教育层面的学科建设与规划是当代高等教育宏观管理的新课题。内适性价值取向、外适性价值取向和学科生态价值取向作为学科发展的方向和价值选择，对于区域高等教育的学科建设与规划具有重要的指导作用。内适性、外适性和学科生态三种价值取向应该整合于学科建设与规划的标准之中，使学科建设体现学术、社会

---

① ［美］约翰·S. 布鲁贝克：《高等教育哲学》，王承旭译，浙江教育出版社 1987 年版，第 7 页。

和生态发展的需求。① 谷建春认为：时代的发展带来了高等教育价值观悄然变化，高等教育的个人价值、文化价值、社会价值构成其多元化的价值体系，高等教育的价值取向影响着高等教育的职能和高校学科专业的设置与调整，高等教育应以促进人的发展为主体，以发展科学和服务社会为两翼，力求其整体价值的完美实现。② 陈时见与袁利平则从比较教育学学科角度探讨了学科价值取向的多元性，研究主体和教育存在的多样性决定了比较教育学科的生存根基与发展方向，且根本上决定了学科思想资源和意义世界。③

其次，学科实践价值的研究日益成为学科价值理论研究的热点。

袁小鹏、陈中文认为：追求学术规范与创新是学科建设的内在规律和价值取向。学科建设与社会需求之间的价值冲突导致了学科建设的现状与现实社会对于学科建设的需求之间的距离、差异和矛盾冲突。当前，学科建设既要注意抓住主要矛盾，不断强化服务社会的功能，坚持促进学科自身建设与满足社会发展需要的协调与统一，又要十分明确地坚持学科建设的内在品质和价值精神，使学科建设在服务社会与促进自身发展之间保持必要的张力。④ 李泽彧、赵凤娟认为：学科发展包括学科理智发展和学科制度发展。从学科理智和学科制度两个层面分析了我国高等教育学学科建设的基本轨迹。提出未来我国高等教育学学科建设应以"学科自主"为目标取向，"学科自主"目标的实现有赖于路径取向上的"开放性"和价值取向上的"实践性"。⑤

总结学科价值理论研究者对于学科价值取向的观点可以看到：大学学科建设合于时代潮流、主导未来发展趋势的学科价值取向是"学术为本""返归实践""一体两翼"及"有机统一"。

———————————

① 高树仁：《学科建设的价值取向与实施策略：基于区域的视角》，《现代教育管理》2011 年第 3 期。

② 谷建春：《高等教育的价值取向与学科专业设置》，《高等教育研究学报》2003 年第 2 期。

③ 陈时见、袁利平：《论比较教育学的知识形态与价值取向》，《教育研究》2010 年第 2 期。

④ 袁小鹏、陈中文：《论学科建设的价值冲突》，《黄冈师范学院学报》2006 年第 1 期。

⑤ 李泽彧、赵凤娟：《我国高等教育学学科建设：基本轨迹及未来取向》，《中国高教研究》2010 年第 3 期。

（三）关于民国大学学科价值取向的历史研究

1. 宏观研究

学科价值取向是时代的产物，是一定时代的士人所共有的价值观念和精神状态。从社会变迁与学术转型的角度看大学学科价值变革，从社会结构的变化分析当时中国社会转型的一般特征，探寻社会变迁与学科转型的天然联系，揭示社会转型对学科发展具有的普遍的价值导向作用。这方面的研究代表性的有左玉河著《中国近代学术体制之创建》，考察了中国学术制度从传统形态向现代形态转化过程中的若干重大问题，包括学术研究主体的转换，学术研究对象的扩展，学术研究共同体的形成，学术中心的转移，专业学术机构的设立，以及新的学术交流、学术评议、学术奖惩机制的建立等。[1]

陈平原的著作《中国现代学术之建立：以章太炎、胡适之为中心》就是以民国成立前后三十年间社会文化转型为背景，通过章太炎、胡适之新旧两代学者在学术价值理念、治学心态、治学思路与方法的比较，展示了现代学科文化转型的复杂与艰难。在对两代学人的比较中可以看到中西学术之间的联系与区别。著作带有浓厚的文学色彩，可以从中感受到两代学者在理想与现实的夹缝中内心深处的矛盾与焦虑状态。[2] 阎光才的文章《中国学术制度建构的历史与现实境遇》回顾百年以来现代学术制度从"被动接纳"到"主动赶超"的历史发展过程，揭示中国学术制度的内在逻辑与它的西方摹本之间、学术与政治之间既有的某种一致性，同时又存在的巨大张力。[3]

薛其林的文章《学术兴盛与方法创新——论民国学术研究方法问题》以民国学术研究方法为研究对象，将民国学术研究方法置于社会与学术转型背景下，以冲突与融合为视角，超越"中体西用"论，分析民国时期学术研究方法在古今、中西多方立体动态融合创新的特征。如

---

① 左玉河：《中国近代学术体制之创建》，四川人民出版社 2008 年版。

② 陈平原：《中国现代学术之建立：以章太炎、胡适之为中心》，北京大学出版社 2010年版。

③ 阎光才：《中国学术制度建构的历史与现实境遇》，《北京师范大学学报》（哲学社会科学版）2008 年第 6 期。

传统考据方法与西方实证方法的融会贯通；传统义理方法与西方诠释学方法的融会贯通；传统朴素的辩证法与马克思主义唯物辩证方法的融会贯通等。正是民国时期众多知名学者在接受西方研究方法的同时，批判继承传统学术方法，才成就了民国学术上古今中外、百家争鸣的盛大局面。①

张立文的文章《民国学术的发展与中国学术理论形态的应世转生》从社会文化与学术相互影响的角度研究民国时期学术转型问题，探讨了民国文化思潮包括马克思主义思潮、实证主义思潮和非理性主义思潮等对学术理论思维形态的影响，论述了在这些文化思潮影响下民国学术的创新和转生。② 马睿的文章《当学术史遭遇社会史：论民国文化与中国现代学术体制之建立》以中国现代学术体制的建立为例，从社会物质条件、人力资源的组织、学术规范的形成等方面探讨了民国时期社会文化对现代学术体制的推动与限制。③

陕西师范大学任艳红的硕士论文《民国高等教育立法与现代大学制度的形成（1912—1949）》，以民国时期教育立法为主线，着重探讨了民国时期现代大学制度的建立与教育立法之间的关系。现代大学制度的形成与发展与教育立法的产生与发展相辅相成，教育立法为现代大学制度制定与实施提供相应的法律保障，论文以北大与东南大学为个案，对大学制度制定的外部环境、内部逻辑及制度最终的实践效果，进行整体分析与评述。④

华中科技大学王应密的博士论文《中国大学学术职业制度变迁研究》，通过历史资料的梳理和分析得出结论：中国大学学术职业制度因持续强大的行政力量的干预导致学术力量长期受到压制而缺乏发展的自

---

① 薛其林：《学术兴盛与方法创新——论民国学术研究方法问题》，《中州学刊》2003 年第 1 期。

② 张立文：《民国学术的发展与中国学术理论形态的应世转生》，《求索》2001 年第 3 期。

③ 马睿：《当学术史遭遇社会史：论民国文化与中国现代学术体制建立》，《广东社会科学》2010 年第 6 期。

④ 任艳红：《民国高等教育立法与现代大学制度的形成（1912—1949）》，硕士学位论文，陕西师范大学，2006 年。

主性；长期的制度依附已经使内在学术职业制度的发展产生了扭曲，使得其发展进入了一种闭锁状态，根本无法实现促进中国大学学术职业发展的功能。影响大学学术职业制度的学术发展的内在逻辑、学术共同体、行政力量，以及社会需求等因素的相互作用，出现"张力失衡"。当前亟须构建大学学术职业制度发展演变的张力平衡机制，实现多种影响力量间的相互"制衡"。[1]

有的研究者直接将大学学科作为研究对象，根据学科构成属性或特征对学科发展变化进行分析，这方面的研究代表性的有加拿大学者许美德著《中国大学1895—1995年：一个文化冲突的世纪》第二章对于民国时期的高等教育进行专门论述，其中涉及大学学科课程与学术问题。他认为宽松的政治环境及五四新文化运动对中国现代大学制度的建立有着极为重要的影响，1922年壬戌学制的颁布标志着中国高等教育从追求德国模式转向美国模式，对当时独立专科学校范围的扩大及董事会制度及学分制制度的建立进行了阐述；[2] 纪宝成著《中国大学学科专业设置研究》一书立足于我国当代高等教育的发展，将历史纵向考察和当代国际横向比较研究结合在一起，系统总结了我国大学学科专业设置百年来的规律和经验，同时指出当前我国大学学科发展与专业建设在相互协调过程中存在的问题，以便在理论与实践两个方面为我国当今大学学科与专业协调管理的改革提供新的理念和历史借鉴。

同时，相当一部分研究者从某一具体学科入手，纵向动态考察大学学科价值取向的发展变化。[3] 尚小明博士学位论文《近代中国大学的文史哲学科：一个宏观视野下的微观研究》对民国时期大学的文史哲学科发展做以动态考察。他分析了民国大学哲学科系的由"热"到"冷"反映了五四以后学术的转型，30年代起教育部严格实行限制文、法等科发展的政策，以及战乱及经费问题的影响导致史学与相关学科发展不够充分。[4] 李春雷从二三十年代民国报刊业发展阐述新闻学学科建设的

①　王应密：《中国大学学术职业制度变迁研究》，博士学位论文，华中科技大学，2009年。

②　[加] 许美德：《中国大学1895—1995年：一个文化冲突的世纪》，许洁英译，教育科学出版社2000年版。

③　纪宝成：《中国大学学科专业设置研究》，中国人民大学出版社2006年版。

④　尚小明：《近代中国大学史学科系设置考察》，《史学月刊》2011年第8期。

契机，认为设科建系及新闻学研究队伍的形成标志着新闻学学科建立；① 王向民从近代中国民族国家建设角度阐释了政治学学科发展四个阶段。②

2. 微观研究

首先，对北京大学理想本位学科价值取向的研究。这方面的著作代表性的有：金林祥著《思想自由兼容并包——北京大学校长蔡元培》，梁柱著《蔡元培与北京大学》，吴舸著《蔡元培高等教育管理思想研究》。这些著作对于蔡元培执掌北大时期学科目标、教授治校学科管理体制、沟通文理而废科设系的学科建设策略进行阐释，揭示了蔡元培大学学科建设学术本位的价值理念以及学科发展动因与现实基础，为当代大学学科建设正确合理定位提供理论依据。

这方面的代表性的文章有：陈平原的文章《北大传统另一种解释——以蔡元培与研究所国学门的关系为中心》阐述北大研究所国学门"读书不忘救国""以天下为己任"的光荣传统，以及外争民主自由，内求科学学术，对民主和科学的不懈追求是北大师生精神理想，这种学术精神是奠定北大辉煌学术成就的基础。③ 项义华在实证研究的基础上对蔡元培兼容并包思想的形成过程做了梳理，对其担任北大校长期间为了协调和整合各利益主体之间矛盾所实施的教育方针及采取的变革措施做了深入全面的分析。④ 宋月红以原始档案材料为根据，探讨了《北京大学月刊》编辑及成就的历史发展，进而论述蔡元培以学术为本位的学科建设思想。⑤ 刘剑虹则系统论述了蔡元培的学科建设理论，包含学科建设价值目标、学科组织管理方式、学科发展策略等，揭示了其对近

① 李春雷：《20 世纪二三十年代中国新闻学学科的建立》，《河北大学学报》（哲学社会科学版）2007 年第 1 期。

② 王向民：《民国政治学的四期发展》，《华东师范大学学报》（哲学社会科学版）2007年第 2 期。

③ 陈平原：《北大传统另一种解释——以蔡元培与研究所国学门的关系为中心》，《文史知识》1998 年第 5 期。

④ 项义华：《"兼容并包"：在理念与现实之间——以蔡元培为中心的考察》，《浙江学刊》2009 年第 5 期。

⑤ 宋月红、真漫亚：《蔡元培与北京大学月刊——兼论蔡元培对北京大学的学术革新》，《北京大学学报》（哲学社会科学版）1997 年第 6 期。

代以来的大学学科建设产生的深远影响。① 陈磊从比较的视角对蔡元培与郭秉文学科建设理念、学科管理、学科主体发展等方面的思想差异与共同点进行分析，挖掘对我国当代大学建设和发展应有的启发意义。②

　　其次，对东南大学现实本位学科价值取向的研究。这方面的著作代表性的有：冒荣著《至平至善鸿声东南——东南大学校长郭秉文》一书从"'三育并举'的育人方针""'四个平衡'的治校经略""持诚至善的校风建设"等多角度介绍东南大学校长郭秉文。耿有权主编的《郭秉文教育思想研究》阐述了郭秉文与现代中国实用主义教育学术范式的建立以及郭秉文教育管理的持中之道的思想。③ 华东师范大学张雪蓉的博士论文《以美国模式为趋向：中国大学变革研究（1915—1927）——以国立东南大学为个案》以 1915—1927 年国立东南大学为切入点，对"寓师范教育于大学"理念、董事会制度、选科制和学分制、学生自治制度、大学学术推广教育活动等进行研究，对东南大学转向美国的外部环境、使之发生转变的媒介、变革的具体内容和特点进行探讨，说明美国大学模式对这场改革的影响及其成效。④ 李娟的博士论文《党化教育、大学自治与人事纠葛》揭示了 20 世纪二三十年代东南大学在国民党党化教育背景下内部人事纠葛所牵连的各种错综复杂的关系，学校权力分配的逐渐失衡引发了校内包括党化教育、大学自治、易长风潮与人事纠葛之间的错综复杂的诸多矛盾关系，学术与政治之间如何寻求平衡是中国近代国立大学发展中所面临的重要课题。⑤ 雷婷婷硕士论文《郭秉文的平衡办学理念与实践研究》对郭秉文通才与专才的平衡理念，人文与科学的平衡理念，师资与设备的平衡理念以及国内与国际的平衡理念进行了探讨，郭秉文从整体上把握每个办学理念，对近

① 刘剑虹：《蔡元培学科建设理论初探》，《学位与研究生教育》2001 年第 6 期。
② 陈磊：《蔡元培与郭秉文办学思想比较》，《煤炭高等教育》2010 年第 3 期。
③ 耿有权编：《郭秉文教育思想研究》，东南大学出版社 2014 年版。
④ 张雪蓉：《以美国模式为趋向：中国大学变革研究（1915—1927）——国立东南大学为个案》，博士学位论文，华东师范大学，2004 年。
⑤ 李娟：《党化教育、大学自治与人事纠葛》，博士学位论文，华东师范大学，2009 年。

代东南大学学科价值转型做出了卓越的历史贡献。①

　　这方面代表性的文章有：许小青《郭秉文与民国教育界》论述了郭秉文 1914—1925 执掌南高东大时期的盛况，其认为 1925 年东南大学风潮过后其虽然离开教育界，但其培育的学风在整个现代中国影响深远；② 许小青另一篇文章《东南大学的国立化进程及其困境（1919—1927）》分析了为解决经费问题东南大学以校董会为权力核心依托地方社会的管理模式的形成过程以及在日后学校管理中校董会与教授会、评议会产生的深刻矛盾所导致东南大学国立化进程严重受阻的概况。③ 储朝晖《民国时期党化教育的牺牲者郭秉文与东南大学》一文认为党化教育使得东南大学由盛而衰，政治逻辑取代学术逻辑的后果是引发一系列社会逆向循环。④

　　最后，对中央大学实践本位学科价值取向的研究。这方面的著作代表性的有：张晓京的《罗家伦评传》在第三章对罗家伦执掌中大时期"复兴民族文化的大本营""建设有机体的民族文化"和"塑造强者"的学科价值理念进行了总结与概括；⑤ 牛力的著作《罗家伦与国立中央大学》，将历史学方法与高等教育学研究相结合，对中央大学与民族国家的关系进行综合考察，展现罗家伦执掌中央大学期间的发展图景。⑥ 许小青的著作《政局与学府：从东南大学到中央大学（1919—1937）》以问题和史料相结合的方式，通过东南大学到中央大学演变的历史脉络来探讨 20 世纪二三十年代国家政治与学术文化的多重关系。⑦

　　这方面代表性的文章有：朱庆葆的文章《国家意志与近代中国的大

　　① 雷婷婷：《郭秉文的平衡办学理念与实践研究》，硕士学位论文，南京师范大学，2007 年。

　　② 许小青：《郭秉文与民国教育界》，《教育学报》2014 年第 5 期。

　　③ 许小青：《论东南大学的国立化进程及其困境（1919—1927）》，《高等教育研究》2006 年第 2 期。

　　④ 储朝晖：《民国时期党化教育的牺牲者郭秉文与东南大学》，《华中师范大学学报》（人文社会科学版）2012 年第 6 期。

　　⑤ 张晓京：《罗家伦评传》，人民出版社 2008 年版。

　　⑥ 牛力：《罗家伦与国立中央大学》，南京大学出版社 2015 年版。

　　⑦ 许小青：《政局与学府：从东南大学到中央大学（1919—1937）》，中国社会科学出版社 2009 年版。

学治理——以罗家伦时期中央大学的发展为例》，阐述了校长罗家伦为了配合党国的政治需求和国家意志，以"建设有机体的民族文化"作为办学目标，并将之贯彻于办学实践和组织文化之中，引发了学术与政治的冲突与紧张。① 还有一些研究者发表文章从某一具体学科入手，探讨学科建立与发展的历程。罗玲与李禹阶的《民国时期国立中央大学的历史教学与历史研究》，王业遴与曹寿椿的《国立中央大学农学院园艺系简史》，项建英的《民国时期综合性大学教育学科论略——以中央大学、北京大学为个案》，胡延峰的《学科规训视野中近代中国心理学学科的发展——以中央大学心理学系为例》等。

（四）对已有研究主要观点的综述

在我国高等教育学科建设理论研究成果倍出的基础上，学科价值取向的历史研究已经取得了一定的进展，为我国大学学科建设提供了一定的支持和保障，但这些研究仍存在着一些较大的缺失，这主要表现在以下两个方面：

（1）缺乏统一的思维方式。在对大学学科价值取向进行历史比较分析时，必须是在一个相对统一的理论分析框架系统中进行，需要有统一的分析方法和评判标准，尽量消除分析过程中由于人为认识因素所造成的消极影响，这样才能真正从一些相对"同质"的史料中，分析出某种价值取向的变化趋势。当前对于民国时期学科价值取向的研究，没有形成相对统一的分析框架，各研究成果之间缺乏有机的联系，难以形成一致累积性的学术成果。因此，需要通过一种价值理念把零散的学科价值观念贯穿成一个有机的整体，以利于整体把握学科价值体系的历史演变。

（2）对于民国时期学科价值取向的研究，更多的是从某一方面进行研究，如对众多学科教育思想的研究，大多从单个教育家的角度进行论述，并且散见于对其教育思想研究的文章中，对于学科价值取向演变的外部环境及内部逻辑，学科价值取向形成过程及价值实现的表征从整

---

① 朱庆葆：《国家意志与近代中国的大学治理——以罗家伦时期中央大学的发展为例》，《学海》2012 年第 5 期。

体上概括归纳得较少；另外，对于民国国立大学学科价值取向发展演变的历史缺乏系统和深入的总结归纳，这样也就难以把握学科建设的本质和规律，发挥其指导学科建设实践的作用。

三　核心概念及研究范围界定

（一）国立大学

现代意义上的中国大学作为一种新的教育制度，是从西方移植而来的，肇始于 19 世纪末，迄今不过 100 多年的历史。因诞生机缘及与国家关系的差异，中国现代大学先后出现了不同的类型，如国立、省立、私立和教会大学等，它们层次不同，使命各异，形成了一种类似金字塔式的层级结构。1918 年《教育部公布全国大学概况》，其中关于国立大学的论述："国立大学在北京者，名北京大学；在天津者名北洋大学；在山西太原者，名山西大学。北洋、山西大学原系省立，自民国七年度起，经费由国库支给，乃改为国立。"[①] 1929 年，南京国民政府颁布《大学组织法》，其中规定："国立大学由教育部审查各地情形设立之。"[②]

由此可见，国立大学是由国家举办的大学，是中国近代大学的主体，其办学经费主要由国库直接供给，具有一定的国家性与公共性，国立大学与国家的关系最为紧密，其参与民族国家建设的范围最广、程度最高。近代国立大学以 1898 年第一所综合性大学京师大学堂建立为上限，以 1948 年国民政府公布的《大学法》为下限。中华人民共和国成立后经过高校管理体制的调整，民国时期国立大学绝大部分改为教育部直属大学，它们仍然保留着原来的在传统文化、地缘人脉、培养目标和社会影响力上的优势。这些大学关系到国家高等教育发展的全局，行业特殊性强，在师资改革、办学能力等实力探索改革方面发挥着示范引领

---

① 中国第二历史档案馆主编：《中华民国史档案资料汇编·第三辑·教育》，江苏古籍出版社 1991 年版，第 176 页。

② 顾明远主编：《教育大词典·第 10 卷——中国近现代教育史》，上海教育出版社 1991 年版，第 1216 页。

的重要作用。它们是面向全国的高层次人才提供者，是国家科学技术创新的排头兵，在人才培养、科学研究及社会服务方面都体现了国家级的最高水准。当然，为了保障和维护高等教育的公平性，需要建立相应制度，防止地方保护主义对国立大学发展影响的不良倾向。

本书主要考察的是自民国成立之初到抗日战争之前（1912—1937）的国立大学学科价值取向的流变问题，在这一阶段，国立大学发展阶段的划分，以台湾学者陈启天在其著作《近代中国教育史》中对民国时期教育阶段划分为标准。陈启天按照教育自身的发展变化，将近代教育分为萌芽时期、建立时期与改造时期。对改造时期即民国时期教育又细分为四个阶段：民初至五四运动之前（1912—1918）为教育改制和首定新教育宗旨时期；五四运动至南京国民政府成立之初（1919—1928）为新教育运动时期；南京国民政府成立之初至抗日战争爆发之前（1928—1937），即以"三民主义"为最高教育原则的党化教育时期。抗日战争开始至结束（1937—1945）为战时教育时期。[1]

本书在民国大学学科价值取向分期标准上，以陈启天对于民国教育分期标准为依据，同时以大学学科教育实践过程为主，突出学科教育实践的探索。

民国国立大学学科价值以中华民国成立、五四运动和南京国民政府成立三个重要事件为标志，大致经历了北洋政府前期理想本位（学科初具形态阶段）、北洋政府后期现实本位（学科发展与失衡阶段）、南京国民政府时期实践本位（学科改革与创新）的发展历程，历经三个阶段近半个世纪的发展和演变，完成了近代化历程学科阵地的三次转移：20世纪20年代之前在北京大学，20年代在东南大学，30年代在中央大学，明显地呈现出逐渐发展和丰满的态势。中华民国成立至五四运动（1912—1919），此时大学学科价值取向为理想本位，重心在北京大学；五四运动至南京国民政府成立（1919—1928），此时大学学科价值取向为现实本位，重心在东南大学；南京国民政府成立至抗战前（1928—1937），此时大学学科价值取向为实践本位，重心在中央大学。（见表1）

---

① 陈启天：《论民国教育史的分期》，《上海师范大学学报》1997年第1期。

表1　　　　　　　中国近代国立大学一览（1912—1937 年）

序号	国立大学（校址，存在时间）	名称变更概要
1	国立北京大学（北京，1912—1948）	1927 年 8 月组并为国立京师大学校；1928 年 6 月改为国立中华大学；9 月改为国立北平大学；1929 年 8 月复校；1937 年内迁时合组并为国立西南联合大学
2	国立北洋大学（天津，1918—1928、1946—1949）	1918 年为国立北洋大学；1923 年为北平大学第二工学院；1929 改为北洋工学院；1946 更名为国立北洋大学
3	国立山西大学（太原，1918—1931、1943—1949）	1918 年为国立山西大学；1931 的改为省立山西大学；1937 至 1939 年停办；1943 年改为国立山西大学
4	国立东南大学①（南京，1918—1931、1943—1949）	1927 年参与合并组建国立第四中山大学；1928 年组并为国立中央大学
5	国立北京法政大学（北京，1923—1927）	1927 年组并为京师大学校；1928 年改名为国立北平大学
6	国立北京农业大学（北京，1923—1927）	1927 年组并为京师大学校；1928 年改名国立北平大学
7	国立北京工业大学（北京，1923—1927）	1927 年组并为京师大学校；1928 年改名国立北平大学
8	国立北京师范大学（北京，1923—1937）	1927 年组并为京师大学校；1928 年并入国立北平大学；1929 年 8 月复校，名为国立北平师范大学；1937 年 9 月并入国立西安临时大学
9	国立北京医科大学（北京，1924—1927）	1927 年组并为京师大学校；1928 年改名国立北平大学
10	国立武昌大学（武昌，1924—1926）	1923 年 9 月国立武昌师范大学，1924 年 9 月改为国立武昌大学；1926 年 12 月合并为国立武昌中山大学②；1928 年改建国立武汉大学

---

　　① 含分设的上海商科大学。

　　② 该校"筹委会决定废除校长制，实行大学委员会制"。资料来源于武汉大学校史编辑研究室编：《武汉大学校史简编（1913—1949）》，1983 年，第 36 页。

续表

序号	国立大学（校址，存在时间）	名称变更概要
11	国立武昌商科大学（武昌，1924—1926）	1926 年合并为国立武昌中山大学；1928 年改建国立武汉大学
12	国立北京女子师范大学（武昌，1924—1926）	1926 年 8 月被教育部解散；同年 12 月左右复校；1927 年组并为京师大学校
13	国立中山大学（广州，1924—1949）	1924 年为国立广东大学；1926 年改此名
14	国立北京女子大学（北京，1925—1927）	1925 年 8 月国立北京女子师范大学被解散后成立，1927 年组并为京师大学校；1928 年改名国立北平大学
15	国立政治大学（上海，1926—2927）	1927 年停办
16	国立同济大学（上海，1927—1948）	
17	国立暨南大学（上海，1927—1949）	
18	国立中央大学（南京，1928—1949）	
19	国立清华大学（北京，1928—1948）	1937 年内迁时合组并为国立西南联合大学
20	国立浙江大学（杭州，1928—1949）	1927 年为国立第三中山大学；1928 年改国立浙江大学
21	国立武汉大学（汉口，1928—1949）	1927 年 3 月成立国立武昌中山大学，是年冬停办；1928 年 10 月成立国立武汉大学
22	国立交通大学（上海，1928—1949）	1928 年 10 月三校合并为国立交通大学，上海为本部、北京为铁道管理学院、唐山为土木工程学院
23	国立北平大学（北京，1928—1937）	1937 年 9 月并入国立西安临时大学；1938 年改名为国立西北联合大学
24	国立山东大学（青岛，1930—1938、1946—1949）	1930 年国立青岛大学正式成立；1931 年改为国立山东大学；1938 年"暂行停办"；1946 年复校
25	国立四川大学（成都，1931—1949）	1928 年为私立厦门在大学；1937 年改为国立

续表

序号	国立大学（校址，存在时间）	名称变更概要
26	国立厦门大学（厦门，1937—1949）	1928 年为私立厦门大学；1937 年改为国立
27	国立东北大学（沈阳，1937—1948）	1928 年为省立东北大学；1937 年改为国立
28	国立湖南大学（长沙，1937—1949）	1926 年成立；1927 年撤销；1928 年复校；1937 年改为国立

（表格资料来源于肖卫兵《中国近代国立大学校长角色分析》，福建教育出版社 2013 年版。）

（二）学科

关于学科的内涵，学界存在多重解释。包括"教学科目说""创新活动说""知识门类说""科学分支说""双重形态说"等。"双重形态说"得到了众多学者的支持，这种观点认为学科内涵具有二元性，其一是知识形态的存在，是形而上的，"学科是一门门知识分类体系"，经过实践检验，按照一定的标准，将科学概念、符号及思想模型划分成系统化的知识体系，它是源于现实世界的人类对科学的主观反应；其二组织形态的学科存在，是形而下的，学科是知识生产与加工的劳动组织，是通过一定管理活动实现学术主体自身心理要素与外部客体要素互动，形成的有利于提升学术生产力的组织体系。在这一实体组织中，学者们在一定方法论准则和程序的帮助下系统地从事知识的生产、传播与应用的活动。

大学学科是大学最基本的学术组织单位，它是以知识分类为依据，以高深专门知识为主要内容，承担大学三大基本职能的组织形式，是主宰大学学者工作生活的基本力量，是大学赖以生存与发展的核心。现代大学强调的学科具有两个不同层面的内涵：一方面侧重于学科的知识形态，指的是作为知识体系的学科；另一方面指的是作为不同学科要素（包含学科方向、行为规范、价值观、学术信息、物质技术基础和学者）构成的有机组织实体。无论从历史的角度，还是从现实实践的角度，此两种语义的学科含义都是共存的，不可从一种语义来释义学科，应尊重学科内涵的二元性存在。学科是充满变化、富有个性的动态系统。随着当前高校引入市场及社会机制，大学学科内涵的丰富性、多变性和复杂性表现更为明显。大学学科构成的基本要素包含：学科知识，学科价值目标，学科主体，学科管理方式。

本书采用的是组织形态的学科概念，认为学科是以提升学术生产能力为根本要旨，由一定物质资料、知识信息以及学者所组成的从事知识传播、应用、创造的基层集约化组织，通过相应组织化与建制化，保持知识的可持续创新进而增强知识的"集团创造力"。正如美国高等教育学者伯顿·克拉克所言："大学是围绕学科组织起来的，学科是高等教育系统的基层组织基础，学科作为一种专门化组织方式，是大学的一个独特和主要的特征，是概括大学制度的最佳端点。""学科明显是一种联结化学家与化学家、心理学家与心理学家、历史学家与历史学家的专门化组织方式。它按学科，即通过知识领域实现专门化。"[1]

（三）价值与价值取向

国内外相关文献关于价值论说主要有三种：一是主体说。认为对事物价值的评判以主体及其价值需要的满足为依据，不同需要的价值主体在对客体价值评判时会有不同的感受与体验。二是客体说。认为价值客体是价值存在的客观依据及现实基础，事物有无价值的关键取决于事物的客观属性及特征，它是价值关系得以确立的前提。三是关系说。认为价值存在于价值主客体相互作用的关系中，这种学说认为价值是价值主体按照自己的内在需求，使价值客体的客观属性及其变化发生合于价值主体发展的需求，进而显示价值主体自身内在的本质力量，价值主体、价值客体、价值活动三位一体，共同构成贯穿于价值生成和发展的整个过程。

价值取向是价值哲学的核心范畴，它是一定主体价值观的核心组成部分，是价值主体根据一定的价值观对自身价值选择的定位和定向，它是价值主体对于外在事物与他自身活动所存在的肯定或者否定关系的看

---

① ［美］伯顿·克拉克：《高等教育系统学术组织的跨国研究》，王承绪等译，杭州大学出版社1994年版，第34页。

法，是价值主体的一种固定态度和带有倾向性的意识和行为，在活动中它表现为价值主体的一种内在驱动力，体现了价值主体活动的动机、理想和行为方向。价值取向具有多元性，其建构依据在于价值主体认识的多元性；价值取向具有实践性，它是价值主体按照当前的认识水平以一定的客观价值标准在价值实践过程中表现出的心理倾向与行为趋向，它动态支配着价值主体的价值选择；价值取向的内容具有整体性，其内容既包含理性认识成果，也包含感性认识成果。

本书也是从关系说界定价值取向的内涵，主张从主客体之间的关系属性及相互作用的效应研究民国国立大学学科价值取向的历史演变背景与现实表征。

（四）大学学科价值取向

大学学科价值取向是学科价值主体根据一定的价值观对自身价值选择的定位和定向，是学科价值主体在学科建设活动中按照当前的认识水平，根据外在社会发展实际状况与他自身活动需求带有倾向性的价值选择意识和行为，它动态支配着学科价值主体对学科建设活动的价值选择。

大学学科价值取向是学科最基本的要素，并且处于核心地位，包括观念系统和行为系统两个部分，在观念系统中，学科价值目标是人们在观念中对学科的价值要求和追求；在行为系统中，通过价值目标的指向性，将动机付诸实施，从而产生的价值成果。学科价值取向两个重要作用：一是选择限定专门的学科知识作为特定的劳动对象；二是在此基础上使得所有游离的要素之间建立有机的联系，形成学科范式。学科范式决定学科是何种知识生产的车间，也决定了学科如何生产知识，最终生产何种产品。

从不同角度看，学科价值取向的表现形态是多种多样的，在历时性上表现为传统与现代学科价值取向的矛盾，在共时性上表现为中西学科价值取向的矛盾，在现时性上表现为理想与现实学科价值取向的矛盾，本书是从现时性维度对理想本位学科价值取向及现实本位学科价值取向展开论述。

理想本位学科价值取向的理论基础是认识论高等教育哲学，它认为大学学科是探讨高深学问、追求学理的机构，学术是大学学科的生命，它趋向于把"闲逸的好奇"精神作为学科追求的目的，体现了学科的自然存在状态，表现出学科建构在超越于现实之上的应然性。它认为学科应是一个按自身内在规律发展的独立有机体，遵循的主要是科学研究本身的规律，它摆脱了外界的束缚，成为保护人们进行自由探讨学问和追求真理的自律的场所。同时，它又是一个教化机构，其目的是为社会培养有教养、有趣味、懂得本国或本民族基本价值观和规范的公民。

现实本位学科价值取向的理论基础是政治论高等教育哲学，它认为大学学科不仅仅是探讨高深学问追求学理的机构，而且它对国家有着深远的影响，还是体现国家意志和时代要求的社会服务机构，它趋向于将社会服务看作学科追求的目的，认为学科受到国家间不同历史文化传统、政治体制模式和经济发展水平外部因素的影响，其所扮演的公共角色及其文化性格也自然有所差异，它体现的是学科的社会存在状态，表现了学科建构在现实基础之上的实然性。现实本位学科价值取向以客观为认知的中心，体现国家的意志和时代的要求，关注学科建设实施的可行性，彰显学科的法定性与工具性意义，作为一个教化机构，学科力图关注学生的社会现实生存，目标在于为社会培养掌握专业知识与技术的实用型人才。

无论是理想本位还是现实本位，学科价值取向都只从一般原理和抽象原则出发，只是发挥着意识形态的功能，全然撇开复杂的历史文化及诸多的人的特殊规定，因此缺乏现实感和历史感，忽视了学科实践及其实践主体的各自作用及二者的相互关系，这导致学科建设一直面临理想与现实"非此即彼"的价值困惑。学科价值是由理想价值、现实价值与实践价值三个方面构成的"一体两翼"跃动型立体价值结构体系，三者统一于反映社会发展需要变迁与学科具体情境的建设实践。当前学科外部环境表现出复杂性、动态性、对立性、开放性的特征，这种变化引发其价值结构内部的重新界定与排列，政府、社会、高等院校之间的各种利益冲突引发更深的价值危机，当前大学学科价值需要回归被"悬置"的实践本体，需要"回过头来反思到出发点"，将学科价值"朝向事物本身"①。

基于关系思维之上建构实践本位的学科价值体系，以此建构适应现代化进程的大学学科新的生长点。实践本位学科价值取向视学科价值为人的实践本性，它根基于学科建设实践活动的内在性、基础性和本体性，坚持历史主义的原则，从学科建设的现实问题出发，遵循学科价值提升的内外部逻辑，在对于学科内外环境准确把握基础上，以提高知识生产效率为手段，以动态创造学科价值为目标，以学科组织系统（包含子系统）为对象，通过学科内外体系的互动合作，有机结合，进而实现合理配置学科资源，实现学科价值最大增值。

实践本位学科价值取向的基本特点是：一是实践性。实践本位学科价值取向学科组织运营的结合点与着力点都指向学科建设实践，它是在学科建设主体对学科发展现实情况的理性认知基础上，在应对学科建设实践现实重大问题的挑战过程中探寻学科价值来源及工作依据，而学科建设实践的最终效果也是评价学科组织成功运作的根本标准。二是主体性。实践本位学科价值取向强调学科建设实践是发展学科主体功能的重要途径，在实践中通过利益各方多向度沟通，实现彼此之间关系的协调和统一。由于利益各方平等和参与感受学科文化信息，学科价值目标切合于其自身的实际需要，这样各方参与目标实现的热情高，主体积极性凸显。三是关系性。实践本位学科价值取向以关系思维为依据，根据现实学科资源状况和学科所处外部环境，动态创新学科发展目标，通过相关领域的合作，推进学科内部和外部系统的关系整合，进而科学治理学科资源，尽可能实现各方利益相关者的利益诉求。四是动态创新性。实践本位学科价值取向体现了学科价值主体文化自觉意识，能够动态把握学科外部环境和条件的变化，适时调整学科价值目标，在对于学科发展持续的理性批判中不断实现学科价值自我超越与创新。

本书以关系思维方式为依据，从整体角度理解学科价值体系建构。学科价值是由理想价值、现实价值与实践价值三个方面构成的有机体（见图1）。理想价值是大学学科的价值依据，现实价值是大学学科价值

---

① 张庆熊：《"朝向事物本身"与"实事求是"——对现象学和唯物论的基本原则的反思》，《哲学动态》2008 年第 12 期。

的现实基础，实践价值是大学学科价值的动力保障。学科价值体系是多元的、动态的、开放的价值系统，理想、现实与实践是学科价值体系构成的三个基本维度，三者相依相促，使学科价值构成"一体两翼"跃动型立体结构，共同推动和维持大学学科的良性运行。三者统一于反映社会发展需要变迁与合于具体情境的大学学科建设实践。这体现了学科建设主体的理论眼光和把握时代的自觉能动精神，也体现了大学学科的创新品格。

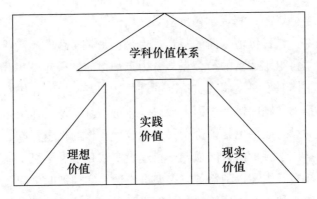

图1　大学学科价值体系

四　研究意义

（一）理论意义

（1）"教育是历史的存在"[1]，教育发展的历史很大程度上依托的是被保存下来的宝贵的各种文本史料，本书通过对国立大学学科价值取向发展演变历程的梳理，分析其中对学科发展产生重要影响的各种因素，不管是现在还是将来，都具有一定的历史价值和文化继承的意义。

（2）从民国时期国立大学学科价值取向历史变迁入手，为当前大学学科建设研究找到一个新的、重要的切入点。挖掘民国国立大学学科

---

① 张斌贤：《教育是历史的存在》，安徽教育出版社2007年版，第96页。

文化中蕴含的积极、合理因素，不仅能拓展与深化高等教育学科建设理论研究，为大学学科建设理论研究开辟新的理论生长点，同时，也为现代大学制度学科建设提供了更充分、可靠的本土化基础。

（3）梳理大学学科建设价值取向历史流脉，把握我国当代学科价值取向的历史根基，探究其历史变迁的内在机制，为当前有效地开展学科建设提供可借鉴的切实可行的方法和思路。

（二）实践意义

（1）学科发展既不完全由学科理想所决定，也并非由社会现实需要所左右，它应是两者矛盾运动的结果，本书能够推进当前学科价值取向现实反思，克服当前学科价值取向理论与实践脱节的现象，将大学学科建设放在动态变化的环境中来分析与把握。

（2）价值观念是价值行动的先导，也是学科建设成败的关键。通过对于民国时期国立大学学科价值取向历史流变的研究，有助于引导当前大学学科建设主体建构正确的价值观念与行为取向，以保证大学学科建设实践不偏离学科发展的本质规律，同时从学科目标设定到实施、评价的价值统一性。

（3）有利于提升大学学科建设的规范性，促使学科"产学研"合作目标和内容更加明晰，学科建设策略完善、合理、有序，不断提升大学学科人才培养质量。

五　研究方法

（一）文献研究法

通过对已有文献进行搜集、鉴别、分类与整理，对新史料深入挖掘，形成对民国国立大学学科价值取向变迁的科学认识，以最大可能地接近历史原貌，提出有价值的研究结论。对这些文献资料的整理、鉴别和分析，获取了研究对象的大量信息，并通过对这些信息的研究形成了对本书所要探讨的历史事实的基本认识。

（二）历史分析法

运用发展的、动态的观点，通过对民国国立大学学科价值取向不同发展阶段历史的资料进行科学的分析，找到各历史阶段的相互延续关系，推断它们之间的联系与区别，分析不同历史阶段学科价值实践结果的因缘，通过详细的历史叙事，进而详细地把握民国国立大学学科价值取向发展演变的来龙去脉。

（三）个案研究法

由于学科建设实践的复杂、多变以及潜隐的特征，历史分析法只能在总体上具有代表性，而个案法能够对特殊现象进行全面、深入的考察和分析。本书选择具有代表性的国立大学个案作为分析对象，重点选取北京大学、东南大学及中央大学作为个案研究对象，分别对其学科价值发展变化的影响因素、变化的制度表征与实践运行效果进行了具体分析，为得出民国国立大学学科价值取向流变整体规律提供可靠的依据。

同时本书将个案的独特性与民国时代的共同性相结合，以此对时代"大环境"和具体个案"小环境"的辩证关系做出新的尝试。探索影响学科价值取向变化的内外因果关系，以求发现问题或提出新的看问题的视角。

六　研究的创新及不足之处

本书研究的重点是南京国民政府成立到抗战之前（"黄金十年"）国立大学学科建设状况，因为这一阶段是近代大学向现代转型过程中变化比较快、比较明显的时期。它在整个中国近现代高等教育向现代化转型过程中有着特殊的地位与意义，它是国立大学在对于学科相对成熟思考的基础上，对五四新文化运动以来学科基本理念进行整体反思的同时更加务实地开始实践中国化现代学科建设实践的探索事业。是大学现代学科建设事业走向良性轨道的标志。

（一）研究的创新点

首先，选题的创新之处。本书选题以"价值取向"作为研究民国国立大学学科发展的主线，有别于高等教育史研究以"制度""人物""思想"等为研究对象的视域。

其次，研究内容上的创新。通过系统整理现有研究成果，将民国国立大学学科放在一个开放、复杂多变的环境中，进而从动态的、演化的视角来分析和理解学科存在与发展规律，通过学科价值取向"应然"设计与"实然"表征的对比，分析造成如此流变的影响因素，突破了传统学科价值取向研究仅着眼于学科建设理论研究的局限，研究内容深入到具体的操作层面，深入探讨外在学科环境变迁对学者及其学术工作所带来的影响。

最后，作为本书研究的前提——对学科价值取向分析框架的构建，也算是一个创新之处。本书坚持马克思主义实践哲学基本理论，明确提出了建构合理形态学科价值的实质就是在实践哲学的视域中，处理好两种学科价值哲学（学术与政治）的关系，并提出了以学科建设实践为本体，以学术与政治为两翼"一体两翼"学科价值建构这一基本思路。

（二）研究的不足之处

本书的不足之处主要在于：由于参考文献与历史研究资料的欠缺以及时间与经验的限制，对于不同历史阶段理想、现实与实践本位学科价值取向的现实表征还缺乏深入研究，尤其是对于学科价值历史演变的内外部逻辑的解释较为薄弱。作为当前学科建设理论指导的实践价值哲学研究的理论框架还比较单薄，这些不足之处都需要假以时日逐步完善。

第一章

民国国立大学学科价值
取向的历史溯源

现代学科在西方萌芽于 13 世纪的文艺复兴，"文艺复兴绝不限于文学，有许多因素结合起来，造成了一次空前未有的知识发酵"①。它是在对古希腊与古罗马哲学与科学思想充分继承的基础之上，适应现代科学知识普遍发展的需要以及学科自身发展与分化的结果，而真正现代学科的出现是在 18 世纪末与 19 世纪初，其形成的基础是现代科学学会的形成，"学会的成立标志知识划分史上的突破。英国皇家学会与法国科学学院没有执于个别经院知识划分，而是全新研究整个自然，不单只是旧范畴上的物理（或称自然哲学），更包括了数学。伴随新领域研究而来的也是新方法，不再是经院论争而是'实验哲学'"②。新的科学虽然仍称为"自然哲学"，可是分清了自然知识与其他知识的界限，也就确立了日后专门化的可能。18 世纪末以后，自然哲学逐渐分裂为数学、物理、化学等各门独立的自然科学，现代诸多学科正式诞生。

现代大学学科在中国发展历史十分短暂，西方大学学科几个世纪的发展历程在中国仅仅用了短短几十年的时间。中国科学社与中央研究院等现代学科组织的建立极大地推动了学科分化与独立，为学科专门化奠定了基础。二三十年代学科专业理念在中国首次出现，国立大学作为高等教育主体，学科独立化与规范化发展影响并主导其科学研究的范围与方向。学科发展是以继承传统文化为前提的，英国高等教育史学家哈罗德·珀金（HaroldPerkin）曾经说过：一个人如果不理解过去不同时代

---

① ［美］华勒斯坦：《学科·知识·权力》，刘健芝等编译，生活·读书·新知三联书店1999 年版，第 12 页。

② 同上书，第 42 页。

和地点存在过的大学概念，他就不能真正理解现代大学。民国学科价值取向的流变不能脱离传统大学学科思想源头和清末民初新式大学学科思想这一重大历史转折，不同历史时期的学科价值的选择和内化是民国学科价值取向形成和发展的历史根基。因此有必要对民国学科价值取向追根溯源，发掘古代至清末以来大学学科价值理念历史流变，探究民国大学学科价值的历史来源。

一　中国古代大学"主客相合"的学科价值取向

中国早在先秦时期就形成了独具特色的学术分科体系，中国古代传统社会以农业为主的自然经济和血缘宗法政治制度的基本社会特征决定了中国古代学术分科体系"主客相合"基本特征，主要体现于"天人合一"基本要旨，正所谓"夫大人者，与天地合其德，与日月合其明，与四时合其序，与鬼神合其吉凶。先天而天弗违，后天而奉天时"。[①]这种观念渗透在中国古代大学教育之中，对大学学科价值取向产生了深远的影响，使之在学科宗旨、学科知识结构、学科管理体制、学科主体方面具有明显的人本性、综合性、集中性与统一性的特点，这四个方面的基本特征形成既有区别，又相互联系的内在统一体。

（一）以"成人"为目标的学科宗旨

中国传统文化谋求天人合一，儒家以"人之性"统摄"天之道"，达到"天人合德"的境界，"至善"是"天人合德"的终极目的，因此古代的大学教育，无论是官学还是私学，都并不是一种以专业训练为导向的教育，而是一种现代意义上的"人文教育"，也即"通识教育"。这种教育，以培养完整的人格为目标。所谓"完整的人格"，先秦儒家经典或称之为"君子"，或称之为"成人"，或称之为"大人""圣人"，但它们的内涵大致相近，都是以"德"为核心思想的。我们可以看到《大学》里对传统人文教育的经典描述："大学之道，在明明德，

---

①　《易传·文言》。

在亲民，在止于至善。"而达于止于至善，须经过"格物、致知、诚意、正心、修身、齐家、治国、平天下"八个步骤，即所谓"三纲领、八条目"。其核心思想在于人如何能够完善自我，更好地"为人"与"处世"。《大学》概括了先秦儒家的教育宗旨，中国两千年的封建教育基本上贯彻了《大学》提出的基本纲领。

由此可以看出，中国传统儒家倡导的是以修身养性为目标的教育，围绕"成人"的教育宗旨而展开的；同时将明人伦、教化天下作为学科设置的目标。在学科内容的选择上，我国古代人文教育依托儒家的经典文献，以经、史、子、集（重点是四书五经）作为教育的内容。它们的教育作用各不相同，但又相互补充，组成一个相对完整的内容体系，去实现那个时代人的相对完整的心性发展。虽然在不同的历史背景下，其尊崇和标榜的程度稍有差异，人们也会对此做出新的解释和阐述，但其始终是围绕着道德这一主线的。正如许美德所说，"中国高等学府的知识体系强调道德的自我完善和独立性，强调能够唤起、扩大和实现人的本性中内在良知和自我修养"[1]。"德治"是中国古代大学精神的永久根基。徐复观曾评价道："中国文化精神的指向主要是成就道德而不在成就知识，因此中国知识分子的成就也是在行为而不在知识。换言之，中国人读书，不是为了知识，知识也不是衡量中国知识分子的尺度，这在二千年的历史中是表现得很明白的。所以中国知识分子缺乏为知识而知识的传统，也缺乏对客观知识负责的习性[2]。"

（二）经世致用的学科知识结构

基于"天人合一"哲学观，古代大学在文化源流上注重天道与人道的和谐，强调"浑然与物同体""民吾同胞，物吾与也"，[3] 不以宇宙自然为异己的力量，对天地亦无异在感，天、地、人三才并存，因此古代学者在价值观上形成"为天地立心，为生民立命，为往圣继绝学，为

---

① 许美德、潘乃容：《东西文化交流与高等教育》，南京师范大学出版社 2003 年版，第383 页。

② 徐复观：《中国知识分子的历史性格及其历史的命运》，载许纪霖《20 世纪中国知识分子史论》，新星出版社 2005 年版，第 63 页。

③ 王夫之：《张子正蒙注》，中华书局 1956 年版，第 121 页。

万世开太平"① 的入世精神与自觉承担责任的道德使命感，学人将现实社会与自我人生融为一体，将人的社会价值的实现确定为具有终极意义的人生价值，不追求社会现实以外的玄思妙想。在学科知识结构上古代大学重视"知"与"行"的统一，带有明显的经世致用的色彩。

　　古代在西周时期就已经有了礼、乐、射、御、书、数的"六艺"教育。"六艺"教育以礼为核心，重礼教，内容与人们生存发展需求密不可分，旨在促进人的和谐发展。春秋战国时期，官学衰落，私学勃兴，以孔子为代表的儒家学派在教育上基本继承了西周"六艺"教育传统，特别强调"礼乐"在培养人的过程中的作用，并将之进行了形式化提升，演化为《诗》《书》《礼》《乐》《易》《春秋》六种经典文献，奠定了后世儒家学科教育的基础。在教育过程中，儒家特别强调学而时习，知行一致，"诵诗三百，授之以政，不达；使于四方，不能专对，虽多，亦奚以为？"② 在封建社会发展到鼎盛的唐宋时期，儒家六艺教育有了新的发展，一些有识之士提出"明体达用"的教育思想，唐代官学中开设书学、律学、算学，更加强调学以致用。宋代王安石重新对《诗》《书》《周礼》作注，颁行全国，统一教材，改革学校教育，要求学校教育讲求实际有用的知识；宋代理学三先生之一的胡瑗明确将学校作为育人才、明教化、成风俗的基地，他说："致天下之治者，在人才，成天下之材者，在教化，职教化者，在师儒，弘教化而致之民者，在郡邑之任，而教化之本者在学校。"③ 根据这一思想，为改变当时崇尚辞赋之学风，胡瑗倡导在教育内容上应讲授经世致用之学，教育制度上实行"分斋教学"，在学校中设置经义斋和治事斋，教学内容不再仅重经义，还重时务，根据学生兴趣特长分斋而教。治事斋包括算术、堰水、治兵、水利、讲武、治民等科，教学以培养具有经世致用实际才干的人才为目标，强调"明体达用"。"分斋教学"第一次按实际需要在同一学校内实行分科教学，而且这种分科超越社会人文学科领

---

　　① 王夫之：《张子正蒙注》，中华书局出版社 1956 年版，第 132 页。

　　② 《论语·子路》。

　　③ 胡瑗：《松滋儒学记》，载《古今图书集成》第 55 册，中国戏剧出版社 2008 年版，第 7 页。

域，深入到自然科学与应用技术领域，实际应用学科第一次取得了如此之高的地位，甚至几乎与儒学平起平坐。胡瑗的做法，对于元明清学校教育内容产生了深远影响：如明代国子监的分堂教学和监生历事制度，清代的颜元分斋教学，都留有胡瑗的痕迹。中国古代大学学科知识具有"经世致用"的价值特征，这种价值观以学术知识的实用性与政治伦理价值为价值标准，反对不切实际的空虚之学，但是这种知识价值观也因过于看重知识本身现实价值，而忽略了对其学理的探寻。

（三）家国一体化的学科管理体制

在"天人合一"思想观念影响下，人与自然相统一的关系渗透到人与社会的关系中，也显示出一种明显的整体主义特征。以血缘伦理与宗法关系为纽带，古代大学学科施行家国同构一体化管理体制，即个体必须服从宗法等级秩序的价值取向。作为天下至尊者的皇帝是皇室（即皇族）家长，也是天下万民之家长，每个家族的族长、家庭的家长，同时扮演着家族与家庭中"小皇帝"的角色，他们持有组织内部成员的人身权利及财产所有权的掌控权，组织成员必须无条件服从族长和家长绝对的权威，不容许有任何反抗，伦理与政治一体，"移孝于忠"的封建宗法制使得家与国之间的沟通与联结维持着一个奇妙的平衡，家族与国家在组织结构方面也形成天然的共同性。

家国一体化的行政管理特点使古代学术与政治之间的关系极为密切，尤其汉武帝独尊儒术以后，整个国家只允许为统治阶级服务的唯一一种理论学说存在，诸子百家其他的一切学都被视为异端邪说而倍加压制，历朝所兴文字狱更加体现了这种学术专制管理的独断。在这种管理体制下，大学教育以传授、灌输统治阶级的政治、法律、道德观念及其知识体系为目的，教师及管理人员责无旁贷地将"传道、授业、解惑"这三者作为自己的神圣职责。大学教师一直以来被看作这种观念和知识体系的代表或化身，师与道、道与师之间建构起不可分割的联系。长期以来，官学教师的选择标准也被严格限定在是否合于封建统治者所需要的"学问"与"道德"上，大学教师的思想在长期的专制禁锢气氛中逐渐变得僵化，失去了创造的动力。

家国一体化的行政管理特点使作为国家基层行政机构的宗族组织凭

借强大的凝聚力和天然的地域优势在地方上发挥着教育行政管理与教化之功能，由于学术、政治、伦理与教育具有天然的相通性，学术在家族内部传承，因此教师显然具有了家长的身份特征。"弟子事师，敬同于父，习其道也，学其言语。……忠臣无境外之交，弟子有束修之好。一日为师，终身为父。"① 囿于封闭的自然地理环境、相对落后的信息传播方式，古代官学形成"师法"与"家法"的学术传承以及以地域为中心的学术派别，清代皮锡瑞在《经学历史——经学昌明时代》中说道："汉人最重师法，师之所传，弟之所受，一字毋敢出入。"学生需要忠诚于老师的教导，不可以做改变，这种管理体制对于保存文献、规范学统、维护师道尊严，以及统一思想与维护政治统治发挥着重要作用，但是这种管理体制也容易使人泯灭自我，被整体同化，使学术失去前进之动力。傅斯年曾在《中国学术思想界之基本误谬》一文中列出七条"中国学术思想界之基本误谬"，其中首条即是"中国学术，以学为单位者至少，以人为单位者较多，前者谓之科学，后者谓之家学。家学者，所以学人，非所以学学也。历来号称学派者，无虑数百，其名其实，皆以人为基本，绝少以学派之分别；而分宗派者，纵有以学科不同而立宗派，尤是以人为本，以学隶之，未尝以学为本，以人隶之"。同时，傅斯年认为，"欲起中国学术思想界于较高之境"，"欲探西洋学术思想界之真域"且"有以相容，不致隔越"，则这种"家学"盛而"科学"不兴的状况必当除之。

家国一体化行政管理的特点强调学校管理人员和教师个人精神感化和道德影响的作用。所谓"循循善诱""诲人不倦""以身作则""身教重于言教"，这种管理方式天然带有自身难以克服之缺陷，郭沫若曾对之批判道："师法只是精神与道德上的束缚，缺乏物质上法律上的束缚。假使师而做了上司，而且地位非常显赫，那可是例外了。"② 作为一种文化传统，强调学校管理者和教师个人道德感化作用在我国有着社会历史的、政治文化的多重原因，但是，教育与管理者以身作则确实触及政治与教育中一些本质性与规律性的东西，如管理者与教师在特定职

① 罗振玉：《鸣沙石室佚书》，北京图书馆出版社2004年版，第2页。
② 郭沫若：《十批判书》，中国华侨出版社2008年版，第86页。

位上应当发挥自身率先垂范的榜样作用，教育者在教育过程中应当发挥的主导作用，教育者与管理者自身的思想、情感与行为对于受教育者的潜移默化的影响等。但是中国古代依靠学术权威、个人意志与影响力实现学术组织运作，这容易受到管理者个人意志影响而使学术管理呈现出随意性、多变性的弊端。总之，家国同构的学科管理体制造成了古代知识分子没有形成自己独立的学术价值观念，自身难以挣脱异常强大的封建主义思想的束缚，形成他们对统治阶级唯命是从的人身依附关系。

（四）具有"全才"人格特征的学术主体

古代天人合一、主客相合的思想把天、地、人作为整体，又将天道、地道、人道联系起来，认为天地万物并不是单独存在的，而是彼此相互联系，相互依存，互为作用的。因此，古代学者需要普遍关注宇宙自然与人类社会，掌握各领域的知识，求得对客观世界的通识，体现于"在位通人，处远大儒"的全才人格特征，人格存在状态是整体综合型的，其所蕴含的人文素养既包括道德的（价值目标），也包括普遍文化的（知识与能力），学者"通才"的人格特征主要体现在三个方面：即，学习的广泛性、见解的全面性与思维的整体性。

首先，古代学者全才人格特征体现在全面涉猎，为学广博的知识结构中。古代评价学者一般以在博闻强识基础之上广泛了解天地自然与人类社会的各种知识为准则，这是一种胸怀博大、永无止境、积极探索的价值观。学者要在总结反思前人成果基础上开辟新的问题研究领域，同时，要随着时间与社会问题复杂的情况变化敢于开拓研究新的领域，形成新的学科。孔子言："君子之学也博。"[1] 又说："学而不厌"，"多闻，择其善者而从之，多见而识之"。[2] 荀子言："学不可以已。"《礼记》称："博学之，审问之，慎思之，明辨之，笃行之。"汉代国势昌盛，文化繁荣，学者接连超越儒家经学之局限，尊崇与努力探求通人之

---

① 郑玄注，孔颖达正义：《礼记正义》，转引自阮元编《十三经注疏》下册，中华书局1980年版，第1668页。

② 何晏集解，邢昺疏：《论语注疏》，转引自阮元编《十三经注疏》下册，中华书局1980年版，第2483页。

学。贾谊曾经发出感叹："通人大观兮，物无不可。"①　班固编撰《汉书》，"探撰前记，缀集所闻"②。"傍贯五经，上下洽通"，赞赏博学之才，称道通人之学，成为东汉社会的学术风气。《儒林传》中的人物包括司马迁、班固、刘向、扬雄、许慎、郑玄都是博通群经，不守章句，掌握"通人之学"的学者。魏晋南北朝时期，南北对立，社会动荡。门阀士族任情放诞，恃才傲物，品评人物，赞赏才性。做学问谋求通达，不再仅仅固守于儒家权威经典范畴，已经深入到史学、文学、玄学等众多学科领域。《三国志》对魏文帝曹丕称赞道："天资文藻，下笔成章，博闻强识，才艺兼该。"《晋书》赞颂傅玄"专心诵学"，"著述不废"，"撰论经国九流及三史故事"。《梁书》称沈约"博通群籍"，范缜"博通经术，尤精三礼"，周兴嗣"博通记传，善属文"。此时学者们研究的学科领域空前扩展，广泛涉及经史子集各个门类，不再局限于对儒家经典的传注式解释。

其次，古代学者全才人格特征体现在见解全面，融会贯通的理解能力中。

古代学者在观察宇宙自然，考察人类社会的基础上，探索二者之间的对立统一的辩证关系，弄清楚从古代到现在历史盛衰的变化迁移，进而总观百家而融合贯穿，达成对事物全面透彻的理解。孔子倡导融会贯通，教学中主张"不愤不启，不悱不发。举一隅不以三隅反，则不复也"。他整理与编撰六经，会通各家观点于一身。司马迁融会天人，贯通古今，"究天人之际，通古今之变，成一家之言"；汉代刘向父子广泛地搜集采纳天下相关文献资料，考察核定各类书籍，凭借融汇百家及对于历史沿袭规律的把握能力，编撰《别录》与《七略》，对古代的训古学、目录学、文献学、版本学、文字学、校雠学、历史编纂学与档案文献编纂各种学科熟练把握，使之彼此密切配合，浑然融为一体，通过全国性的大规模校书和编目工作，建立完整统一的思想文化体系；刘勰撰写的《文心雕龙》，"贯乎百氏，被之千载"③。孔颖达主持稽考儒家

---

①　司马迁：《史记》，中华书局 1982 年版，第 2500 页。

②　范晔：《后汉书》，中华书局 1965 年版，第 1330 页。

③　刘勰：《文心雕龙今译·史传第十六》，周振甫今译，中华书局 1986 年版，第 149 页。

五经，采集摘录旧说，包罗古文万象，论辩是非曲直，探求经义名理，编撰而成《五经正义》，打通南北经学融合之通道。司马光广泛搜罗，精心选择正史、稗史、野史、笔记、谱牒等，删减烦琐多余内容。专取关乎国家兴衰、民生休戚的大事，通古以鉴今，编成第一部编年体通史《资治通鉴》。明末顾炎武著《日知录》，清代章学诚著《文史通义》都体现着"博学"与"通识"的治学途径。

最后，古代学者全才人格特征体现在辩证整体与直觉体悟的思维方式中。古代学者治学主流思维是侧重于经验综合型的内在主体型思维，在实践中主张实现主体与客体合一，追求知与行的统一，重视学者个人先天的悟性和后天自我修行，强调"心"的体会与感悟作用。这种直觉体悟的思维方式的特点是辩证统一性和直觉体悟性，鲜明优点是它对客观世界把握的整体性、有机性与和谐性，实现了自然、社会、人生三维度有机结合。辩证整体思维方式立足于天地人我，对于处于不同系统或场域的人身及人心，探求不同系统各个要素之间的彼此相互联系。古代哲学中用"道""一""太极"等表明这个整体。"一生二"，"一体两面"，辩证的两面相反相成，维持着事物发展的平衡与同一。不把对立的双方看作非此即彼不可调和的矛盾关系，而是你中有我、我中有你，相互补充渗透，亦此亦彼互为条件的依赖关系，由矛盾主动方面（例如体对于用、心对于物、理对于气）起到决定的作用，从而构成新的均衡、稳定、动态、和谐的统一体。这种思维模式具有有机性、整体性、系统性与连续性，这是一个弹性很强的整体综合的思维模式。直觉体悟是借助具体形象符号启发人们把握事物抽象的意义，崇尚观物取象、立象尽意的思维方式。主张知觉把握宇宙人生之根据与全体。儒家孔子"默而知之"，孟子"不学而能""不虑而知"的良知良能，荀子的"虚一而静""大清明"的心理状态，张载的"大心体认天道"的宽容，朱熹的"豁然贯通焉"彻底明白的悟性，陆九渊的"吾心"与"宇宙"的不谋而合，王阳明的"致良知"的道德修养方法，都是扬弃知觉理性思辨，直接用身心体验宇宙万物之本源，达到于道德本体相合的一种思维方式。

总之，中国传统学科价值观内涵丰富，博大精深，其中既包含永恒的文化精髓，也存在不适应现时代的一些内容，当前大学学科建设进程中，传统学科价值理念仍然发挥着极为重要的作用，它是现代大学学科形成和发展的精神根基，如何抛弃传统学科文化之糟粕，扭转传统学科价值与现代学科价值观之间的矛盾和错位，延续传统学科文化之精华并将之加以合于时代的创造转化，在当前大学学科建设中具有十分重要的现实意义。

二 "中体西用"与近代大学学科价值取向转型

中国近代史"从根本上说，是一场最广义的文化冲突"，[①] 在中西文化的冲突融合中近代一些有识之士形成了"中体西用"的价值理念，早期资产阶级改良派、资产阶级维新派以及晚期以张之洞为代表的洋务派都是"中体西用"思想的拥护者。由于他们所处社会发展阶段不同、所属阶级不同，因此，对于"中体西用"中"中学""西学"以及"体""用"理解各不相同。而在社会变革中，各派又都以"中体西用"作为基本指导思想，教育改革又是社会改革的基本组成部分，这样，各阶级对"中体西用"的不同理解带来了中国近代教育不同的发展与变化，影响高等教育学科发展的价值变迁。学科价值变迁是近代中西文化冲突演进的内在动力与标志。晚清教育改革背后呈现的政治角力因素与中西文化冲击现象无不一一反映在高等教育学科价值演进的过程中。

（一）洋务派"道本器末"的学科价值取向

早期洋务派对西方文化的理解还处于极为肤浅的器物的层面上，他们否认西方文化有什么学理存在，只是承认西学在实用科学技术上具有一定价值，如李鸿章认为："中国文武制度，事事远出西人之上，独火器万不能及。"[②] "道本器末"作为洋务派教育改革指导思想，其实质是

---

① ［美］费正清：《剑桥中国晚清史》上，中国社会科学出版社1985年版，第252页。

② 李鸿章：《奏稿》，载栾兆鹏《李鸿章全集》第二十四卷，时代文艺出版社1983年版，第256页。

主张以封建伦理道德的"中学"机械嫁接西方实用技术的"西学"，这导致现代大学学科产生与发展受到封建传统学科文化的层层设阻，但是早期洋物派在僵化的封建传统学科教育肌体内注入了新鲜的血液，启动了早期学科教育近代化的步伐，对学科现代化影响是深远的，这具体表现在：

第一，"艺才"学科培养目标的确立。洋务派对传统的学科人才培养目标提出质疑，提出新型人才观，使人才培养由德转艺，开启了培养科学技术人才或一才一艺专才的先河，进而使人才类型从一元化走向复合化。李鸿章曾就鸦片战争以后封建传统的知识和人才所发挥的作用进行过强烈的讽刺和批判："中国士大夫沉溺于章句小楷之积习，武夫悍卒又多粗蠢而不加细心，以致所用非所学，所学非所用，无事则嗤外国利器为奇技淫巧，以为不必学；有事则惊外国之利器为变怪神奇，以为不能学。不知洋人视火器为身心性命之学已数百年，一旦豁然贯通，参阴阳而配造化，实有指挥如意，从心所欲之快。"[1] 实际上，李鸿章在这里一方面对传统人才观提出批评，另一方面指出了新的人才观必须具有一定西学背景："……而小楷试帖，太蹈虚饰，甚非作养人才之道。"[2] 新型人才首要特征是注重实用，洋务派对人才的要求不再只是精通儒学、诗赋、时文与小楷，"首重经纪庶务之才"[3]；为培养新式人才，早期洋务派广泛创办新式学堂，主要类型有："以京师同文馆、上海广方言馆为代表的外国语学堂；以福州电气学堂、天津电报堂为代表的科技学堂；以天津水师学堂和福建船政学堂为代表的军事学堂。"[4] 虽然这些学堂大多是采取个案批准办学的方式建立的，没有实现规模化与体制化，所以产生的影响有限，只能说是封建教育以外的零星点缀，但是这些学校毕竟是中国人办的最早的近代新式学校，它们为当时社会培养了不少专业技术人才和具有近代新思想的人才，且为以后大学多极教育结构系统的建立奠定了基础。

① 李鸿章：《奏稿》，载栾兆鹏《李鸿章全集》第二十四卷，时代文艺出版社1983年版，第256页。
② 李鸿章：《筹议海防折》，载《洋务运动》第1册，上海人民出版社1961年版，第53页。
③ 王尔敏：《淮军志》，中华书局1987年版，第326页。
④ 白光耀：《中国近人学校教育》，科学技术出版社1995年版，第26页。

第二，自然科学技术知识的引进。洋务运动时期为了有效服务于洋务教学，成立了许多翻译机构，集中力量翻译西书。中西方文化在早期接触中最容易发现的就是器物等外在层面的东西，学科文化冲突也只能从器物状态的技术层面开始。早期洋务派翻译引进了一批自然科学、制造学、工程学、医学等方面的著作，西方近代自然科学，包括数学、力学、植物学、地质学等也自此传入中国，由于没有意识到自然科学的方法论与哲学意义，导致"那时一般人都认为天算、格致等为造军器的武器，译者的目的也大都在借此改良军备而不是纯学术的介绍"。① 此时的自然科学只能作为封建文化的附庸，这严重阻碍了自然科学在中国的传播和发展以及科技人才的培养造就。1874 年，洋务派创建格致书院，这是我国历史上第一所培养科技人才的学校，为了配合书院教学研究，洋务派发行历史上第一本科技期刊《格致汇编》。除此之外，洋务派还通过派遣留学生等其他途径广泛汲取西学中的"科学"的因素，自 19世纪 60 年代洋务运动开展以来，洋务派对于西方学科知识的引进从西文（语言文字之学）到西艺（制船造炮之法），再到对西方自然科学（天文算学、声光化电），对西学的理解不再限定于实用知识技术，而是深入到学科原理的层面。洋务派引进的西方学科知识拓宽了人们的眼界，不仅为洋务学堂西学课程提供了急需教材，并且使其课程基本趋于一体。

第三，建立较为严格的学科管理制度。在经费有限的条件制约下，为了能在短期内培养出符合要求的人才，各洋务学堂先后创建并完善了包括教学、招生、管理等系统的规章制度以保证教学质量。首先是建立了规范的学生考核裁定制度。例如，京师同文馆对学生筛查鉴别所依据的标准规定，学生入馆学习三个月以后，教习对他们进行首次筛选，学习满一年以后，进行第二次筛选，根据成绩决定去留。一年之内有三次考试，包括月考、季考与年度考核，总理衙门每三年举行一次大考，根据学生才能差异将学生依次分出等级，优生同文馆将上奏请求给予七品到九品官衔，劣生将由同文馆咨询吏部或者降革，或者留级。当年京师同文馆中的天文算学馆从 1867 名考生中招

---

① 朱永新：《中国近代教育思想》，中国人民大学出版社 2011 年版，第 51 页。

录了 30 名，一年以后就被筛淘了 20 名，最终只有 5 名学生合格毕业。京师同文馆作为近代中国最早的新式学堂，其学科管理章程成为其他学堂争相效仿的摹本。京师同文馆 1879 年列出的课程计划如图 1—1 所示。福州船政学堂也建立了较为严格的学科管理制度，它规定：从"开艺局之日起，每三个月考试一次，由教习洋务员分别等第。其学有进境考列一等者，赏洋银十元，二等者无赏无罚，三等者记惰一次；两次连考三等者戒责，三次连考三等者斥出"。① 洋务学堂严厉苛刻的考核制度，使得大部分学生未能完成学业而被淘汰。当时担任福州船政学堂正监督的日意格曾作以记录："开办以后入学的一百零五名学生中，在 1873 年底仅仅剩下三十九名；六名死亡，六十名由于这个或那个原因被开除。"去掉死亡人数，筛淘率高至百分之六十以上。严格的淘汰制度有利于保证教育质量则是毫无疑问的。其次，建立合同制的教师聘任制度。洋务运动时期聘用外国教习是当时中国社会客观发展条件下不得已的选择，洋务学堂的教师主要由国外师资人员构成，洋务学堂与外教签订合同，规定聘期、职责、待遇、权利、义务等，外国教习倘若合格并且学堂需要，则续聘；反之，则解聘。例如，1866 年 11 月，左宗棠代表福州船政局，与从法国专门聘请的外教日意格等签订合同，规定：如果船厂开办满五年以后，日意格等人若能教会船厂中国学员独立制造与驾驶轮船，日意格等两名外教可获取船厂颁发奖金 214 万两白银，一般外教可以获取 6 万两白银奖金。但是，如果五年到期，所教中国学员技艺不精，则外教不获任何奖赏。1873 年，所签订的合同期满，船厂中国学员确实能够独立制造与驾驶轮船，按照合约规定，外教如数从船厂领取了奖金。这种在一定程度上可以灵活调整的承包责任制，调动了外教的教学积极性，保障了学堂的教学质量。合同制的教师聘任管理制度的有益尝试打破了传统教师任用方式，为日后大学学科管理打下了良好基础。

---

① 李鸿章：《筹议海防折》，载《洋务运动》第 1 册，上海人民出版社 1961 年版，第 52—53 页。

酉年：认字写字。浅解辞句。讲解浅书。

二年：讲解浅书。练习文法。翻译条子。

三年：讲各国地理。读各国史略。翻译选编。

四年：数理启蒙。代数学。翻译公文。

五年：讲求格物。几何原本。……练习译书。

六年：讲求机器。微分积分。航海测算。练习译书。

七年：讲求化学。天文测算。万国公法。练习译书。

八年：天文测算。地理金石。富国策。练习译书。

图 1—1　京师同文馆 1879 年列出的课程计划

第四，由"士"向早期知识分子转化的学科主体。洋务运动时期，伴随着现代化运动的正式启动，传统士人向现代知识分子转化生成。一大批封建文人、学者官僚挺身冲出封建营垒，接受洋务新式教育，或直接投身于近代的工商业、近代的政治、军事和科技文化事业中，他们中有洋务派官僚、洋务派知识分子、洋务学堂培养的生员和早期的维新思想等各类人物。他们向往民主自由，抨击封建专制体制；反对科举教育，重视现代科学技术；反对文化封闭与独尊，主张文化开放与交流；他们在参与和反思洋务实践基础上，关注社会全面变革。洋务运动时期新兴的知识分子力量还很薄弱，还依附于封建文化的土壤上，由于受到时代条件的局限，使他们本身还带有浓厚的封建性，这使得他们向现代转化的广度和深度都是有限的：他们掌握的现代知识结构还不全面，导致其对社会主导价值影响的障碍；由于他们与封建势力和帝国主义存在密切联系，随着洋务运动的发展，其封建性、买办性弊端逐渐暴露；同时，从社会实践参与方式来说，洋务运动时期的知识分子还没有实现组织化与体制化，他们仍是以个体化方式参与社会实践，这使得他们的思想始终处于离散而飘浮不定的境况，难以落地生根并化为组织化的行动力量。

（二）维新派"政本艺末"的学科价值取向

甲午战败，标志着洋务派"道本器末"学科价值观的终结，伴随着近代社会的整体深入发展以及西学东渐的逐层深入，这种价值观失去了指导近代学科发展的理论指导之地位，重任历史地落到了资产阶级维新派的肩上。维新派扬弃了洋务派"道本器末"学科价值思想，他们所理解的"西学"超越了洋务派的器物层面，深入到西方政治制度层面；"中学"也不再是洋务派所指的维护封建统治的"伦理纲常"，而是学以致用的"六经诸子"，在中西文化融合基础上提出"政本艺末"学科价值："今日为学当以政学为主义，以艺学为附庸，今日中国不思自强则已，苟犹思之，其必自兴政学始。"[①] 这次学科转型也不再囿于统治阶级内部派系之争，而扩展到全国范围，它标志着现代性学科思想的萌生与新兴资产阶级新学术的奠基。维新派学科转型在戊戌时期以整体性萌发于学科各方面之表现和特点中。

第一，"政才"与"新民"学科培养目标。为了适应政治改革的时代需要，维新派认为学科教育不仅是为了培养懂得近代科技的专门人才，更重要的是应该培养一批具有维新变法思想与才能、懂得政治法律、能够处理国家行政事务的管理人才，维新派批判了洋务派教育"艺才"学科培养目标的缺陷，强调"今日之学校，当以政学为主义，以艺学为附庸"。[②] 由此，戊戌维新时期"朝野咸以培养政治人才为第一义"。[③] 在维新改革实践中，维新派初步认识到国民素质低下导致社会政治落后，在吸收了西方近代国家观念基础上，进而提出培养"新民"是"今日中国第一急务"，[④] 转向关注国民教育，注重整个国民素质的提高，这在教育思想史上是一个很大的进步，推动着维新教育运动走向深入。维新派列举了传统国民品格有四大缺陷：爱国心之薄弱，独立性之柔脆，公共心之缺乏和自治力之欠缺。并指出了"新民"的品性是：具有公德、国家思想、进取精神、权利思想、自由、自治、进步、自尊、合群、生利分利、毅力、义务思想、尚武精神等，大力倡导"鼓民力，开民智、新民德"，[⑤] 学科培养目标由专门教育转向注重整个国民素质培养的通识教育，这在教育思想史上是一个很大的进步，促进了近

① 梁启超：《学校余论》，载《国学论丛》，清华学校研究院，1927年，第199页。
② 舒新城：《中国近代教育史资料》下，人民教育出版社1981年版，第289页。
③ 周予同：《中国现代教育史》，上海：良友图书公司1934年版，第219页。
④ 梁启超：《新民说》，载《饮冰室丛著（一）》，商务印书馆1916年版，第2页。
⑤ 《梁启超选集》，上海人民出版社1984年版，第206—268页。

代资产阶级普及教育的发展。

第二，中西兼容、以政学为主的学科知识结构。随着西书翻译的深化，同时在批判科举、改革书院的思想浪潮中西方"分科立学"思想逐渐被维新派理解与接受。冯桂芬在 1861 年所作的《采西学议》中、郑观应在 1884 年所作的《考试》中、王韬在 1883 年所作的《变法自强》中都较早提出了各自学术分科方案。康有为也看到了西方学术"注重专门"与"分科治学"的优势，在《公车上书》中特别强调创设"专门之学"，认为只有"条理至详"才可"科学至繁"，经过维新派宣传，西方"学术分科"理念渐次流行，不仅新建的西式学堂按照西方"分科立学"观念设置课程，而且传统的书院也按照"分斋治学"的原则变革课程、组织教学。维新派一方面以西学理性精神抑制对中学儒教之狂热，又以中学之终极关怀超越西学之物质主义，在对中学、西学开放立场的基础上建构亦中亦西、中西兼容的分科课程体系。对于西学，"凡天文、地矿、医律、光重、化电、机器、武备、驾驶分立学堂，而测量、图绘、语言、文字皆学之"①。对于中学，维新派不再满足于洋务教育只注意引进西方课程，而是把矛头直接指向空疏腐化的旧教育制度。"国之弱，民之贫，皆由八股害之"②。从传统文化中搜罗一切反映时代特色的学科教育内容，通过文化革新，丰富新学的成果。1891 年康有为创办万木草堂，课程中设有义理、考据、经世、文字之学，要求学生在通读经史的基础上，学习西方哲学、政治理论，以及自然科学技术和语言文字学等。梁启超在湖南时务学堂讲学时将学生所学课程分为两种："溥通学"与"专门学"，"溥通学"实则为通识课程，包含公理学、诸子学及中外史志；专门学分为格算学、公法学、掌故学三门，学生需要任选一门学习。"溥通学"中的"诸子学"及"专门学"中的"公法学"受到维新派的格外重视，这反映了维新派受制于救亡图存这一时代背景，学科教育内容难以摆脱以政治为重的局限。受主客观多重因素制约，维新时期，中国传统课程虽然受到前所未有的大冲击，但其

① 中国史学会：《中国近代史资料丛刊：戊戌变法（二）》，上海神州国光社 1953 年版，第 148—149 页。

② 同上书，第 211 页。

重文轻理的知识体系和认识框架并未得到根本变革。同时对于西方学科哲学及其方法论认识研究方面的薄弱使得维新派学科课程缺乏实证性、系统性和逻辑性，因此缺少一定理论深度与内在力量。

第三，公共组织化的学科管理。现代学术文化背景形成于社会革命中，学者需要"让自己的认识接受公众的裁决和修正，在他的判断中消除自我，提出对每一个心智与对他自己同样为真的论据。……在这些事实上形成不受个人情感偏见影响的判断"。① 现代学术生产方式的建立需要学术从传统个体化向现代组织化转变。学会等现代研究机构以及报纸杂志等学术成果的公共传播机构的建立是现代学术生产机制建立的物质前提。维新派为适应维新变法之需求，创建了大量学会，这些学会具有强烈现代性色彩，在自愿联合的基础上以知识和政治相兼为目标，学会在会员中实行现代民主、平等的原则，倡导普遍自觉的群体意识，建立了共同遵守的章程和明确的宗旨，举行定期的活动和发行报刊，讨论问题不论官职和权力的大小只服膺真理。维新派创建的广学会、强学会以及湖南的南学会与康有为在北京发起的保国会都是这样的学会组织，它们以西方学科文化为价值理念，与传统"以文会友，以友辅仁"建构于师法和家法基础上的学术体制内传承有很大区别，正如美国学者费正清所评判的："当强学会在 1895 年突然兴办学会活动时，对宋明时期儒生中间自愿结社的追忆肯定是鼓舞力量的一个源泉，但是直接的动力主要来自西方。"②

由于缺乏国家法律的保障，戊戌时期兴起的学会与研究机构虽然获得一定发展，但仍规模小，人员少，缺乏系统性，具有民间性与地区性的局限。另外，作为新式大众传播媒介重要形式，报刊为从传统脱胎而来的新式知识分子提供了新的公共角色与谋生途径，为他们提供了新的话语表达空间，同时在引导人们并进行政治动员以及监督政府方面发挥了巨大作用。维新派所创办的报刊以《时务报》《国闻报》《湘报》《知新报》等为其肇端，报馆星罗棋布，以之为启蒙阵地，呼吁变法维新。最出类拔萃的是 1896 年间出版的《时务报》，在全国十五省各地出

---

① ［英］皮尔逊：《科学的规范》，李醒民译，华夏出版社 1999 年版，第 9—10 页。
② ［美］费正清等：《剑桥中国晚清史》下册，中国社会科学出版社 1985 年版，第 375 页。

售，甚至远销日本与东南亚华侨界，销售数额最高的时候已达到1.7万余份，据有关资料统计，《中日马关条约》签订以后至1898年间，全国正式发行有120余种中文报刊，并且大约有80%的是国人自己创办的，这些报刊加强了学术思想界与社会民众的沟通，推进了现代化的进程，促进社会风气向着开放式转换。正如舒新城先生所言："戊戌政变虽然没有成功，但社会上的传统思想却因新民丛报、黄帝魂等文字鼓吹，因而发生动摇，民权民族之观念亦渐入人心。"① 维新派所创办的学会与报刊为其进行变法维新提供了组织活动的主客观条件，也为现代学术组织发展提供了基础原型。

第四，学科主体独立与自觉意识的初步觉醒。"只有近代社会提供了制度化条件，使一个具有自我意识的知识分子群体得以产生。"② 与洋务运动时期相比，戊戌维新时期知识分子第一次作为具有某种独立性的先进阶级登上历史舞台，他们以自身理性自由冲决了各种束缚，进行了一次崭新的历史尝试，无论是对传统教育的继承，还是对西方教育的吸收都达到了史无前例的良好社会效果。戊戌维新时期知识分子在对传统学科文化理性认识与把握基础上，主张废除八股、振兴学堂，从传统学科中搜罗一切反映时代需求的内容，传承了传统"非主流"学科文化的合理因素，在历史上第一次主张把改革封建专制同抗击列强侵略有机结合起来；戊戌维新时期知识分子吸收了西方学科文化之精粹，首次建立起分立于道统的学统，分立于治术的学术，致力于建立专业化、科学化、分科化的现代学术与知识体系，以逻辑和科学实验的实证精神进行思维方式的现代化变革，这标志着严格意义上的现代知识分子正式形成。然而，"不成熟的理论，是和不成熟的资本主义生产状况、不成熟的阶级状况相适应的"③。作为资产阶级上层知识分子的代表，维新派社会基础狭窄，势力弱小，他们不敢从根本上否定封建君主制度，同时又对帝国主义抱有幻想，他们与其主体——民族资产阶级的联系十分薄弱，这使得他们提出的改革方略往往表现出脱离中国国情的激进与理想

---

① 陈学恂：《中国近代教育文选》，人民教育出版社2001年版，第13页。
② ［德］刘易斯·科塞：《理念人》，郭方等译，中央编译出版社2001年版，第164页。
③ 《马克思恩格斯选集》第2卷，人民出版社1974年版，第29页。

主义的特点；由于没有正确的思想理论指导，维新派中西会通教育便显得粗糙繁杂，缺乏体系，他们只是采取简单方式进行融合，思想理论难以达到应有的深度和广度。维新派领导的变法因不彻底而以失败告终，现代知识分子群体也未能实现彻底转型。

（三）清末新政"中西合一"的学科价值取向

戊戌维新时期，正当康梁打着"中体西用"的旗号进行着"西体西用"的改革时，洋务派后期崛起之人物张之洞在 1898 年 4 月抛出《劝学篇》，提出了他的"中体西用"观。张之洞"中体西用"观绝不仅仅是早期洋务派"中体西用"观的系统总结与概括，它虽然有为巩固封建政体而强调"中体"的一面，但它更多强调的是对西学的深入学习，实则已突破了"中体西用"思想之界限，而达到"中西合一"。①张之洞"中体西用"观中"中学"主要是指四书、五经、中国史事、政书、地图等，这些学问是一切学问的基础，应放于首位，"讲西学必先通中学，乃不忘其祖也"，② 所谓"西学"，张之洞将之分为"西政"和"西艺"两类，"学校、地理、度支、赋税、武备、律例、劝工、通商，西政也；算、绘、矿、医、声、光、化、电，西艺也"。③ 张之洞主张政艺兼学，而"救时之计，谋国之方，政尤急于艺"。④ 倡导的"西政"不包括维新派倡导的西方政体，但实则已深入到了西方科学技术和政教体制等诸多方面，兼及中学与西学的有机联系。在这种"中西合一"价值趋向指导下，晚清于 1902 年实施"新政"教育改革，颁布的《奏定学堂章程》成为 1912 年以前兴办学堂的根本大法。此时学科体制明显出现了向西方学科体制转化的痕迹，代表着近代学科体制正式确立的一份宣言。晚清"新政"教育改革带来了学科宗旨、学科结构、学科管理及学科主体相应的变化。

首先，学科教育宗旨"中西贯通"。19 世纪末 20 世纪初，以慈禧

---

① 夏东元：《洋务运动史》，华东师范大学出版社 1996 年版，第 195 页。
② 张之洞：《劝学篇》，中州古籍出版社 1998 年版，第 11 页。
③ 同上书，第 12 页。
④ 同上书，第 13 页。

太后为首的晚清政府以"中西合一"思想为指导实行"新政"教育改革，对西学的大力倡导使封建教育逐渐转入资本主义教育轨道。1896年第一任京师大学堂校长孙家鼐曾上书光绪帝《议覆开办京师大学堂折》，建议创办综合性大学的主张，以"中体西用"为指导，培养通本致用的人才，主张"中学有未备者，以西学补之；中学其失传者，以西学还之。以中学包罗西学，不能以西学凌驾中学"。这一宗旨表明以中学融合西学的价值特征，有别于盲目照搬西方的观点。1902年，清政府颁布《钦定京师大学堂章程》，直接阐明宗旨：端正趋向，造就通才，为全学之纲领。而后颁布的《奏定大学堂章程》承继了这一宗旨。1905年，清政府成立了中央教育行政机构——学部，作为统辖全国教育的行政机关，并将原来的国子监并入。1906年，学部正式规定了明确的教育宗旨——"忠君""尊孔""尚公""尚武""尚实"。后三项"尚公""尚武""尚实"被认为是"中国民质之所缺，而亟宜针砭以图振起者"，[1] 指明了教育应当培养中国国民所缺乏的公共心，并且在一定程度上注意到了近代实业的发展和需求，为近代中国教育指明了发展方向。虽然此宗旨仍然表现出了明显的封建性，将"忠君""尊孔"放在首位，强调要以中国所固有的封建伦理道德为根基，并以此反对各种民权说，但这只是巩固中学的最后一道防线，"忠君""尊孔"的政治意义要远大于文化意义。在这种"新教育"宗旨引领下，中国近代学科教育最终在形式上具备了近代资产阶级教育特征，为中国近代资产阶级新学科教育体制建立构筑了基础框架。

其次，学科知识结构兼习中西、以西学为导向。伴随西学东渐的深入，传统以经、史、子、集为分类依据的大学学科难以适应中国社会发展和变化及大学学科快速分化发展的需求，因此西方"学术分科"理念被导入中国，由此引发了近代意义上大学学科建设的诉求。1905年科举制的废止，使学术评价标准发生深刻变革，为高等教育学科体制转型注入强大的动力。1902年，清政府制定《钦定学堂章程》，将大学学科划分为7科35门：政治科包括法律学、政治学；文学科包括经学、

---

① 张之洞、张百熙：《学务纲要》，转引自朱有瓛《中国近代学制史料·第二辑·上册》，华东师范大学出版社1983年版，第189页。

诸子学、史学、理学、辞章学、掌故学、外国语言文字学；格致科包括高等算学、天文学、物理学、地质学、化学、动植物学；农业科包括农艺学、兽医学、林学、农业化学；工艺科包括造船学、土木工学、造兵器学、电气工学、机器工学、应用化学、建筑学、采矿冶金学；商务科包括产业制造学、簿计学、商法学、商业语言学、商业地理学、商业史学；医术科包括药学、医学。

　　整个架构是以西式的知识分类系统为依据，没有专门设置经学科，客观上弱化了传统"经学"学科的地位，为日后废除"经学"埋下了伏笔。但此章程颁布之后，并未真正施行。1903年，张百熙联合张之洞与荣庆修改《钦定学堂章程》，重新拟定《奏定学堂章程》，张之洞作为"当今第一通晓学务之人"①起了主导作用。在章程中，张之洞除了将大学院改名为通儒院之外，还把原来《钦定学堂章程》附入文学科的经学门独立出来设为一科，并且依据经部分类将《周礼》《尚书》细分为11门，扩充了经学在大学中所占的比例，提高了经科的地位。张之洞将大学分为经学、政法、文学、医、格致、农、工、商8科43门，这是大学正式分科的开始。"八科分学"的方案充分体现了"中体西用"的基本原则，章程以法令形式正式引入西方近代的学术分类标准，初步奠定了中国现代学术分科的基础。虽然此时学科知识结构仍未完全从中西对立的意识形态中挣脱出来，中西学科知识深层内涵的融汇还有着漫漫长路，但是，这时中学内容已经被压缩成经学内部自身的独大，所剩下的只不过是依旧坚持体用之别的学人为剩下的空洞教条的中学所做的最后一搏，体用之间的坚持渐有消弭之势，经学被视为"中体西用"下巩固中学的最后一道防线，传统经史子集四部学科分类逐渐消融于西方学术分类体系中。不算经学科，其他各科已经基本采用西方近代人文科学、社会科学、自然科学的分类标准，这充分体现了清末新政改革中大学学科结构以西学为主导方向，兼习中西的特点。

　　再次，学科管理初步制度化。清末新政时期颁布一系列高等教育法规，已初步具备近代学科体制建制模型。1904年，在管学大臣张百熙

---

① 璩鑫圭、唐良炎：《学制演变》，转引自《中国近代教育史资料汇编》，上海教育出版社2007年版，第288页。

与张之洞等人的努力下，清政府颁布了一系列学制系统文件，包括《学务纲要》《各学堂管理通则》《任用教员章程》《初等及高等小学堂章程》等，史称癸卯学制。其中，《学务纲要》涉及了各级学校教育培养目标，学校各项系统设备管理，师生奖励与惩罚的各项规范等具体内容，堪称是对各学堂起指导作用的统领性文件，就一般意义而言，也可看作我国最早的一部教育基本法案。《各学堂管理通则》对学校教务管理及校园文化建设等行政事宜做以规定，堪称我国最早的学校教育行政管理法；《任用教员章程》对于各级各类学校教师聘任资格及基本职责做以规定，堪称我国最早的教师法。从此，大学学科教育教学管理有法可依、有章可循。

西方学位与教衔制度的引进是近代中国大学学科制度建构的环节，1903 年与 1904 年，清政府依次规定了赐予在国外获得洋学位的留学生以及毕业于本国新式学堂的学生以科举出身，标志着清政府已经开始了西方学位制度的本土化探寻。《奏定学堂章程》把学制系统与行政系统从此分开，标志着教师作为专门的职业，从政府官员中分化出来，教育开始走向独立化。颁布《奏定大学堂章程》以前，京师大学堂只设"总教习""教习"两种教师职业角色，《奏定大学堂章程》颁布以后，教师职业角色有所扩展，增设"总监督""分科大学监督""教务提调""正教员""副教员"等。正教员负责各分科课程及教学事务，传授学业技能，指导学生科学研究；副教员辅助正教员指导学生实验，培养学生品德。从小学堂到大学堂相继建立了的教员职称考核与评定序列，从监督到正、副教员，每一职称角色都有相应的职责规定，教师种类开始走向多元化，高等学堂教员的资格资格标准的规定更加严格细致，将"文凭"作为聘用大学教师的刚性规定，明确规定大学堂分科正教员"以将来通儒院研究毕业，及游学外洋大学院毕业得有毕业文凭者充选"，副教员"以将来大学堂分科毕业考列优等，及游学外洋得有大学堂毕业优等、中等文凭者充选"。教师资格认定引入"毕业文凭"的标准以后，聘任资格明晰具体化，便于操作，对学科实践更具有引导性。大学教师聘任资格标准认定上，第一次规定必须获取相应级别的"毕业文凭"才能在大学堂任教，强调没有检查审定文凭者，一律不得延聘，这样去除了教师聘任的随意性，资格标准也更加清晰。

　　最后，学科主体人格初步独立化。清末新政时期的知识分子是在西学东渐的背景下社会转型过程中逐渐形成与发展起来的，他们的产生与发展是与民族资产阶级作为一个独立的社会形态登上历史舞台同时起步，相互协调的，因此这一时期的知识分子自出现后立刻成为民族资产阶级不可替代的喉舌。1905 年，清政府规定："自丙午科为始，所有乡会试一律停止，各省岁科考亦即停止。"① 延续了上千年的科举制度，终于走到了历史的尽头。科举制度的废除在实践层面上推动了仕学分途，知识分子摆脱了长期以来挥之不去的读书做官思想的束缚，摒弃了千百年来"学而优则仕"的旧途，他们对自我价值做了重新审定，他们开始走向社会，在职业上开始有了多种选择，有的从事教育工作，有的从事地方行政工作，有的从事军事工作，逐渐从传统卫道士转变成对旧社会的改革者和新社会的创造者。

　　随着西学东渐的深入，新政时期的知识分子开始关注西学的独立品格，这引发了他们自身知识结构有了根本变化。他们比戊戌时期的知识分子更多地接触到西学，因而能够从较深层的中西对比中把握新知识，精神的觉醒激发了他们力图担当起时代和国家赋予的使命感，他们呼吁爱国，但爱国的内涵已不再如古人那样与忠君相结合，这一时期的知识分子开始打破先辈思想家"托古改制"及"中体西用"思想定式，凭借西方人宣扬的天赋人权、进化论的思想为理论之工具，在意识形态本体上将封建传统分化得四分五裂，进而在中国近代思想史上兴起了首次彻底批判传统的一股狂热潮流。正因如此，它在强度和广度上超越了历史上任何一次思想批判思潮。20 世纪初新知识分子群的出现以其特有的战斗姿态和决裂精神组成了冲击旧世界的尖刀团，他们由温和转向激烈，以新的觉悟向封建礼教开战，在新旧世纪交替之际，他们对国人进行了富于成效的思想启蒙宣传，使国人在思想上获得超乎以往的空前解放，引发了他们在人生观、价值观、生活及行为方式等方面的重大转变，此时的封建传统已如秋后落叶，失去了往日的神韵。这一时期知识分子思想启蒙在一定程度上唤醒了一代新人，推动着年青一代逐步走上探索资产阶级民主革命之路。中国历史发展从此脱离了机械式循环，向

---

① 朱寿朋编：《光绪朝东华录（四）》，中华书局 1958 年版，第 169 页。

现代化发展方向迈出了具有决定意义的一步。然而，由于这一代知识分子并非是在自身所代表的民族资产阶级反封建的实践斗争中发展起来的，而是在社会变动与时局影响的推动下形成的，对西学吸收难免有生吞活剥之感，理论认识上的模糊不清导致行动上的异途，使清末新政时期的知识分子群在参与政治实践中逐渐分化为立宪派与革命派两个派别，他们大多由封建文人脱胎而来，相当一部分曾获取封建功名，他们害怕社会动乱，希望走一条中庸的道路，内在的软弱性不可避免预示着未来的革命的失败。

本章小结

学科是历史的存在。时代的发展与制度的更新不会导致数千年学科发展历史的骤然断裂，它总是或明或暗地发挥着它的作用。对民国学科价值取向的研究必须首先要追溯中国古代传统学科的价值取向，古代以"成人"为目标的学科宗旨，经世致用的学科知识结构，家国一体化的学科管理体制，"全才"人格特征的学科主体是当代学科价值取向继承和批判的源头。

崇尚学科知识的实用理性，缺乏"科学"的因子，而且缺乏"艺术"与"美学"的元素，更加缺乏"为学术而学术"的求真意志和学术自由的精神品格。这种学科传统的缺陷，导致中国文化土壤难以萌生现代意义的大学学科。

近代学科转型经历晚清时期的社会变革运动，历经洋务运动，维新变法与清末新政改革三个阶段，不同阶段发挥的作用不同，虽经历曲折与反复，充满矛盾与斗争，但是转型是不可抗拒的。三次学科转型前后继承衔接，又相互影响，它们并非停留在同一个层次水平上，而是一次比一次深化提高，它们既有共同点，又有明显差异。相同之处在于：三次学科转型都是在救亡图存的特定历史条件下形成的一种"新实学"，具有强烈的实用性和功利性，在学理上由于过于看重学术应用的特性，制约了它从更高层次对看似无用的学术理念、学术精神这些学术体系内在规定性的东西的探索和建构；同时，"中体"与"西用"的不相容性使中西学身处互不统属相融的两个系统，引发中西学激烈的冲突，延缓了学术现代化的进程。不同之处在于：三者重心各有侧重。洋务运动偏重于学科实用知识技术引进，戊戌维新偏重于学科管理的改进，清末新政改革偏重于学科制度实践。三次学科转型循序渐进又互相超越。近代学科新旧兴废受外力影响，虽实际效果并非十分显著，但这毕竟是中国从传统学科向现代学科迈进的最初业绩。历史无法泯灭它们的业绩所造成的社会变动对于中国现代化的进程具有的深远的历史影响。"传统"与"现代"并存的近代学科价值特征与选择模式构成了民国时期大学学科价值取向发展的孕体。

第二章

民国国立大学理想主义
学科价值取向

清末"新政"教育制度改革以后，西方科学逐渐成为高等教育主要内容，但是，在"中体西用"教育思想的指导下，传统经学仍居于主导地位。1911 年的辛亥革命从形式上彻底结束了封建专制政体，为民族资本主义的发展创造了有利的条件，它"至少标志着中国经济和社会中一种重要力量的开始"①。晚清以来"中体西用"及改良主义者的论调逐渐被"自由""民主"与"科学"思想所淹没，高等教育也开始了对西方学科文化的初步认识与表层接纳，西方现代学科文化被认为是中国近代大学学科文化重铸"新秩序"的重要武器。袁世凯死后，中国陷入军阀割据的混乱局面，"只有在这一时期，中国才真正开始致力于建立一种具有自治权和学术自由精神的现代大学"②。

1916 年底，北洋政府任命蔡元培为北大校长，他以德国大学学科理念与学科制度为蓝本，突出学科学术研究功能，开启了中国大学学科现代化发展历程，中国大学现代学科文化也因此由萌芽步入产生时期（1912—1919），这一时期对西方现代学科文化的崇拜成为近代带有过渡性特征的中国传统社会向现代社会转型中特有文化现象，也构成现代中国大学开始的深远的学科背景与历史根基。

---

① ［美］费正清：《剑桥中华民国史》上卷，中国社会科学出版社 1994 年版，第 474 页。

② ［加］许美德：《中国大学：1895—1995 一个文化冲突的世纪》，许洁英译，教育科学出版社 2000 年版，第 66 页。

一　理想主义学科价值取向生成的社会背景

社会需求（包括经济、政治、文化等广泛领域的需求）是整个人类社会发展的不竭动力。组织的产生缘于时代的要求，它会伴随时代的需要而演变其模式进而生存或消亡。所以，尽管学科有其内在发展理路，但是社会结构的改变往往是牵动学科整体发展方向的重要外在因素，学科组织的产生同样也受社会需求的制约，并为满足社会需求服务。辛亥革命以后经济、政治及文化发展为理想主义学科价值取向的生成创造了有利条件，新文化运动为学科发展创造了良好的文化氛围。

（一）私人资本主义经济发展的"黄金时代"

经济关系的矛盾运动以及由此所引起的社会利益关系的一系列变化是社会文化心态变迁的直接动因。辛亥革命胜利和中华民国建立形成的资本主义经济机制的改善，加之袁世凯死后军阀割据造成中央政府经济统治力量削弱，以及第一次世界大战帝国主义对华侵略格局的变动，为中国资本主义经济自我发展提供了某些有利客观条件，中国进入以民间力量为主导的私人资本主义经济自由发展的黄金时代。主要表现在：

第一，私人资本地位提高。中国资本主义发展始于洋务运动，到辛亥革命之前，经济发展以国家资本主义为主。民国成立以后，私人资本获得快速发展，逐渐取代了国家资本的主体地位。原有由国家资本主办的企业改为官商合办或者民营。这种企业经营所有权的转移是从 1908 年前后开始的，民国成立后由张謇提出作为政府一种经济政策使之进一步扩展。如湖北织布、纺纱、缫丝、制麻四局从 1912 年起正式改为民营，还有一些企业转为民营，包括湖北毡呢厂，增源造纸厂，白沙州造纸厂，广东制革厂等。[①] 这一时期私人资本日益超过国家资本，在工矿业和交通业合计的产业资本中，私人资本所占比重从 1894 年的 38.2%

---

① 许涤新、吴承明主编：《中国资本主义发展史》第 2 卷，人民出版社 2003 年版，第 1060 页。

上升到 1912 年的 70.9%，1920 年前后的 79.8%；1894 年至 1913 年，私人资本平均增长率为 15.08%，官僚资本为 14.54%，两者基本持平；1912 年至 1920 年，私人资本平均增长率为 10.54%，而国家资本则大幅降低为 3.81%。[①]

第二，产业结构渐趋于合理化，虽仍处于畸形状态，但较之清末有较大改善。辛亥革命以后，资产阶级革命派发出"产业革命"的号召，广大民众和实业界人士纷纷参加，踊跃投资。据统计，1912 年全国新建的大小企业公司共计 998 家，新建的工厂总计 2001 家之多。[②] 社会上兴起"产业革命"的热潮，一些技术含量低、投资小、见效快的轻工业，如棉纺织业、卷烟业、面粉加工业、火柴业迅速崛起，同时，传统机器和船舶修造业，矿冶工业，水电业及铁路运输业也获得了相应发展。除了上述几种工业之外，其他各种轻工业也有不同程度的发展，发展较快的有缫丝业、榨油业、碾米业、酿造业、制糖业、制革业、造纸业、制瓷业、玻璃业、印刷业等，在产业结构上已涵盖纺织、食品、日用化工、建筑材料和文化用品等各部门，与洋务运动时期相比较，已经相对较为完整。产业结构以轻工业、银行业为重，表现出发展过程中的急功近利与无规划性。

第三，大小企业并举，以中小企业为多。除棉、丝纺织染业、卷烟业、矿业、银行业平均资本在 50 万元以上之外，其余均在 50 万元以下。这种大小企业并举、以中小企业为多的特点说明这一时期资本主义工商业已开始出现资本相对集中和两极分化的现象，也说明企业资本力量分散，技术薄弱，竞争力低下。

第四，企业集团出现。这些集团规模雄厚，资本巨大，在其所在的行业与地区处于骨干与中心地位。企业集团中存在的宗族、官僚与地方因素说明了经营管理的封建性。

第五，负债经营。企业负债经营反映了其资本不足，基础不稳，也

[①]　许涤新、吴承明主编：《中国资本主义发展史》第 2 卷，人民出版社 2003 年版，第 1047 页。

[②]　任鸿隽：《中国科学社社史简述》，载《文史资料选辑》第 15 辑，中国文史出版社 2009 年版，第 16 页。

反映了民族工业资本当时在畸形利润刺激下盲目发展的状态。

社会经济发展所依赖的科学技术进步是学科思想因革的物质基础。民国初年开始持续 10 年的资本主义"黄金时代"为中国近代大学学科发展创造了一个积极的环境及相对广大稳固的社会经济基础，但是，这种局面是相对的，阶级局限性和革命的不彻底性最终导致辛亥革命对于中国近代资本主义经济的推动作用是有很大限制的。自古代以来中国根深蒂固自给自足的自然经济形态并非短期可以改变，这使得社会短期内很难产生对于科学的需要。在这种社会条件下，科学不可能为社会看中，科学研究也不可能社会化。科学研究受到限制，大学学科科学研究功能的社会应用及现实发挥自然具有难言之隐。

（二）分权制衡背景下的政治相对民主化

辛亥革命使中国存在两千多年的封建帝制走向终点，专制集权制度被颠覆，中国第一个民主共和体制正式建立，奠定了现代政治形态的逻辑起点。1912 年 3 月 11 日，南京临时政府正式颁布了具有"宪法"性质的《中华民国临时约法》，其中规定：中华民国之主权属于国民全体，这是在中国历史上第一次以宪法形式确认了"主权在民"的政治原则，强调各人平等地位，保障个人基本权利，民主共和观念取代王权膜拜思想成为当时社会的主流思想。

《中华民国临时约法》同时规定人民有向议会请愿的权利，人民有向行政官署申诉的权利，人民有向法院诉讼并接受其审判的权利，对于官吏违法损害的行为，人民有向行政院申诉的权利，人民有任官考试的权利以及选举、被选举的权利等。请愿、集会、游行、示威成为当时民众常用的民主表现形式。《临时约法》的公布确立了代议民主共和政体。政治的变革为高等教育现代化发展提供了相对宽松的政治环境，朝廷倾覆使得学术终于从家天下的社会桎梏中解放出来，学术穷究根本而不为干禄具有了政治制度的保障，学者们终于可以打破家天下的思维框架，在学术自由基础上开始自己的学术追求，这使大学学科发展逐渐与世界接轨，表现出中西交汇的特征。蔡元培曾撰写题为《中国现代大学观念及教育趋向》的文章，他认为："随着一九一二年民国的成立，它把政府的控制权移到了民众手中，大学内部也体现了这种新的精神。"① "在高等教育领域，政府大体保留了对自由主义知识分子的起码尊重，有冲突，但主导倾向是合作。"② 这种政治态势使大学总体上仍能享有较多的自我管理的权利，具有一定的独立性。另外，由于大学校长以及大学教授与政府的经济和政治关系中不具有依附性，政府强行加于大学的政治控制时常遭到教授们的激烈反抗，政府于是不得不让步妥协，任由大学特立独行，自由决断。

1915 年 12 月，由于资产阶级革命派自身弱点导致辛亥革命果实最终被袁世凯所窃取，由此揭开了北洋军阀统治的序幕。民主共和制度稍纵即逝，在权力的争夺中很快被搁浅了。辛亥革命在推进政治现代化道路上尚有诸多问题没有解决，政权由于缺乏民众认可与支持，使之合法性建构未能完成。"清颠覆后，所有的政党都与民众不发生关系，都成了水上无根的浮萍，暂时都没有成功的希望。"③ 所以辛亥革命并没有完成反帝反封建任务，北京大学学术诉求所面临的外缘环境仍然甚为恶劣。这也为北大学科民主化改革实践埋下了失败的伏笔。

1916 年 6 月，袁世凯死后，北洋军阀处于混战局面，多种政治力量的共存造就了国家多元权力共存的格局，此时的中国处于新旧转折的历史交汇点上，时局的"混沌"状态为大学学科"理想主义"提供了可能。另外，国际上欧洲第一次世界大战正进行得酣畅淋漓，西方列强无暇东顾，国内北洋军阀政府与广州革命政府平分秋色，而北洋军阀政府内部争权夺利，矛盾重重，导致其只能将主要精力暂时放在军事、政治、外交上，忽视了对于教育的掌控。政府对教育控制能力削弱，民国大总统黎元洪对蔡元培的笃信，诸多原因为这一时期北大学科变革赢得了相对民主自由的政治环境。

---

① 蔡元培：《中国现代大学观念及教育趋向》，载高平叔《蔡元培教育论著选》，人民教育出版社 1991 年版，第 489 页。

② 谢泳：《1949 年前中国国立大学校长与政府的关系》，载陈远《逝去的大学》，同心出版社 2005 年版，第 243—244 页。

③ 李剑农：《中国近百年政治史》，复旦大学出版社 2002 年版，第 235—238 页。

（三）《大学令》《大学规程》关于大学学科的规定

在现代社会生活中，政府的接济是大学组织赖以生存的现实基础，大学外部的社会目的即是满足政府所提出的基本目标，同样，政府在经费上的投入、政策上的激励也是促使学科组织生成的重要动力。1912年南京临时政府建立以后，相继制定并公布了有关高等教育发展的政策、法规，包括《大学令》及《大学规程》等，这些政策、法规明确规定了大学的学科宗旨和相应的学科管理办法，不仅指明了构建新型学科发展模式的方向，也为学科变革提供了制度上的保障，确保改革不会因个人误读或看法和注意力的改变而造成难以推行的局面。

1912年10月教育部颁布《大学令》，这是一部以规范大学办学的重要法令，其中关于学科建设的规定有：第一，规定了大学学科宗旨："大学以教授高深学术、养成硕学闳才，应国家需要为宗旨。"① 《大学令》的颁布确立了大学以学术为本位，培养高层次学科专门人才的教育宗旨，以此替代了清末的"中体西用"的学科教育宗旨，也成为理想主义学科价值取向的根本法律依据。第二，规定了学科分类，在继承清末大学"八科分学"基础上，科目划分有所调整：大学取消了经学科，将传统经、史、子、集等科并入新的文科门类。根据西方学科分类重新构架大学知识体系，形成文、理、法、商、医、农和工七个学科门类。中国传统学科分类体系已经实现向西方学科分类体系的转型。同时《大学令》对大学必须达到的条件加以规定："大学以文理二科为主，须合于下列资格之一，方得名为大学：一、文理二科并设者；二、文科兼法商二科者；三、理科兼医农工三科或二科、一科者。"② 这种大学必设多科的规定，超出了当时中国社会现实经济发展水平的承受力，不利于大学的发展。1913—1920年国立大学始终保持3所，直到1921年才增加了一所。第三，《大学令》规定了大学学科管理的办法：大学以评议会、教授会为管理核心。评议会"以各科学长及各科教授互选若干人为

---

① 中国第二历史档案馆：《中华民国史档案资料汇编·第三辑》，江苏古籍出版社1991年版，第108页。

② 同上。

会员，大学校长可随时齐集评议会，自为议长"，其审议事项包括："（1）各学科之设置及废止；（2）讲座之种类；（3）大学内部规则；（4）审查大学院生成绩及请授学位者之合格与否；（5）教育总长及大学校长咨询事件；（6）凡关于高等教育事项，评议会如有意见，得建议于教育总长。教授会由学科内推选的教授组成，其审议事项包括：（1）学科课程；（2）学生试验事项；（3）审查大学院生属于该科之成绩；（4）审查提出论文、请授予学位者之合格与否；（5）教育总长、大学校长咨询事件"。① 学科管理意在形成以校长为总管，由评议会、教授会议决，力图走教育行政学术化的道路。（见图2—1）

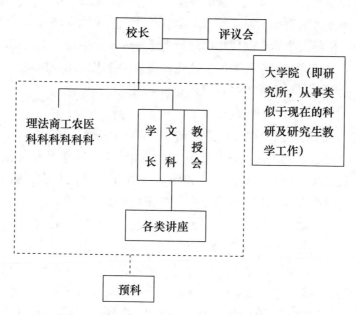

图2—1　1912年《大学令》规定的大学内部组织结构

　　1913年1月教育部颁布《大学规程》，对系科与课程设置做了明确具体规定，强调对教师实行资格检定与聘任制度，加强对教师的考核与

---

① 北京大学校史研究室：《大学令》，转引自《北京大学史料》第2卷，北京大学出版社2000年版，第93—94页。

管理。但是，这些规定总体不够详细具体，有些内容也不符合当时大学发展的实际情况。另外，《大学规程》还初步设计了我国大学院制度，规定大学院是大学师生探讨研究事物深奥本质的地方，大学院以其所在专门学科命名，包含哲学院、植物学院、史学院等。大学院院长由本学科主任教授担任，导师由院长聘请其他知识渊博、成就卓著的学者担任。

1912 年（壬子）至 1913 年（癸丑）由南京临时政府制定公布的《壬子癸丑学制》，其中有关高等教育的表述是对这一时期颁布的几部法令与规程的综合，它废除、纠正和限制了清末高等教育政策的某些错误倾向和办学行为，规范了新的高等教育方向、重点，现实地保障和促进了高等教育的发展，使现代大学学科制度在国家法律政策的层面得到了体现，使得大学学科现代化向前迈进了一大步，但是由于民初政局不稳定加上其他许多因素的制约，这些政策规定并未能完全付诸实施，这些制度要落实到具体办学过程中还有很多的工作要做。

（四）新文化运动中"民主"与"科学"的思想启蒙

1913 年北洋政府下令学校恢复祀孔典礼，并要求学校增加读经科，文化领域掀起一股封建复古主义逆流。1916 年 1 月 1 日袁世凯复辟帝制，举行登基大典，共和得而复失，尊孔复古沉渣泛起。针对国人思想深处文化上的顽固的传统，以李大钊、陈独秀、鲁迅与胡适为核心的新文化运动的先驱者们，以 1915 年 9 月创办的《新青年》为阵地，高举"民主"与"科学"的旗帜，向封建文化的核心——儒家思想进行了猛烈的抨击，掀起新文化运动，主张建立自由的而非奴隶的，进步的而非保守的，进取的而非退隐的，世界的而非锁国的，实利的而非虚文的，科学的而非想象的新式文化，"自有中国历史以来，还没有过这样伟大而彻底的文化革命"[①]，新文化运动第一次高举人的解放的旗帜，将人的个性解放作为全部文化思想的基础架构，从而建构了一个迥异于传统文化的新的具有现代性质的初具轮廓的文化系统。

新文化运动知识分子专注于人的精神改造，在中国历史上第一次提

---

① 毛泽东：《新民主主义论》，人民出版社 1952 年版，第 12 页。

出了精神文化也必须实现现代化的历史课题，他们力图凭借思想文化为解决问题的途径，通过口头传授、译书办刊等多种方式大力宣传西方精神文化，为北大学科发展创造了良好的文化氛围。西方社会进入现代以来相继产生的哲学、政治学、经济学、社会学、心理学、自然科学等新理论、新观念在这一时期得以更加全面深入传播。胡适曾形象地阐释了当时西方精神文化在中国的传播情况："无政府主义者介绍西洋的无政府主义；社会主义者则介绍欧洲的社会主义思潮，德国留学的哲学家们则介绍康德、柏克立。更摩登的是美国留学生则介绍詹姆士和杜威等人。"①

伴随着这场涤荡中国旧观念的文化运动，科学与民主精神在北大得到了空前发扬，北大学科文化迎来了一个新时代。这股在思想文化领域里掀起的反对专制愚昧、追求思想解放与民主自由的思想潮流与大学追求自由独立、批判创新及科学与人文主义相融合的学科精神不谋而合，成为推动高等教育领域学科制度与文化创新的强大动力。这股思想潮流为大学以"教授治校"为基本特征的学术组织管理体制的确立提供了极为有利的外部社会文化环境的支持。

早期新文化运动将主要工作放在思想启蒙上，将民主与科学的精神态度带进了全部文化领域中来，使知识分子在运动中接受一次民主与科学的洗礼，使知识分子克服了传统知识分子的依附性，他们不再迷信传统和权威，以高度的文化自觉引进西方文化，他们也摆脱了传统知识分子的封闭性与狭隘性，而具有了兼收并蓄、开放包容的精神风格。新文化运动中的民主与科学的思想向教育领域不断渗透蔓延，对这一时期学校教育变革产生了有力的推动作用。全国形成一股教育革新的热潮，涉及小学、中学和大学广泛的范围，不可否认，新文化运动消除思想观念的障碍，推动了北大的学科变革，推动了中国自然科学的发展，从而为中国现代学科文化兴起奠定了思想基础。

但是，由于中国社会的半殖民地半封建性质根深蒂固，难以依靠一场文化革命完全清除，同时由于资本主义生产关系未获得充分发展，新知识分子缺乏阶级基础而难以形成独立的社会力量，另外，移自西方的

---

① 《胡适口述自传》，[美] 唐德刚译注，华东师范大学出版社 1993 年版，第 171 页。

新文化在中国传播时间还很短，在社会民众及新知识分子的思想中扎根还不深，思想启蒙彻底性与全面性使他们对传统和现代文化进行形式主义的比较，进而做简单的整体性肯定或否定。这一切因素导致在文化启蒙中一部分新知识分子或者与传统文化妥协，导致传统文化以其韧性挫败了新文化的锋芒；或者激烈否定传统，追求全盘西化，在对西方科学的宣传中将科学法则推演成普适于自然、人生、社会的哲学，导致科学意识形态化与信仰化，他们往往关心的并非是科学本身的发展，而是科学对于社会的改造，所以此时的新知识分子在主客观因素制约下还难以完成社会变革和文化转型的任务。

二　理想主义学科价值取向生成的学科内部逻辑

英国高等教育学家埃里克·阿什比（Eric Ashby）曾指出："任何大学都是遗传与环境的产物。"[①] 这句话同样适用于大学学科发展，作为大学组织结构的基本单位，学科组织生成过程是其内部基础与外部条件相互作用的过程。学科发展的外部力量，包括社会需求、政府的扶持以及良好的社会文化环境等；作为与企业组织与行政组织相区别的大学学科组织，知识生产是其本质属性，因此学科发展的内在因素主要是由三方面的条件支撑起来的，即物质硬件（生产什么知识）、人力资源的组织方式（如何生产知识）以及学科主体（由谁生产知识）。

（一）民国初年以"科学宣传"为宗旨的学术期刊

现代出版业和报刊业在晚清即已出现，但是作为学术研究成果载体的学术性刊物则是在民国以后才孕育而生。民国报刊业的急剧发展为汇集于大学以科学研究为志业的大学教师提供了媒介条件，借着这样的东风，大学学术刊物应运而生。学术期刊是学科制度化的重要内容，是学

_____

① ［英］埃里克·阿什比：《科技发达时代的大学教育》，滕大春译，人民教育出版社1983年版，第7页。

科研究成果的重要载体及传播媒介，其刊载的内容能够较为准确完整地体现出某一阶段学科研究的现状和发展趋势，有利于时人对于某个学科科研方向及相关学科研究动态的把握，也可为以后的研究者积累保存足够充分的研究资料，它改变了传统相对落后封闭的学科治学方式，开拓了学术受众的空间分布和社会层面，促进知识的积累和传播，是推动大学学科研究与教学发展的重要工具。学术期刊的产生为大学学科发展提供了许多新的可能，使得大学学科科学研究有了新的交流平台与成果表现形式，民国大学学科形态也因此发生了系统性变化。

　　这一时期的学术期刊基本可以划分为两个类别：一类是高校创办的有类于大学学报的综合性期刊，刊载于此期刊上的文章主要是大学科研人员的研究成果和学术论文，主要包括西北大学学报（1913 年）、清华学报（1915 年），还有北京大学月刊（1919 年）等。这一时期的大学学报大多数是综合版学术期刊，其除了刊载人文社会科学与自然科学学术成果以外，还刊载一些文艺作品，创刊目的在于有效推进大学学科文化建设，对外传播学术，介绍新知，推动各高校间的学术交流与观摩。对内形成学科凝聚力，形成良好的学术氛围；① 另一类是专门类学术期刊，主要包括由高校各院系及专门的科研机构支持办理，以刊载某门学科专门学术信息和科研成果的期刊，如中国科学社于 1914 年创刊的《科学》与北大陈独秀于 1915 年创刊的《新青年》，这两个刊物文理依存、相互促进，共同举起"科学"和"民主"的两面旗帜，成为五四运动前夕学界期刊的两大标杆，开创了最具现代意义的中国科学期刊模式。通过这两大期刊的表率作用，西方科技社团的组织形式及与之相关的学术期刊传播与办刊模式被介绍到中国，中国学术社团及期刊工作人员以此为模本，增强了对本国学术社团与期刊社会影响作用的认识。

　　中国自古以来有注重社会人文科学而忽视自然科学的教育传统，一向视自然学科为"奇技淫巧"，传统知识分子对于自然科学不甚了了。加上大众文化普遍落后，使得普通公众不知自然科学为何物。"当时国人对科学的具体分科门类不了解，既不能区分科学与技术，也不能分别科学与魔术，认为科学这东西是一种玩把戏，变戏法，无中可以生有，

① 陈正夫主编：《高校学报学》，北京工业大学出版社 1990 年版，第 20 页。

不可能的变为可能，讲起来是五花八门，但是于我们生活上面却没有什么关系；科学这个东西是一个文章上的特别题目，没有什么实际作用；科学仅仅是物质主义的，仅仅是讲究实业的人可以讲求，而其他人似乎不必费心，等等。"① 作为后发外生性国家，亟须补上科学宣传这一课，只有通过对科学的内涵、功能、思维方式及科学伦理等方面进行频繁往复的宣传，帮助民众对于科学的本质、特点、重要性以及其所能带来的利益形成明确的认识且达成"共有的理解"，进而营造良好的社会舆论氛围以引发一定的社会反响，在此条件下，科学研究才能形成可观之规模。因此民国早期学术期刊重点放在科学传播功能的发挥上。以中国科学社创办的《科学》刊物为例：其创刊号发刊词强调办刊之目的在于力图将科学社成员在美国学习所得的科学知识输送给国内的父老乡亲，内容以阐释科学精深的义理及其强大功效为主。《科学》发刊例言称："本杂志专述科学，归以实效。玄谈虽佳不录，而科学原理之作必取，工械之小亦载，而社会政治之大不书。断以科学，不及其它。"②

　　任鸿隽在《科学》创刊号上重新界定科学含义，第一次阐明科学是一种知识系统的观念，开始纠正近代中国人以价值系统认识科学的偏向，奠定了近代科学观的起点。《科学》杂志这一时期的主要内容基本都放在科学内涵的宣传以及科学史的传播与普及方面，杂志为此设置了《通论》与《历史传记》两个专栏，对科学开展系统的探讨与阐释。《通论》专栏其开办风格模仿美国《科学周刊》及《科学月报》，它被认为与二者相比毫不逊色。由于《科学》创刊成员大多还是学生，所以，他们没有从事独立科研工作的能力与经验，同时，国内科研机构匮乏，研究又难以赢得外部社会环境的认同支持，他们只有将日常学习的感受经验向国内父老乡亲传授。

　　总而言之，这一时期学术期刊基本内容总体上未跳出对西方学科知识的移译与介绍以及当时救亡图存的时代思想主题，这导致当时科学家对于科技的追求带有明显的实用性，这自然限制了科学家的治学方向，西方科学内涵、科学方法与科学伦理等内核成为被遗忘的角落。另外，

---

① 任鸿隽：《何为科学家》，《科学》1919 年第 4 期。
② 佚名：《发刊例言》，《科学》1915 年第 1 期。

期刊为社会服务的方向决定了其发展水平受制于一个国家经济、政治及科技等综合国力，民国时期北京、江苏、广东曾是当时政治权力的中心，因此这些地方也是当时学术期刊繁荣兴盛之地，这导致当时学术期刊分布不平衡，总体的社会影响十分有限。① 有些期刊寿命短暂，现在已经不可考察它的真实面目，要实现期刊科学普及的功能实则任重而道远。最后，由于北洋政府时期文化专制政策的推行，连年征战导致政局不稳，以及此时学术期刊纯学术理论的性质所导致的难以被社会各行业理解认同，所有这些原因都使得这时的学术期刊受众狭窄，出版不稳定，存在时间有限。

（二）早期民间松散型学科共同体建设

学科发展需要依靠团体合作，并非个人单枪匹马所能完成。按照发达国家已有的做法，组建学科共同体，将一些专业人才集合起来，交流思想，切磋技艺，构建适宜的学科研究体制，这是学科形成与发展的重要标志。（这一时期，有一些学有专长的学者，他们有着共同的科学探索目标及共同关注的领域，经常进行充分的学术交流及多样化高效的实践互动，在彼此相互依赖、充分合作的基础上组建相对稳定的学术团体。这种学术团体是正规的具有公共性质的学术交流和社会传播的渠道与平台，促进了学科要素的相互渗透和融合，标志学者独立的职业共同体的建立。）"中国由于无此种学会的指导，如在汪洋之中，不知舟之所向，已回国之留学生，无学会为之联络，故四散而势散，事多而学荒。故输进学识之事不能举办，专门相同之人不易相知。"②

中国学科共同体的形成经历了向西方国家学习的"模式化选择"的过程。1914年任鸿隽和赵元任、胡明复、杨杏佛等一起建立中国科学社，任鸿隽担任中国科学社社长。它是我国近代最早的一个全国性乃至国际性科学机构，是近代第一个自然科学家组成的综合性学科组织，

① 张小平等：《中国近代科技期刊简介（1900—1919）》，载丁守和《辛亥革命时期期刊介绍》第4册，人民出版社1986年版，第694—712页。
② 朱庭祺：《美国留学界》，载《庚戌年留美学生年报美国留学界情形》，商务印书馆1911年版，第34—35页。

开创之时就有 35 名社员分属各个学科，有的颇负盛名。1915 年，发展到 70 名会员。

中国科学社成立后，着手拟订了具体的工作方案，在严密的组织机构中开展规范化的科学活动，较正规地举行多种学术交流。创办学术刊物《科学》（月刊）与《科学画报》（半月刊），"该社开始组织时是以英国皇家学会为楷模的"①。在组织机构上，中国科学社成立之初仅仅设一个董事会为办事机构，1918 年归国以后"为发动社会各方面力量以共图科学之发达"，于 1922 年修改社章，将原董事会改为理事会，下设委员会、干事及分会三部分，委员会负责基金保管、刊物编辑及科学名词编译等。另设董事会负责该社政策方针的制定以及基金的筹集与管理工作。从学会会员的组成来看，中国科学社的会员组成分为六类：第一种是普通会员，是本人志愿从事科学研究事业，拥护科学社宗旨，并且得到了科学社两名成员推荐，经理事会选决通过者；第二种是永久会员，是科学社成员中一次性或者三年分期缴纳会费 100 元者；第三种是特别会员，是科学社成员中具有特别的成绩，经过年会表决半数通过者；第四种是仲会员，是中学三年级以上，立志将来从事科学事业，经过理事会选决通过者；第五种是赞助会员，指的是凡捐助本社经费在 500 元以上或于其他方面赞助本社，经年会过半数之选决者；第六种是名誉会员，指的是凡在科学学术事业著有特殊成绩，经年会过半数之选决者。六类会员中普通社员为该社基本成员。该社吸收普通社员极为慎重，大多都是国内从事科学工作与工程技术有成绩的人才。②

由此可见，早期以中国科学社为代表的学科研究体制是一种民间性、松散型的学科组织体制，其活动几乎都是由各学会会员在业余时间组织进行，无报酬。这种民间性、松散型的学科组织凭借着社员的努力奋斗以及社会各界的同情与支持，在提倡与促进中国科学事业发展方面做出了巨大的成就。作为近代学科共同体的母体，中国科学社对其他学术社团的成立和发展都起着指导或榜样的作用，促动了其他学术社团的

---

① 任鸿隽：《中国科学社社史简述》，载《文史资料选辑》第 15 辑，中国文史出版社 2009 年版，第 4 页。

② 同上书，第 16 页。

成长。包括中国地质学会、中华医学会、中国化学学会、中国植物学会、中国动物学会、中国数学会等。其中重要的学科社团达到 42 个之多，大多数社团在具体的运作程序上也仿效中国科学社组织模式与管理体制，组建决策、执行与监督各司其职的董事会、理事会或评议会等机构，对成员的入会条件及权利义务做以明确规定，订立会章，发行会刊，召开年会开展学术交流等。这一时期学术社团较之戊戌时期而言，范围更广泛，规模更全面，体制更完善，影响更深远。此时学术社团成为全国科学发展的有力推动力量。但是，当时由于缺乏一个权威的学科组织机构，这些社团处于离散化状态，没有形成一个有机整体，这导致不同专业学科团体由于所注意的问题不同，因而难有共同语言，造成学科专业交流困难；由于过于强调独立民主精神，它们往往为社会所不容，不问政治的清高使得它们在政治上无所作为，这些缺点使得他们在争取政府、社会支持方面受到了制约，特别是学科经费获取方面极其困难。由于缺乏坚实的社会基础和良好的科研条件，此时中国真正根据自己的研究产生的科学成果并不多，真正科学研究的时代并未到来。

（三）第一代自由主义知识分子的崛起

1905 年科举制度的废除阻断了知识分子由士入仕的道路，传统的士大夫之路不再成为读书人安身立命的基础，动荡的社会以及逐步形成的商业社会使知识分子难以适应。"知识分子由单一的科考渠道突然置身于多元职业的选择关口"①，当时的知识分子走出传统文化的牵绊，不再受到科举功名的束缚，人格逐渐走向独立，他们以推动中国社会文化进步为己任，投身于教育教学，编辑出版，文学创作活动中，有的人甚至从事自由讲学或者社会实业活动，这些活动不仅帮助他们应对了科举仕途被阻断后的生计问题，也使得他们重新找到了心灵的依托，解决了持续的自我心理危境。

当时，摆在知识分子面前有三种不同的发展道路：第一条路是以清朝遗老遗少自居，拒绝新思想与新变化；第二条路是成为"实业救国"实业家，发展民族资本主义，兴办实业拯救中国；第三条路是成为引领

---

① 马静、王国伟：《科考废除与晚清知识分子的转型》，《菏泽学院学报》2010 年第 5 期。

时代的自由知识分子，实践自身民族独立自由的报国理想。科举的废止促成了留学的热潮和新式学堂的建立，对朝廷的绝望迅速转变成一种对世俗生活的追求，许多幼年接受科举教育的人在科举废止后进入了新式学堂学习，如李大钊、蒋介石、林语堂等。"据统计，到 1909 年在长江流域各省中，最少数之安徽也有学堂 865 所，最多数之四川学堂多达 10661 所。"①"新式学堂的学生在 1904 年有近 10 万人，次年即递增至近 26 万人，1906 年科举废除后猛增至 55 万人，1907 年复增至 102 万多人，可见这几年人数在连续增长，到 1909 年高达近 164 万之众。"②留学人数也在逐年激增，"据资料统计，从 1901 到 1905 年间，留日学生由 200 多人猛增至 8000 多人，废除科举后更猛增至 12000 多人。去欧美国家的留学生也大幅度增加，到辛亥革命前一二年，留美学生有 650 人，留欧学生有 500 余人"③。沈钧儒、陈焕章等还以新中进士的身份赴日本或美国留学，此后留学热潮更是风靡于世。

新式知识分子是一个总体称呼，其成员构成非常复杂，但是他们大都具有西方民主自由主流思潮的基本特征，主张兴民权，提倡平等、自由、博爱的价值观念，尤其热心于报刊宣传实践工作，为引进西方自由主义学说鸣鼓呐喊，大造声势。这批新式知识分子大部分有留洋经历，头脑中满是一些不成熟的新思想新观点，他们对于民主、自由、共和国的认识并不深刻，也很不到位，这些人的鲜明特征就是擅于幻想，短于实践，具有鲜明的青年人的性格特点。他们清楚地感受到了中国科学技术的落后，并且从不同来源的分散的知识信息中依稀感觉到西方科学技术的先进。因此，他们所介绍的西方科学是一种表象化的科学技术，或者说是一种被物化了的技术，他们还没有揭示近代科技知识与资本主义工商业的关系，没有揭示科学技术内部的整体性和系统性结构。

由封建士大夫脱胎而来的现代知识分子其内部思想观念与外部社会角色并未实现同步转变，他们的思想观念明显滞后于社会角色的变化。民国初年，虽然西方思想文化学说广泛见诸报端，铺天盖地，席卷而

---

① 王笛：《清末新政和近代学堂的兴起》，《近代史研究》1987 年第 5 期。
② 徐辉：《废除科举制与中国社会的现代转型》，《厦门大学学报》2003 年第 5 期。
③ 史仲文：《中国全史：中国清代教育史》，人民出版社 1994 年版，第 102 页。

来，但是存在两千多年的封建传统文化根深蒂固，转型中的现代知识分子时常是新旧知识矛盾杂糅。民初第一代留学归国的科学家受西方文化熏陶，具有较强的民主意识，但同时仍未摆脱中国传统文化的束缚，具有浓厚的传统读书人意识，以不问政治为清高。两种文化的熏陶使得他们在中西文化交流过程中扮演桥梁角色，具有过渡的特征。对学科思想、学科精神较深刻的理解以及对于传统文化价值的重视，使得他们能够脚踏实地从事科学普及与研究工作。独立民主精神使得他们努力维持科学的纯洁性，不受任何个人与团体的控制。

留学生归国之后，成为近代大学学科建设的主力，由此形成了民初第一代科学家。辛亥革命以后，南京国民政府组建教育部的过程中，当时的教育部长蔡元培积极吸纳留学生的参与，以蔡元培、范源濂为核心，当时形成了以归国留学生为主力的教育革新的中坚力量。[1] 1912 年 7 月全国临时教育会议《大学令》被顺利审议并通过实则当归功于他们的共同努力。当时因为社会经济落后，科学教育欠发达，科学重要性只是局限于进步人士所认识，专门从事科研工作的研究人员及专门的科研机构还很少，学科发展相对较弱，许多人还是无法专门从事科学研究，也没有科学研究的联合体，这些自由主义知识分子的社会地位仍大受限制。

三　理想主义学科价值取向的生成：
以北京大学为例

学科组织是位于大学底部的"基本操作单位"，学校相关的政策及战略规划可以直接影响学科组织的走向，对学科要素的生成具有决定性作用。虽然在民国初有关大学学科建设的相关条文就已列入了《大学令》，但是由于缺乏大学学校制度整体和长远的统筹规划，政府条文规定一直未得以实行。

1907 年 5 月，已至不惑之年的蔡元培向晚清学部提交了留学申请，

---

① 田正平：《中国教育史研究（近代分卷）》，华东师范大学出版社 2001 年版，第 83 页。

远赴德国莱比锡大学自费留学，主攻哲学、教育学与心理学，当时在众多年轻人选择赴日留学的背景下，蔡元培赴德学习，似乎不合时宜，蔡元培在递交学部的留学申请中论及他的最初愿望："窃职素有志教育之学，以我国现行教育之制多仿日本，而日本教育界盛行者，为德国海尔伯脱派（赫尔巴特）。且幼稚园创于德人弗罗比尔（福禄贝尔）。而强迫教育之制，亦以德国行之最先。现今德国就学儿童之数，每人口千人中，占百六十一人。欧、美各国，无能媲者。爰有游学德国之志，职现拟自措资费，前往德国，专修文科之学，并研究教育原理，及彼国现行教育之状况。至少以五年为期。冀归国后，或能效壤流之助于教育界。敬请恩准。"①

蔡元培力图扭转清末以来教育对外交流普遍的价值取向单一化发展趋势，力主身临其境，直接到欧美，从源头上感受其教育价值理念的本质魅力，努力实现与世界教育发展趋势的对接。1917 年 1 月 4 日蔡元培应教育总长范源濂之邀，就任北大校长。"只有在这一时期，中国才真正开始致力于建立一种具有自治权力和学术自由精神的现代大学。"②自此，北大确立了以德国学科发展范式为标准以学术研究为本位的理想主义学科价值取向。

（一）"研究学理""思想自由"的学科宗旨

中国古代学者以修身齐家治国平天下为己任，追求建构至善有意义的人生，实用理性的知识观与积极入世的现实社会情怀在中国知识分子身上表现十分明显，这也使得传统主流学科文化具有鲜明的"政教合一"的特征。这与西方建构于个体自由基础之上以求真作为治学之理想的现代学科价值取向显然是矛盾背离的。蔡元培留学德国期间深受德国大学学科价值观的影响，即大学是从事纯粹科学研究的机构，探求科学与修养个性是大学应当兼而有之的双重任务，二者相互依存，不可分割，以探求科学为手段，最终达于个人修养之目的。科学指的是纯粹理

---

① 高平叔编：《蔡元培全集》第 1 卷，中华书局 1984 年版，第 394 页。

② ［加］许美德：《中国大学 1895—1995——一个文化冲突的世纪》，许洁英译，教育科学出版社 2000 年版，第 66 页。

性的知识，不追求功利化的外在目标，其基本科目是哲学。他在担任教育总长期间，根据其"现象"与"实体"世界二元论哲学思想提出教育有两大类别："曰隶属于政治者，曰超轶乎政治者"，君主政体的教育"常为纯粹之隶属政治者"，共和时代的教育则"乃得超轶政治"，教育家更应是"有事于实体世界者"，专注于"学理研究"。他在把握现代学科价值理念基础上，继承并发扬了战国稷下学宫及南宋书院学术自由的教育传统，确立了北京大学注重学理研究的学科宗旨，为树立新型学科观念，转变"学而优则仕"的传统观念营造了良好学科文化氛围。

1917 年 1 月 9 日，蔡元培就职北京大学校长，他在就职演说中强调："大学者，研究高深学问者也"，他期望学生一定要"抱定宗旨，为求学而来。入法科者，非为做官；入商科者，非为致富。宗旨既定，自趋正轨"。① 1917 年 12 月 17 日，在北大成立 20 周年纪念会上，蔡元培接受学生邀请发表演说，强调："惟二十年中校制之沿革，乃颇与德国大学相类。盖德国初立大学时，本以神学、法学、医学三科为主，以其应用最广，而所谓哲学者，包有吾校文、理两科及法科中政治、经济等学，实为前三科之预备科。盖兴学之初，目光短浅，重实用而轻学理，人情大抵如此也。十八世纪以后，学问家辈出，学理一方面逐渐发达。于是哲学一科，遂驾于其他三科之上，而为大学中最重要之部分。本年改组，又于文、理两科特别注意，亦与德国大学哲学科之发达相类。而《大学令》在当时仅为空谷足音而已，现代大学理念难以随其颁布而制度化，只停留于文本层面，望内容以渐充实，能与彼国之柏林大学相颉颃耳。"

蔡元培对德国现代大学所倡导注重"纯粹科学"的学科价值观十分认同与重视，他力图将原先属于法科的政治学门由重应用转变为重学理，进而发展为他理想中的哲学科。1918 年 9 月 20 日，蔡元培出席北大开学仪式，在演说中再次重申："大学为纯粹研究学问之机关，不可

① 蔡元培：《就任北京大学校长之演说》，载中国蔡元培研究会编《蔡元培全集》第 3 卷，浙江教育出版社 1997 年版，第 8—9 页。

视为养成资格之所，亦不可视为贩卖知识之所。"① 此后，蔡元培对大学应注重"研究学理"的学科宗旨进行反复阐述，1918 年 11 月，他在《〈北京大学月刊〉发刊词》中说："所谓大学者，非仅为多数学生按时授课，造成一毕业生之资格而已也，实以是为共同研究学术之机关。"同时，蔡元培引用《中庸》"万物并育而不相害，大道并行而不相悖"的道理说明大学"囊括大典，网罗众家"学术自由之本质。1919 年 9 月 20 日，在北京大学开学典礼上，蔡元培再次指出："大学并不是贩卖毕业证书的机关，也不是灌输固定知识的机关，而是研究学理的机关。所以大学的学生并不是熬资格，也不是硬记教员讲义，是在教员指导之下自动研究学问的。"②

大学初创期，对西方科学的介绍是学科研究的主要内容。蔡元培针对这一现状，提出"贩运传译，固然是文化的助力，但真正文化是要自己创造的"。③ 进而指出"我想教育家最重要的责任就在创造文化，而创造新文化往往发端于几种文化接触的时代"④。在研究学问上"不但世界的科学取最新的学说，就是我们本国固有的材料，也要用新方法来整理它。这种标准，虽不是一时就能完全适合，但我们总是向这方面进行"。这种前沿性创造文化研究要求，是蔡元培学科建设目标的基点与指针。蔡元培的这些讲话为转型期北大学科发展指明了"注重学理研究"的明确方向。

通过对现代学科精神的大力宣传，为在北大落实现代学科价值理念奠定了良好的思想基础。梁漱溟曾回忆当年北大哲学系的热烈场面，"哲学系在当时始终为最重要的一个学系。估量比其他任何一个学系都多。特别是自由听课的人极多。除了照章注册选修这一哲学课程者外，其他科系的学生，其他学校的学生（例如琉璃厂高师的学生，太仆寺街法专的学生等）乃至有些并非在校学生，而是壮年中年的社会好学人

---

① 蔡元培：《北京大学 1918 年开学式演说词》，载中国蔡元培研究会编《蔡元培全集》第 3 卷，浙江教育出版社 1997 年版，第 382 页。

② 蔡元培：《北京大学第二十二年开学式演说词》，载中国蔡元培研究会编《蔡元培全集》第 3 卷，浙江教育出版社 1997 年版，第 700 页。

③ 高平叔：《蔡元培教育论著选》，人民教育出版社 2011 年版，第 282 页。

④ 同上书，第 350 页。

士，亦来入座听讲。往往注册部给安排的教师，临时不合用，就为按照注册人数，这间教室座位可以容得下，而实则听讲的人竟然多出一倍，我自己的经验，当一九二三年前后，我讲儒家思想一课，来听讲的总在二百人左右。初排定在红楼第一院教室，却必改在第二院大讲堂才行。学年届满，课程结束，举行考试的试卷亦有九十多本。此即注册的正式学生之数了。大约胡适之讲课，其听讲的人可能比这还要多"①。

蔡元培不仅在思想上大力宣传学术自由，而且以自身行动发挥示范带头作用。1921 年，蔡元培刚从欧洲考察归来就给北大学生开课，讲授美学和美育，彰显他的学术追求以及作为大学教师教书育人的本分。受传统儒家德治思想影响，蔡元培对人生持从容豁达的态度，超脱名利，为反对专制及卖国的北洋政府，他可以毫不留恋地辞去教育总长，去当一名老留学生；也可以多次请辞北大校长职务，《不肯再任北大校长的宣言》一文中就是最为有力的证据，这是他内心精神自由境界的自白。学者涂又光认为："《宣言》通篇皆庄子之意"②，因而推断出蔡元培的内在精神境界是道家之境界。这种逾越现实、对精神世界的自由追求，不仅与传统士人高雅脱俗的君子品性相契合，也合于现代学术自由之精神意蕴。梁漱溟曾引用朱熹的话"是真虎，必有风"来评价蔡元培有容而率真的人格魅力，"其做事总有一段真意行乎其间，人随之有一段鼓舞于衷而不自知"。③ 在北京大学，校长蔡元培之后，从蒋梦麟、胡适到马寅初，学术自由主义的学科价值理念被引进到校园，形成具有北京大学特色的思想力量，后来演化为一种北大精神，并形成传统。

（二）"学术分校""文理并重"的学科结构

在中西文化交汇与冲突背景下艰难孕育的近代大学学科自洋务运动、维新变法、清末新政改革以来，学科内容由注重自然科学技术到注重政治制度的引进，深深打上了"重术轻学"工具主义价值取向的

---

① 梁漱溟：《五四运动前后的北京大学·哲学系盛况》，载陈平原、谢泳《民国大学——遥想大学当年》，东方出版社 2012 年版，第 100 页。

② 涂又光：《中国高等教育史论》，湖北教育出版社 1997 年版，第 283 页。

③ 梁漱溟：《纪念蔡元培先生》，载陈平原《追忆蔡元培》，中国广播电视出版社 1997年版，第 145 页。

烙印。

民国初年针对我国学科基础理论落后之状况，扭转自洋务运动以来学习西方"重术轻学"的弊病，国民政府颁布的《大学令》中提出：大学分为文、理、法、商、医、农、工等科，并以文、理两科为中心。但凡只设法、商科而未设文科者，不能被称为大学；只设医、农、工科而未设理科者，也不得称大学。然自蔡元培执掌北京大学之前，"除国立北京大学外，其他公立、私立者，多为法、商等科。间亦兼设法科、工科，均无议及文、理二科者。足为吾国人重术而轻学之证。至于兼设文、理、法、工、商各科之北京大学，则又以吾国人科举之毒太深，升官发财之兴味本易传染，故文、理诸生亦渐渍于法、商各科之陋习（治法、工、商者，本亦可有学术上之兴会，其专以升官发财为目的者，本是陋习）。而全校之风气，不易澄清"。[①] 蔡元培任北大校长期间围绕"学"与"术"的关系定位对学科结构进行了调整。

首先，蔡元培在学科结构上提倡"学术分校"，主张大学与高等专门学校各自分设，希望以此注重学生理论学习。他在辩答周春岳《大学改制的商榷》一文时提出"鄙人之意，学与术虽关系至为密切，而习之者旨趣不同。文、理，学也。虽亦有间接之应用，而给此者以研究真理为的，终身以之。所兼营者，不过教授著述立业，不出学理范围。法、商、医、工，术也"。"鄙人初意以学为基本，术为支干，不可不求其应。"他说"鄙人以为治学者可谓之'大学'，治术者可谓之'高等专门学校'。两者有性质之别，而不必有所限于程度之差"。[②]

1917年1月27日，蔡元培在北京各专门学校校长会议上提出北京大学学科结构改革方案："大学专设文、理二科。其法、医、农、工、商五科别为独立之大学，其名为法科大学、医科大学等。其理由有二：文、理二科专属学理，其他各科偏重致用；文、理二科有研究所、实验室、图书馆、植物园、动物院等种种之设备合为一区已非容易，若遍设

①　蔡元培：《读周春岳君〈大学改制之商榷〉》，载《蔡元培全集》第3卷，浙江教育出版社1997年版，第290—291页。

②　中国蔡元培研究会编：《蔡元培全集》第3卷，浙江教育出版社1998年版，第290—291页。

各科，而又加以医科之病院，工科之工场，农科之试验场等，则范围过大，不能不各择适宜之地点，二也。"① 蔡元培力图"通盘打算，求其合理化"，为达成"学术分校"提出一个整体解决方案，即从大学将法科剥离出去，并入法政专门学校为法科大学，蔡元培的同乡沈尹默后来回忆道："他一向反对学政治法律，因此主张不办法科；他不重视工科，似乎是受了'形而上者谓之道，形而下者谓之器'的影响。"② 由于诸多原因，蔡元培这一主张未能完全实施，法科未划出，"学""术"分校的设想在北京大学推行遇到很大阻力。但北大以文、理科为主学科发展方向自此明彰。

其次，在阐明了"学"与"术"的关系之后，蔡元培主张全面扩充文理两科，变革北大学科结构。理科在原来的数学、物理、化学三个学门基础上，于 1917 年又扩增地质学；文科在原来的中国文学、中国哲学、英国文学三个学门基础上，1917 年扩增中国史学门，1918 年又扩增法国文学与德国文学门，1920 年增建俄国文学系，1924 年增建教育学系和东方文学系（日文和梵文）。1925 年在原有的北大植物标本室基础上创建了生物学系，1926 年在原有的哲学系心理门的基础上扩建成立了心理学系。自此以后，北大文理两科实力大为增强，自此逐渐奠定了北大学科的总体格局。

最后，蔡元培还根据社会与学术日趋综合的发展趋势，进一步提出了"沟通文理"的主张。1918 年 8 月，学生傅斯年致信校长，讨论哲学门隶属文科之弊，蔡元培就傅斯年来函作案语"至于分设文、哲、理三科，则彼此错综之处更多。……似皆不如破除文、理两科之界限，而合组为大学本科之为适当也"。③ 蔡元培在 1936 年回忆当年北大学科改组说："我那时候又有一个理想，以为文、理是不能分科的。例如文科的哲学，必植基于自然科学；而理科学者最后的假定，亦往往牵涉哲学。从前心理学附入哲学，而现在因用实验法应列入理科。教育与美

---

① 高平叔：《蔡元培教育论著选》，人民教育出版社 1991 年版，第 125 页。

② 沈尹默：《我和北大》，载政协全国文史资料研究委员会编《文史资料选辑》第 21 卷 61 辑，中国文史出版社 1979 年版，第 197—198 页。

③ 高平叔：《蔡元培教育论著选》，人民教育出版社 1991 年版，第 164 页。

学，也渐用实验法，有同一趋势。地理学的人文方面应属文科，而地质地文方面属理科。历史学自有史以来属文科，而推原于地质学的冰期与宇宙生成论，则属于理科。"①

为了保证自己的观点的实施，他在制度上实现了改革。第一是实行"废门改系"制度。1919年，北大撤销文、理、法三科界限，将分属各科的14门专业列为14个系，废学长，设系主任。本科各系共分五组：第一组包括数学系、天文学系、物理学系；第二组包括生物学系、化学系、地质学系；第三组包括教育学系、心理学系、哲学系；第四组包括中国文学系、英国文学系、法国文学系、德国文学系、俄国文学系；第五组包括政治学系、经济学系、史学系、法律学系。北京大学的学科组织体系由"大学—科—门"三个层次变为"大学—系"两个层次。此举有助于消除各学科之间原有的森严界限，促进文理交叉，系与系之间教师能够流动、学生可以兼课。"废门改系"制度成就了北大独特的学术空气。

第二是废除年级制，倡导实行选课制。蔡元培在教学管理实践中察觉到原有年级制存在极大弊端，"使锐进者无可见长，而留级者每因数种课程之不及格，须全部复习，兴味毫无，遂有在教室中瞌睡、偷阅他书及时时旷课之弊，而其弊又传染于同学"，于是他率先在北京大学实施选课制度。学生在完成学校所规定的必修课程基础上，根据个人兴趣喜好，可以自由选修一定的课程，学生可以在系内选修课程，也可以跨系选修。学生毕业与修业年限无关，而直接与所修课程的学分相关，学生如若提前修满规定学分，学校则准予学生提早毕业。选科制使学生受惠很多，以德语和德国文学知识学习为主的德文系学生，现代诗人冯至曾强调自己在思想上获益最多的并非德文系教师，而是国文系教师，例如鲁迅、沈尹默等。他曾经回忆道："蔡元培认为大学里应培养通才，学文史哲与社会科学的要有自然科学知识，学自然科学的要有文史知识，这样不至于囿于一隅。当时北大的预科分文理两部，课程就是根据这个精神安排的。后来我入本科德文系，同时也选修国文系的课程，得

---

① 蔡元培：《我在北京大学的经历》，载《蔡元培全集》第7卷，浙江教育出版社1997年版，第503页。

以中西比较，互相参照。蔡元培提倡美育，在学校里建立画法研究会、书法研究会、音乐会，我有时听音乐演奏，参观书画展览，开拓了眼界。懂得一点艺术，接受一点审美教育，对学习文学是有所裨益的。"①

学系制及选科制的实施打破了学科之间的界限，学科研究方法逐渐走向科学化，同时促进了课程体系和教材教法的更新，逐步建立起较为完善稳定的课程体系和学科群；同时学生的自主意识被充分唤醒，个性获得了足够尊重，这在某种程度上反映了当时多元文化变迁的需求。

（三）"教授治校"的学科管理模式

学科是大学的基本单元与重要的组织基础，学科的组织管理模式决定了该校科学知识生产方式，它直接反映并决定该校的管理与学术水平。传统官学机构学科管理具有两个特征：官师合一及政教合一，学科管理权力集中于学校的最高行政管理者，政府在学科教学内容内容的选择上居于主导地位，学科从属于政治，其基本内容必须反映统治阶级的意识形态。

为实现学科管理由政治本位向学术本位的制度逻辑转换，1912 年北洋政府颁布的《大学令》中对大学学科管理体制做以规定，要求大学设评议会和教授会，并且对评议会人员组成及审议事项做以明确规定，然而该制度颁布后并未立即付诸实践。1917 年蔡元培到北大掌校以前，北京大学呈现出鲜明的封建集权式学科组织结构，官僚衙门习气浓厚，依循传统，管学大臣大权独揽独断独行，总理一切学科事务，难以突破政治对学术的垄断，"所有学堂一切布置及银钱各事均归总办管理，所有学堂考核功课以及华洋教习勤惰及学生去取均归总教习管理"。② 学校充斥着沉闷腐败的空气，缺乏民主和谐的气氛。北京大学于 1915 年 11 月依据《大学令》建立了评议会，但实际上却一直流于形式。学校依然是一所封建思想和官僚习气十分浓厚的学校。

1917 年蔡元培就任北大校长时看到，"一切校务由校长与学监主

---

① 冯至：《但开风气不为师》，载陈平原、夏晓虹《北大旧事》，生活·读书·新知三联书店 1998 年版，第 252 页。

② 陈学恂：《中国近代教育史教学参考资料》上册，人民教育出版社 1986 年版，第 291 页。

任、庶务主任少数人总理，并学长也没有与闻的"，[1] 作为学科专家的学长竟然无权参与学校主要事务的决策。为了实现学术管理和行政管理分离，蔡元培基于西方大学自治与学术自由的传统着力推行"教授治校"的学科管理模式，颠覆以前由校长、学监主任及庶务主任等少数人办理校务的集权型管理体制，实行基于民主管理与专家治校原则的教授治校体制，为北大学科管理指明了方向及宗旨。蔡元培主要通过三个步骤层层推进落实"教授治校"的学科管理模式（见图2—2）。

第一步组建评议会。作为大学参议及立法的最高决策机构，评议会主要负责评议学校内部各项规程、所建的组织及其他重要事项。评议会成员由校长、学长和教授代表组成，为了给多数教授的代表议决立法方面权力，1920年4月1日北大通过《国立北京大学评议会规则》，"本会以下列人员组织之：（甲）校长；（乙）学长；（丙）各科教授。每科二人自行互选，以一年为任期，任满可再被选"。"本会议长一人，以校长任之；书记一人，由会员中推举。"[2] 评议会审议事项包括：（1）各学科之设置及废止；（2）讲座之种类；（3）大学内部规则；（4）审查大学院生成绩请授学位者之合格与否；（5）教育总长及大学校长咨询事件；（6）凡关于高等教育事项，评议会如有意见，得建议于教育总长。

同年10月蔡元培又主持制定《评议会规则修正案》，对原先的规则进行修订，评议会成员仅由校长与教授互选，取消了原先学长及系主任为评议会当然成员的条款，规定评议员不分科不分系，但需综合全校教授总数互选五分之一。此外，加入教务长、庶务主任、图书馆主任、仪器室主任，但无表决权。基本保证了教授评议员在评议会中占多数。另外还扩展了评议会的权限，包括机构废止与变更权力由各学系扩展至校内各机关，经费从预算扩至预决算等。评议会下设各种职能委员会作为自身工作机构，包括组织委员会，聘任委员会，财务委员会，审计委

---

① 蔡元培：《回任北大校长在全体学生欢迎会上的演说词》，载《蔡元培全集》第3卷，浙江教育出版社1997年版，第693页。

② 《国立北京大学评议会规则》，载吴惠龄、李墅编《北京高等教育史料》，北京师范大学出版社1992年版，第22页。

员会，入学考试委员会，图书委员会，仪器委员会，出版委员会，庶务委员会等。1921 年 11 月 9 日，北大召开第一次评议会，评议会成员由校长蔡元培，法科学长王建祖，文科学长陈独秀，工科学长温宗禹等 19 人组成。

第二步是组织各门教授会。由于评议会成员有限，而其中教授大多分布于各学科之中，1917 年夏蔡元培主持制定北京大学《学科教授会组织法》，规定本校各科各门之重要学科各自合为一部，每部设一教授会；每一部教员无论其为研究科，还是本科及预科，无论是教授、讲师还是外国教员皆为本部教授会之会员；每部设主任一人，由本部会员投票选举，任期二年；职权主要包括学术性事务的决策权和行政性事务的参与权，"凡关于下列诸事，本部教授会皆有讨论议决之责：本部教授法之良否，本部教科书之采择；凡关于下列诸事，本部教授会皆有参与讨论之责：本部学科之增设及废止，本部应用书籍及仪器之添置"。①

蔡元培上任时，北京大学设有文、理、法、工、商各科，科下设门。各门的教授会是由除助教外的所有教师组成的。1918 年全校成立了 11 个学科教授会，1919 年北大废门改系，共设 14 个系。各系成立教授会，设主任一人，由教授会选举产生，任期两年。各系教授会任务是参与规划本系各学科的教学工作，主要包括：课程设置、教材采用、教学方法改良、学生选课指导、学生成绩考核等。为了让教授们行使好参与校政的权力，减少其后顾之忧，1922 年初，蔡元培亲拟北京大学教员保障案提案，提议凡已得续聘书之各系教授之辞退应由该系教授会开会讨论，经该系教授会五分之四之可决，并得到校长之认可方能办理。同时，各教授应承担何项功课应由该系教授会开会共同商定。蔡元培详释其理由是"教授的辞退和任课不应凭主任或教务长一人之意见"。②各学系主任由本学系教授会公举，评议会各职能委员会的委员长及学校

①　朱有瓛：《中国近代学制史料第三辑》下册，上海华东师范大学出版社 1992 年版，第 61—62 页。

②　中国蔡元培研究会编：《蔡元培全集》第 4 卷，浙江教育出版社 1997 年版，第 535 页。

的教务长及总务长等职务均必须以教授为限。① 这种以教授为主体的学科管理模式，增强了教授们的主人翁意识，提高了其工作的积极性和自主性，改变了清末以来国家最高学府的封建官衙习气，促进了大学管理的正规化和现代化。

第三步是在校内设立行政会议。行政会议为全校最高行政机构和执行机构，下设由校长在教授中推举的专业委员会，它主要负责实施及执行评议会议决事项。以各学系主任为成员的教务会在经推选产生的教务领导下负责全校的教务工作；总务处则主管全校的人事和事务工作，总务长由校长任命。至此，北大形成了以评议会为立法机关，以行政会议、教务会议、总务处为行政机构，以教授为各机构成员或领导力量三足鼎立、较为成熟的教授治校管理体制。它充分发挥了教授在学校立法、行政管理中的主导作用，民主自由治校的观念进一步深入人心。

北大"教授治校"学科管理模式，在中国教育史上是前所未有的，是西方大学管理制度在中国大学中的一次成功借鉴。它彰显了古典大学理想主义的光芒，是一种以学术为主导的权力配置方式，它较好地遵循了大学管理与学科发展的规律，使北大学科管理初步脱离"人治"管理轨道，照此办法，学校的内部组织完备，无论何人来任校长，都不能任意办事。"教授治校"学科管理模式在当时还具有抵制反动政党及教会势力控制学校的作用。但是"教授治校"学科管理模式由于缺乏对现实的考量在实施过程中不断陷入现实困境。

（四）习明纳体制下的学科组织模式

传统的学术范式是重人伦而轻科技，缺乏科学研究和实践的传统，教育理想重点在塑造完美的人格，学校培养的是修身齐家治国平天下的政治管理人才，而不是从事研究的科学家和工程师。这种传统的学术和教育文化一直影响着我国近现代的学科教育思想，大学学科一直被看作是一个纯教育单位而不是一个科研机构。另外，传统诞生于小农经济土壤之上，官学学术囿于封闭的自然地理环境、相对落后的信息传播方

---

① 王学珍、郭建荣：《北京大学史料》第 2 卷第 1 册，北京大学出版社 2000 年版，第 80—81 页。

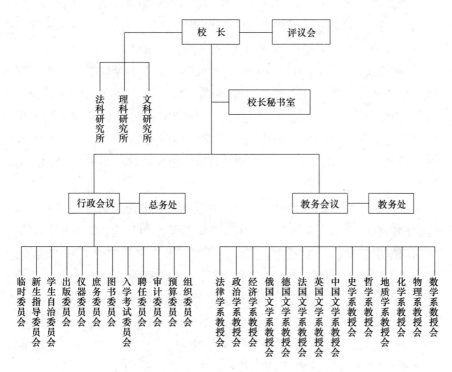

图2—2　1919年北京大学学科组织系统

式，学科教学中形成"师法""家法"的学术传承以及以地域为中心的学术派别，师生缺乏创新与合作精神，在传统的影响下我国大学的科学研究长期难以有实质性的进展，科研始终难以组织化、专业化和体制化。

为实现传统向现代学术转型，壬寅学制、癸卯学制规定"大学堂附设通儒院"，民初《大学令》及《大学规程》都对大学院制度做了最原始的设计，规定"大学院为大学教授与学生极深研几（究）之所"，"大学以教授高深学术，养成硕学闳才，应国家需要为宗旨"，大学院不设期限，要求"有新发明之学理或重要之著述"，经大学评议会确认后方可授予学位，以当时中国新式学堂之水平，未免悬得过高，只能说是标识了一种理想或志气。因此，该制度颁布后并未付诸实践。

蔡元培掌校之前的北大学科教学模式占据主流和核心地位的仍然是

传统讲授式教学模式。蔡元培以柏林大学的习明纳体制为原型，力主将德国洪堡德"教学与科研相结合"的思想，"创新精神与学术自由相统一"的思想以及"协作"思想贯彻于实践，在北大创立了文、理、法三科研究所，他说："清季的学制，于大学上，有一通儒院，为大学毕业生研究之所。我于《大学令》中改名为大学院，即在大学中，分设各种研究所。并规定大学高级生必须入所研究，俟所研究的问题解决后，始能毕业。此仿德国大学制。"① 研究所设立以后，虽然"月增经费四千五百元"，但却难以为继。招了学生很快风流云散。只能称之为"两感不足，虽有计划，只具雏形"。

习明纳体制不是以教师传授知识的教学形式来组织教学，它要求学生通过独立研究完成学习任务。师生组成教研小组，围绕着共同感兴趣的问题组织教学，经过调查、实验、考察以及文献资料分析和综合等，获得解决问题的途径，然后写成研究报告，师生共同参加讨论，进而培养学生的科研能力，达到学有所获、教学相长之教育目的。习明纳体制外在推行模式即是大学研究院的创设。

蔡元培在谈及设立大学研究院的必要性时，曾列出其对在校师生的三大好处：一是，"大学无研究院，则教员易陷于抄发讲义不求进步之陋习。盖科学的研究，搜集材料，设备仪器，购置参考图书，或非私人之力所能胜；若大学无此设备，则除一二杰出教员之外，其普通者，将专己守残，不复为进一步之探求，或在各校兼课，至每星期任三十余时之教课者亦有之，为学生模范之教员尚且如此，则学风可知矣"。二是，"自立研究院，则凡毕业生之有志深造者，或留母校，或转他校，均可为初步之专攻。候成绩卓著，而偶有一种问题，非至某国之某某大学研究院参证者，为一度短期之留学；其成效易睹，经费较省，而且以四千年文化自命之古国，亦稍减倚赖之耻也"。三是，"惟大学既设研究院以后，高年级生之富于学问兴趣而并习；并不以学位有无为意者，可采德制精神，由研究所导师以严格的试验，定允许其入所与否，此亦奖进

---

① 蔡元培：《我在教育界的经验》，载中国蔡元培研究会《蔡元培全集》第 8 卷，浙江教育出版社 1997 年版，第 509 页。

学者之一法"①。

　　蔡元培学习德国大学办学经验，在对欧美大学的教育与学术研究机关进行专门考察后，1917 年底组织北大评议会议决设立文、理、法三科研究所，其中文科下设哲学、国文学、英文学研究所，理科下设数学、物理学、化学研究所，法科下设法律学、政治学、经济学研究所。1917 年，各研究所协力共同开办《北京大学月刊》，作为全校师生自由探讨学术、平等交流思想的载体，同时刊登第一则研究生招生启事，标志着我国研究生事业的开始，校长于各所教授中推举一人为研究所主任。当时设立的研究所及各学门主任名单如下：

文科研究所　哲学　胡适　国文学　沈尹默　英文学　黄振声
理科研究所　数学　秦汾　物理学　张大椿　化学　俞同奎
法科研究所　法律学　黄右昌　政治学　陈启修　经济学　马寅初

　　当时北大各科研究所确实是为师生共同进行学术研究之处，但并非后来之专业研究所，当时研究所的功能重心仍在人才培养而并非科学研究。研究员多为刚毕业或高年级学生，并非专职研究者。各研究所创办之初，都相当简陋，也很不完善，但发展很快。到 1918 年初，北京大学文、理、法三科研究所的研究员总计共有 148 人，其中理科研究员仅有 18 人，文科 71 人，法科 59 人，另外还有 32 名通信研究员。范文澜、叶圣陶、冯友兰、俞平伯等当时都在文科担任研究员。② 研究所除了进行学术研究之外，还要参与本校及中小学校的教学改革，为革新教学方法及编订新教材提供建议；另外还包括一些特别的任务，如审查核定译名，负责杂志出版，组织专题征文活动等。研究所教授每月需要自选题目，撰写一篇论文，或者在公众场合发表演讲，表达自己的学术观点。各科研究所先后召开议题会议，明确各自预定任务，在教授的指导下，研究员开展主题讨论，报告最终结果。文科研究所首次会议主题是

---

①　蔡元培：《论大学应设各科研究所之理由》，《东方杂志》第 32 卷第 1 号，1935 年。
②　金林祥：《思想自由　兼容并包——北京大学校长蔡元培》，山东教育出版社 2004 年版，第 165 页。

关于哲学与科学之关系，邀请蔡元培讲演。[1] 法科研究所全员表决刊印由学生徐士豪翻译的有三千多字的中英法律名词，就此决定依次编订中法、中德及中拉法律名词，选取最佳者出版发行。[2]

1919 年北大废门改系之后，对原有研究所又进行了改组，冲破科系界限，切于实际地对研究所进行新的规划及合理布局，将原有研究所分为四大类别：第一类是国学研究所，主要研究中国文学、历史、哲学某种专门知识；第二类是外国文学研究所，主要研究英、法、德、俄某国文学；第三类是社会科学研究所，主要研究政治、经济、法律、世界历史某门专门知识；第四类是自然科学研究所，主要研究数学、物理、化学、地质学某门专门知识。研究所的课程全部被列入相关系科内；学系中的课程如果有未解问题并有研究价值的，在教师指导下学生可以做相关研究，称之为某课研究，同时规定课时单位数。

1921 年 12 月 14 日，北大评议会制定并通过了《北京大学研究所组织大纲》。规定："本校为预备将来设大学院起见，设立研究所，为毕业生继续研究专门学术之所"，"研究所分设自然科学、社会科学、国学和外国文学四门"；由大学校长兼任所长，由校长指认本校教授担任各门主任，各门助教及书记受所长指认，助理本门主任一切事务，并听从本门主任指挥。该组织大纲还规定："本所原为本校毕业生有专门研究之志愿及能力者而设，但未毕业之学生曾作特别研究，已有成绩者，经所长及各该学系教授会之特许，亦得入所研究。"[3] 但最终限于条件，蔡元培在校期间，只成立了研究所国学门。

1922 年 1 月，北大研究所成立国学门。与传统局限于一家一域狭小空间的个人技能训练的研究模式不同，它是一种习明纳协作研究机制，将一些有着共同学术研究的志趣、研究内容等机缘的学者组建学术共同体，开展一种公共集体的合众研究。作为现代大学中出现的最早一

① 《文科国学门研究所报告》，载《北京大学史料》第二卷中册，北京大学出版社 2000 年版，第 333—1335 页。

② 《教育公报——第六年第十一期（1919 年 11 月）》，载《北京大学史料》第二卷中册，北京大学出版社 2000 年版，第 1550 页。

③ 蔡元培：《北京大学评议会一九二一年第三次会议议决事项通告》，载中国蔡元培研究会《蔡元培全集》第 4 卷，浙江教育出版社 1997 年版，第 495 页。

个研究机构，北大国学门树立了人文社会科学研究本土化的成功典范。蔡元培以校长同时担任研究所国学门委员会委员长，国学门主任由沈兼士担任，委员包括胡适、钱玄同、顾孟余、李大钊、马裕藻、朱希祖、周作人等，聘请当时众多国学大师王国维、罗振玉、陈寅恪等担当国学导师。研究所国学门经过改组以后逐渐走向规范化，教授可以自由选择研究主题，学生如果对研究主题感兴趣可以自由报名，主动与导师协商，获得同意后就可以加入研究所共同研究。

1922 年 3 月，评议会第七次会议讨论通过《国立北京大学研究所国学门研究规则》。规则中规定：本校已经毕业或未毕业的学生，也包括校外学者，只要有研究的意向与研究能力，或者在某一方面已做出一定研究成果的，都可以到国学门报名登记项目，经国学门委员会审查合格，领取相应证明入所研究；校外学者以及本校已经毕业的学生，具有研究意向却难以回校研究的，可以报名经审查合格做通讯研究；研究生需要及时汇报关于项目研究的过程及研究成果，为了有利于在本学门专业期刊适时发表，交流共享；研究生具有要求本学门或相关学门教授或者特邀国内外专家进行研究指导的权利；本校教师具有研究志愿可以随时入所研究；本校教师可以围绕自身研究的问题，组织研究生入所开展集体研究，前提是需要提前报告委员会，经审查通过；国学门即时邀聘国内外学者就某一方面问题做专题演讲。

国学门建立了三室，即登录室、研究所、编辑室；建立了五会，即：风俗调查会、歌谣研究会、方言研究会、明清史料整理会及考古学会。研究牵涉哲学、文学、史学、文字学、考古学等众多科目。研究所国学门自成立以来，全体同人齐心协力，以歌谣、文学、史学、风俗、方言、考古等领域为中心，展开初级阶段的调研工作。这些研究探索工作不但开辟了以前未曾研究过的学术领域，而且为研究生的培养提供了新的形式，提高了培养的质量。

"五会"自成立并开展工作以来，取得了重大成就：歌谣研究会改变了当时人们已有的观念，它不再被视为"低俗"的事物，而被视为一门学问，即"歌谣学"；方言研究会按照地域将收集到的方言分门别类，对于不同风格的方言展开语法及语音乐律的分析实验，标志着中国人现代语言学研究正式拉开帷幕。考古学会改变了古史研究书斋式传统，开启了田野研究模式新风尚，为现代考古学走向科学化指明了方向；明清史料整理会"不但扩大了新史料的范围，而且奠定了档案整理事业的基础，许多参与其事的学者、研究生如沈兼士、陈垣、朱希祖、郑天挺等，成为我国档案整理事业的第一代拓垦者"。① 北大研究所重视研究室建设以及新学科拓展，因此几十年间没有大起大落。1932年，研究所国学门改名称为研究院文史部，1934年再次改名称为研究院文科研究所，经历1937年抗战开始后的南迁以及1945年抗战结束后的北归，北大研究所国学门始终都是北大科研实力雄厚值得亮出的王牌。

北京大学国学研究所作为国内高等学校最早成立的一个研究所，再次明晰了北京大学作为学术研究型大学的定位，为各大学创办研究院所提供了示范性样本。此后大学中广泛设立研究所，大学学术研究不断走向系统化与规范化，作为培养研究生为主旨兼师生科研活动的研究所，不仅为我国现代学术创新及人才培养发挥了重要作用，并且其学术成果使得我国在国际上的学术影响显著提高，为提高我国大学的学术水平，在未来真正走上国际主流学术舞台奠定了基础。蔡元培在《十五年来我国大学教育之进步》中对当时大学研究院做出的成就给予极高评价，看到了大学科学研究以研究所为中心的组织化和集约化发展趋势："原大学的责任，本不但在养成一种人才，能以现在已有的学术，来处理现在已有的事业，而在乎时时有新的发现与发明，指导事业界，促其进步。所以大学不但是教育传授学术于学生的机关，而实在是教员与学生共同研究的机关。"② 然而，北大校方当时把办研究所想得过于容易及理想化，同时加上经验的不足，以及传统学科地缘文化小群观念造成学科组织零散分割的局面，使当时北大研究所难有大的作为。《国立北京大学校史略》述及此事时称：财力人才，两感不足，虽有计划，只具雏形。

---

① 陈以爱：《中国现代学术研究机构的兴起：以北大研究所国学门为中心的探讨》，江西教育出版社2002年版，第97—101页。
② 蔡元培：《十五年来我国大学教育之进步》，载中国蔡元培研究会《蔡元培全集》第5卷，浙江教育出版社1997年版，第413页。

四　理想主义学科价值取向之实践困境：以北京大学为例

蔡元培执掌北京大学，确立了德国学科发展范式的标准，即以学术研究为本位的理想主义学科价值取向。包括"学理研究"学科宗旨，"学术分校"的学科结构，教授治校的学科管理，习明纳式学科组织模式，对北大学科体制进行了全面改革。然而，学科体制实施的过程是一个动态发展和变化的过程，是一个复杂的过程，是一个不断分析问题和解决问题的过程。由于缺少"学术本位"学科机制运转的客观要素（学科外部社会环境与学者内在素养），理想本位学科价值取向的学科体制在运行过程中遭遇多重困境，这直接导致近代大学学科扭曲式发展。钱穆曾指出，"凡具有一种真实性之制度，必从社会风气酝酿而出。否则有名无实，有此制度，无此风尚，空制度决不能与真风尚相敌，教育制度建立在上，社会风气则鼓动在下"①。从实践层面考察，蔡元培所倡导的学术本位的学科价值理想并未真正实现。多数时候变成了学者心中的"乌托邦"。这体现了新旧文化交替历史背景下中国近代大学学科发展过程中的悖论。

（一）"学术分校"学科结构体制之实践困境

中国古代学者以"修己治人"为自身之使命，追求"至善"的人生境界，实用理性的知识观与积极入世的现实社会情怀在中国知识分子身上表现得十分明显。这也使得传统主流学科文化具有鲜明的"政教合一"的特征。这与西方建构于个体自由基础之上以"求真"作为治学之理想的现代学科价值取向显然是矛盾背离的。"凡治学术，必有用以为学之器。"与之相反，"凡所以博物广闻，利用成器，启迪智慧，铭陶德性，学术之真用存焉。中国学人，每以此类之大用为无用，而别求

---

① 钱穆：《中国教育制度与教育思想》，载《国史新论》，生活·读书·新知三联书店2001年版，第248页。

其用于政治之中"。① 学与术相混固与民族文化传统大有干系，极难一时扭转；而"离学言术"往往因受时势左右，特别为政治因缘所系。清季以来，废除科举以后，"新学"成为知识分子与国家及社会连接的新通道，当时中国主要取道日本，源源不断将欧美法学理论输入国内，日本留学生在法学界长期居于领导的地位，由此，日本化的法学自然也就成为学界标榜的对象。受日本"致用"学风及传统学风流弊的影响，热衷于新学的留学生，"或抱政治之野心，或怀实利之目的"②。他们将学术从属于职业，"学"被视为个体谋生的知识性工具，学校被视为职业的训练所。法科因主要借鉴于日本，而此风更盛，连文理等科也不同程度地沾染了法科的不良习气，这直接造成了"术"以害"学"的不良后果。蔡元培的前任们马相伯、胡仁源对学风流弊已有自觉之体认，但矫正成效甚微。

1917 年，主持北京大学的蔡元培决意"剜毒疗伤"，"以图彻底矫治"，决定停办法科，只保留文、理两科，实现"学术分校"。4 月，北大评议会通过了"法科独立之预备"决议，同年 8 月 1 日，蔡元培在《新青年》上发表《大学改制之事实及理由》，援引东西学制，阐述其学科结构体制改革具体方案，这预示着北大将以法科入手，整体贯彻"学术分校"的学科结构体制。由于蔡元培此举与社会观念认同截然对立，与国家和学人的学术倡导以及社会和大学在现实生活中的利禄追求和职业导向的事实大相异趣，所以招致各方强烈反对，甚至激起学潮，并引发一场波及海内外的大讨论。

校内相当一部分持异议者认为：法科学生人数高居诸科之首，建制亦最完备，将其裁去从情理上不妥；而蔡元培对法科的意见及新的大学改制计划引发法科师生更多不满情绪，并逐渐汇成一股"反蔡暗流"，北大学生提出反对意见。私立民国大学归并到北大法科的学生，如段锡朋、胡文豹等率先发难，纷纷扬言如果裁并北大法科，他们将无处可去，因此坚决抵制。后蔡元培将改制议案提交教育部，获得院部之

---

① 傅斯年：《中国学术思想界之基本误谬》，《新青年》1918 年 4 月 15 日第 4 卷第 4 号。

② 王国维：《论近年之学术界》，载傅杰编校《王国维论学集》，中国社会科学出版社 1997 年版，第 214 页。

支持。

但是，由于学生"反对蔡之声浪乃愈高"，并且以全体名义在院部两处呈控蔡氏，谓之办学不善，任用私人，以文乱法等。段祺瑞不得不将学生呈文交教育部处理。被辞去的外籍教员克德莱及燕瑞博将北大与蔡元培诉诸外交部，引起英国公使朱而典的外交干预；即使作为北大中的"挺蔡派"胡适，虽在态度上与蔡元培一致，但他对大学的本质内涵保留有自己的见解。"大学英名 University，源出拉丁 Universitas，译言'全也，总也，合诸部而成大全也'。故凡具各种专门学科合为一大校者，始可称为大学。其仅有普通文科，或仅有一种专门学科者，但可称为学院，或称某科专门学校。College 即如美国康南耳大学，乃合九专校而成：曰文艺院，曰农学院，曰法学院，曰机械工程院，曰土木工程院，曰建筑学院，曰医学院，曰兽医学院，曰毕业院。此九院者，分之则各称某院，或某校，合之乃成康南耳大学耳。今吾国乃有所谓文科大学，经科大学者，夫既名经科，既名文科，则其为专科学校可知，而亦以大学名，足见吾国人于'大学'之真义尚未洞然也。"① 傅斯年也对此论表示赞同。

北大学科结构体制改革引发了社会舆论的广泛关注与质疑。不少报道捕风捉影，甚至人云亦云。如《北京日报》称北大之"法律、冶金并入北洋大学"，而《教育杂志》则谓北大"专办文、理二科，其他法工二科学生，则分送北洋，以资深造"。北大为正传闻之误，不得不在《申报》上刊载辟谣的文章："其对于本校之热诚，深可感佩，惟所举事实，均有传闻之误。即如引蔡元培氏之言，谓'文科一科，可以包法、商等科而言也；理科一科，可以包医、工等科而言也'。询之蔡君，并不如是。蔡君不过谓法、商各科之学理，必原于文科；医、农、工各科之学理，必原于理科耳。若如余君所引之言，则蔡君的主张设文、理二科足矣，何必再为法、医、农、工、商各为独立大学之提议乎？"② 海外学人也加入到这场大讨论中。11 月 17 日，寓居苏格兰的学者周春

① 胡适：《非留学篇》，载姜义华主编《胡适学术文集·教育》，中华书局 1998 年版，第 18 页。

② 蔡元培：《大学改制之事实及理由》，《新青年》1917 年 8 月 1 日第 3 卷第 6 号。

岳致《太平洋》杂志记者，发表《大学改制之商榷》一文，质疑北大"学术分校"体制："西文之大学（University），原意为教授高等学术各科之综合体。故言大学，即联想分科。分科无定，多多益善，大规模的集合组织，与分工之原则，相辅而行，现代文明社会之特征也。欧美各邦大学，罕见限于文、理二科。单科大学，其例也鲜。德国之各项高等专门学校，亦难引为例证。其程度即令与大学分科相当，彼究未正式居大学之名也。日本学界久有单科大学之运动，然其议亦罕见采行（以予之所知，则至今仅有大阪高等医学校，改为独立医科大学之一例）。今吾国大学改革之案，不以文、理二科之设，视为大学设备之最小限度，而定为大学分科之极限。不以承认有单科大学之例外为足，而定单科大学为通则。不诚过犹不及哉？""盖学理致用两者之偏重偏轻，文、理二科与其他科之间，亦仅有程度之差，而无种类之别，集于同一大学，绝无滞碍。又况学理致用两者，本可互有助益，相辅而行者也。"①

1917年4月15日、16日，蔡元培先后在《北京大学日刊》上发表两篇名为《读周春岳致〈大学改制之商榷〉》的文章，全面解释了其"学术分校"学科结构改制的由来："鄙人初意以学为基本，术为支干，不可不求其相应。故民国元年修改学制时，主张设法、商等科者，不可不兼设文科"，然而，"以吾国人科举之毒太深，升官发财之兴味本易传染，故文、理诸生亦渐渍于法、商各科之陋习。而全校之风气，不易澄清。于是，有学术分校之议"，蔡元培进一步指出"大学"及"高等专门学校"之间的关系，"治学者可谓之'大学'，治术者可谓之'高等专门学校'，两者有性质之差别而不必有年限与程度之差"②。

蔡元培的解释使其"学术分校"学科结构改革方式得到不少人的理解支持，"且亦得校务讨论会全体之赞同"。但是这种矫枉过正、极端的改革方式由于牵扯不同层面学校之现实利益，校内外意见分歧甚大，一旦付之于制度实施，将引起各方矛盾冲突。于是"教育部终不以为然"。1917年9月27日，在国民政府公布的《修正大学令》中，第

---

① 周春岳：《大学改制之商榷》，《新青年》1918年5月15日第4卷第5号。
② 蔡元培：《读周春岳君〈大学改制之商榷〉》，载《蔡元培全集》第3卷，浙江教育科学出版社1989年版，第150页。

二条的规定"大学分为文科、理科、法科、商科、医科、农科、工科"未做任何更改，虽然对第三条做了大幅度更改，但措辞模糊而简单，"设二科以上者，得称为大学，其但设一科者，称为专科大学"。① 由此，北大力图推行学术分校的"法科独立之预备"方案就此夭折，蔡元培对传统自近代以来大学之"重术轻学"之学风流弊的扭转的整体方案宣告失败，于是，不得不以局部方式推动引导北大法科走向学术化道路。

（二）"教授治校"学科管理体制之实践困境

北大在 20 世纪 20 年代确立了"教授治校"学科管理体制，并且在学科管理实践中得到了运用，发挥了积极作用，但是，"教授治校"学科管理体制自身理想化的制度设计由于受到当时大学外部和内部诸多制度和人为因素的制约，其在实践操作中存在诸多困难与不足，影响着这一制度应有功能和独特优势的充分发挥，造成"教授治校"学科管理体制走入实践运行之困境，这主要表现在：

首先，"教授治校"学科管理体制缺乏相应外部政治环境的保障。"教授治校"学科管理体制是一项系统工程，在实施过程中牵涉到众多方面的关系调整和利益协调，除了需要依靠大学自身的改革努力外，还需要建立完善有力的外部政治环境保障。处于新旧交替与急剧动荡的近代中国社会，大学的生存外缘环境甚为恶劣。在专制而黑暗的北洋军阀的统治下，各派军阀为了维护集团自身的利益和统治，常对文化进行严密控制。各种政治势力与政客们都把对于大学的争夺防范作为重要对象。他们推行种种文化专制政策，设置反动文化机构，颁布一系列反动法规，压迫和扼杀大学进步文化团体。他们将大学看作一己私物，随心所欲强制干涉。就是当时以"文治"相称的民国大总统徐世昌，竟然也"因为新旧冲突，居然要驱逐人员了"②。因此，在这样的政治环境

---

① 《修正大学令》，载潘懋元、刘海峰编《中国近代教育史资料汇编·高等教育》，上海教育出版社 1993 年版，第 372 页。

② 陈独秀：《关于北京大学的谣言（1919 年 3 月）》，载《陈独秀著作选》第 1 卷，上海人民出版社 1993 年版，第 503 页。

下，北大所倡导的新的学科价值理念与学科制度时常被误解为极大祸患，进而招致政府及教育部的无端阻滞与取缔。蔡元培常常采取的应对措施就是辞职的"不合作主义"的方式，借此维护大学及个人的生存与尊严，进而维系多方力量的平衡。

1917 年 7 月，因张勋复辟帝制，蔡元培深感自由的诉求与政治环境压迫的矛盾，首次请辞："元培以北京空气不适于屏躯……不意日来北京空气之恶，达于极点，元培决不能回北京。谨辞北京大学校长之职。"① 1919 年 6 月 15 日，蔡元培曾发表《不再任北京大学校长宣言》，表达了他对于民主自由的追求和对于压抑的政治环境的反抗："我绝对不能再作那政府任命的校长；要是稍微破点例，就要呈请教育部，候他批准。什么大学文、理科叫作本科的问题，文、理合办的问题，选科制的问题，甚而小到法科暂省学长的问题，附设中学的问题，都要经那拘文牵义的部员来斟酌。"② 在宣言中，蔡元培指出了现代大学应当遵循的三项基本原则，即独立自主、思想与学术自由及相应的民主自由的外部社会政治环境。然而，蔡元培认为"中国近代大学学术及教师职业自由这一外缘条件并不能满意地获得"③。

1923 年 1 月 21 日，蔡元培发表《关于不合作宣言》，指出："不知道一天要见多少不愿见的人，说多少不愿说的话，看多少不愿意看的信。"而这个职务，"又适在北京，是最高立法机关行政机关所在的地方。只见他们一天一天的堕落……这种恶浊的空气，一天一天的浓厚起来，我实在不能再受了"。④ 由于缺乏相应的自由的社会政治环境以及政府相应的经济支持，北大时常陷于经费的短缺与大学生存的危机。因此，从外在政治环境来看，以学术为本位的"教授治校"学科管理体制实践运行因政治环境空间的有限而导致实践上的困境。

---

① 蔡元培：《辞北京大学校长职呈》，载《蔡元培全集》第 3 卷，浙江教育出版社 1997 年版，第 100 页。

② 蔡元培：《不肯再任北大校长的宣言》，载《蔡元培全集》第 3 卷，浙江教育出版社 1997 年版，第 632 页。

③ 同上。

④ 蔡元培：《关于不合作宣言》，载《蔡元培全集》第 5 卷，浙江教育出版社 1997 年版，第 36—39 页。

其次，"教授治校"学科管理体制由于缺乏传统学科文化的支撑，导致实践中学科主体人格基础的悖论。中国知识分子相对缺少西方学术"求真"理性思辨的价值取向，官师合一、政教合一的传统学科管理方式使得教育依附于政治，从属于政治，必须反映统治阶级的意识形态，学校内部管理权力集中于学校的最高行政管理者。这与西方建构于个体之上，以"学术人"作为学科管理主体的现代学科价值取向显然是矛盾背离的。

1919 年五四运动爆发后，民族与社会危机的加剧使社会革新变得不容迟缓，社会和政治意识形态的要求逐渐增长，"用革命的手段建设劳动阶级的国家，创造那禁止对内对外一切掠夺的政治法律，为现代社会第一需要"。[①] 社会现实的发展很快与传统学科的崇高使命——治学报国及服务社会整体利益合流，北大青年学生为振兴中华及救亡图存奔走呼号，北大逐渐从一个"研究学理的机关"转为一个"运动的机关"，这与蔡元培"研究高深学问"的大学学科理想渐行渐远。学生参与政治运动的热情日益高涨而不可控制，甚至会因为对学校讲义收费不满而闹事，蔡元培"我和你们决斗"的呐喊表达了他对学生的痛心与愤怒。"貌很谦和""可是其精神却又强毅"的蔡元培余怒未息，于次日递交辞呈："此种越轨举动，出于全国最高学府之学生，殊可惋惜。废置讲义费之事甚小，而破坏学校纪律之事实大。此皆由元培等平日训练无方，良深愧惭……惟有恳请辞职。"[②]

蔡元培的辞职反映了传统与现代学科价值取向的激烈碰撞。北大教师在传统社会现实本位与现代学术理想本位的双重价值建构下充满了内心的对立冲突，鲁迅面对教书与写作的人生选择，内心充满了纠结苦闷："但我对于此后的方针，实在很有些徘徊不决，那就是：作文章呢，还是教书？因为这两件事是势不两立的：作文要热情，教书要冷静。兼做两样的，倘不认真，便两面都油滑浅薄，倘都认真，则一时使热血沸

---

① 陈独秀：《谈政治》，《新青年》1920 年 9 月 1 日第 8 卷第 1 号。

② 蔡元培：《为北大讲义费风潮辞职呈》，载《蔡元培全集》第 4 卷，浙江教育出版社1997 年版，第 784—785 页。

腾，一时使心平气和，精神便不甚困惫，结果也还是两面不讨好。"①
现实社会的需要使鲁迅最终选择了需要热情的"作文"，走上了以文学
批判现实黑暗政治，挽救国民性的治学之路。这说明在强大的现实面
前，传统主流学科价值取向再次取得主导地位。五四运动时期知识分子
对于社会政治由文化关怀转为行动参与，导致角色多重化的冲突混乱，
这表明近代知识分子由"士"向"大学人"角色转化的艰难。大学人
的行动参与政治使大学的学术研究受到了挤对，破坏了校园静心学习与
研究的氛围，北大教授并不能站在"学术人"的立场上行使自身民主
权力，由此可见，教授治校的学科管理体制在当时的北大缺乏相应的主
体人格基础。

　　再次，"教授治校"学科管理体制缺乏制度本身的合理设计，导致
权责不清，效率低下，有损公平。"教授治校"学科管理体制核心问题
其实是一个如何设计权力结构的问题。民初《大学令》中虽然规定
"大学应设评议会和教授会，并规定教授拥有学校事务的决策权；但同
时校长总辖大学全部事务，学长主持一科事务。"② 其中关于评议会、
教授会以及校长、学长权力范围的规定十分含混不清，并未进行清晰划
定，对于评议会选举与决策如何操作等都没做出具体的规定，北大虽然
在民初国民政府颁布《大学令》以后按照要求设立了评议会，但是评
议会却迟迟未发挥其应有的作用。蔡元培主掌北大以后，全力践行"教
授治校"体制，然而始终未能解决制度设计中的权责分配问题，从而可
能造成实际运作中的权力争执。比如，教授治校表明学校事务应当通过
教授集体民主讨论共同决定，根据"权责一致"原则，教授应当对其
议决承担全部责任；然而事实却是校长对最终议决负有全部责任，校长
承担了和其权力不相对应的责任，进而出现校长无法作为的现象；而教
授又由于缺乏某些应被赋予的责任导致行政过失无人对之负责现象。另
外，向教授民主授权可以削弱学科组织目标与组织成员之间的差别，并
起到进一步学术激励的作用。

　　① 《鲁迅全集》第十一卷，人民文学出版社1981年版，第184页。
　　② 《大学令》，转引自《北京大学史料》第二辑第一册，北京大学出版社2000年版，第
93—94页。

　　然而，实际上出现的另外一种效应是：授权导致了学科内部分散主义和单位间的协调障碍，特别是在很多情况下，出现不同机构与学科主体间各种各样的利益冲突。当时北大教授拥有极大的治校权力，涉及学术事务与行政事务等多个方面，在民主表决中势必因个人利益失衡所引发矛盾冲突，在如此境况下，最终要达成一致意见就会变得十分艰难，教授治校学科管理体制实际运作中因权力冲突导致效率低下。例如：胡适曾在日记中记载北大评议会 1922 年讨论的一个议题，即对大学教师在外兼课的限制问题，由于这是一个涉及每一位评议员个人利益的问题，每个人都从自己的利益出发，所以评议会上教授们的讨论各持己见，相持不下，最后蔡元培不得不加以强调，与会的每个人应当想到自己评议员的公众角色，不应当沉陷于个人的私人角色，进而终止了众人的争论。[①] 再比如，评议会在推选学校第一任教务长的时候，各学科间利益制衡，矛盾冲突表现明显，三个学科候选人力量相当，难分高下，"理科提出俞同奎，文科提出陈大齐，法科提出马寅初，这三个候选人势均力敌，在评论会选举时，主席蔡先生投马寅初一票，马得以当选为北大第一任教务长"[②]。沈尹默谈及此事时曾说道，蔡校长这样做的原因只是为了避免毫无价值的争论罢了。如此境况之下，"教授治校"体制必然导致决策效率低下。

　　最后，"教授治校"制度权力过于集中于教授，缺乏必要的权力制衡，导致在实施过程中教授权力滥用，有损公平。北大自实行"教授治校"体制以来，参与校务决策成为一部分教授谋取私利的手段，他们滥用自己手中的投票及行政权力，致使学校行政决策偏离正轨，对学校的良性发展造成极大危害。1918 年到 1926 年的七届评议会，每一届评议会均由十六位评议员组成，而其中有七位评议员竟然在七届评议会选举中连续获任，人数占据评议会总数的近二分之一，此种现象的产生，不能不说与学术地缘化导致利益团体之间出现的权力斗争有极大关系。评议员的固定化造成了相当一些教授无法行使法规所赋予他们的民主权

---

　　① 沈尹默：《我和北大》，载王世儒、闻笛《我与北大》，北京大学出版社 1998 年版，第 78 页。

　　② 同上。

力，民主投票变成了走过场，"教授治校"制度变得有名而无实。1923
年初，由于政治因素蔡元培辞职以后，由蒋梦麟执掌校务。1931 年蒋
梦麟依据《大学组织法》及《大学规程》革新本校以往组织机构及各
项规定。自此，北大以校务会议取代了评议会议。1932 年 7 月北大施
行《国立北京大学组织大纲》，"教授治校"制度在北大行政管理中走
到了它的终点。

（三）北大"研究所国学门"学科组织模式之实践困境

蔡元培掌管北大以后，为推进学科发展的组织化、专业化和体制
化，贯彻德国柏林大学"教学与科研相统一"的原则，1917 年曾在北
大创建文、理、法三科研究所。但是，研究所运转三年，结果却有悖初
意，1921 年 12 月 14 日北大评议会制定并通过了《北京大学研究所组
织大纲》，实现学科组织改组，国学门遂应运而生。然而由于现实学科
文化、多元功能的学科组织制度及学科经费等因素，导致北大"研究所
国学门"学科组织模式在实际运行中不免举步维艰，甚至陷入了难以为
继的困境。具体表现在：

第一，传统地缘化学科文化引发的学术纷争造成学科组织离散化。
"中国为人情社会，而且实际上地缘较血缘作用更大，同乡同学又是维
系人情的重要纽带，这种感情因素往往制度化为社会组织功能。"[1] 这
种地缘文化背景造成古代学科组织模式的封闭特征，这与建立于社会公
共生活基础之上，以职业为纽带，强调在发现真理的过程中学者之间以
共通性知识和信息进行开放交流和主体间认同的现代学科组织模式相
异，造成二者的冲突与背离。

1922 年 1 月，北京大学研究所国学门宣布成立，蔡元培以校长兼
任研究所国学门委员会委员长的身份出席，国学门主任由沈兼士担任，
顾孟余、胡适、钱玄同、马裕藻、李大钊、朱希祖等人担任委员，邀请
国学大师罗振玉、王国维、陈寅恪、马衡、钱玄同等人担任导师。1922
年 2 月 27 日，国学门委员会第一次会议纪事被刊载于《北京大学日刊》
校务纪闻专栏上，其中对研究所规章制度的规定包括："本学门研究应

---

① 桑兵：《近代中国学术的地缘与流派》，《历史研究》1999 年第 3 期。

打破学系观念，本学门虽由中国文学、哲学、史学三系组成，而国学范围所包甚广，研究上不应限于三系。"国学门强调的是建立一种合众的集体协作机制，在学科组织体制上力图打破学系限制，突破学科樊篱。

然而，受传统学科地缘文化影响，北大学人内部以一定地域为依据，并与学科要素密切结合分割为不同的学术派别。新文化运动以前，北大学术纷争以皖籍为主的桐城派与以江浙籍为主的章门弟子派为主，伴随新文化运动阵营内部的分化，新旧学术派别之争演变成为新派内部江浙派与英美派的人事之争。蔡元培掌校之时，北大校内事务主要由浙江籍教授把持，文科的教员绝大多数籍贯都来自浙江，几乎均拜师于章太炎门下。包括黄侃、朱希祖、马幼渔、马叙伦、钱玄同、沈尹默等。沈尹默的兄弟从师于章太炎，而他本人竟以章太炎弟子的名义进入北大。在 20 年代，北京大学国学门委员会除当然委员外，只有胡适一人非浙籍，在《北京大学季刊》国学组的 12 位编辑员中，总共有 8 位是浙籍。浙籍章门垄断北大学科教育、文化资源，他们打着章太炎国故学的旗号，《国故论衡》《文史通义》等书籍堂而皇之地进入北大入学考试国文学参考书目之中。这种地缘垄断遏制了学科创新的动力，严重阻碍了学术研究的进一步发展，造成了北大研究所国学门人事矛盾的纠葛，诸多计划难以落到实处，一向与人为善的陈垣谈及当时北平教育界情形"深以浙派盘踞把持不重视学术为恨"。当时北大学生曾不留情面地指责出身于浙籍的史学系主任"朱希祖'在北大唯一吃饭的工具就是只四十页的《史学概论》讲义，上课时仅在顶上摘几十个字演黑板，所讲一切无一字出其范围之外者'，而民国史一科尤有甚者，除了'在黑板上抄旧报纸为敷衍'之外，还印发高参博所编的高中教科书《中国近百年史纲要》上册辛亥革命章"，[1] 而"国文系主任及庶务部主任马幼渔、沈士远更为三千学生所认为不行者"[2]。

以胡适和顾颉刚为代表的英美派学者与浙籍章太炎的门生们背地里早有意见分歧与矛盾冲突，只是由于在新文化运动大背景下双方鉴于不

---

① 刘龙心：《学术与制度：学科体制与现代中国史学的建立》，台湾：远流出版事业公司 2002 年版，第 339 页。

② 《吴虞日记》下册，四川人民出版社 1986 年版，第 233 页。

得不合作的客观局势，才没有将矛盾冲突公开化。但是胡适认为"章先生的创造时代似乎已过去了"，1923 年，胡适在北大《国学季刊》发刊宣言栏目中，全面提出其"整理国故"的建议，他主张国学"要照着西方'汉学家'与受西方'汉学'影响的日本'支那学家'的研究方法和范围去作研究"，公开否定章太炎的学术成就，破除章太炎及其门生对国学资源之垄断，推动国学学科体系重建，通过新一轮的人事调整，章太炎一系终成式微之势，章门弟子及与章门走得比较近的浙籍教员先后离任北大。北大不同学术派别为了在学术及政治上占有更多的资源及发言权，打击异己，从而发掘自身利益集团优势。这种学科地缘文化造成了学科组织零散分割的局面，强化了小群观念，削弱了大群意识，学者将维护狭隘的团体利益作为自身行为的出发点，造成了北大研究所国学门地域学科团体间权力之争。这直接导致科研力量的分散，制约了国学门科研工作的全面深入发展。

第二，多功能学术组织体制以及三室五会的学术建制在运行上难以为继。早期学术共同体存在两种组织体制，一种是模仿英国皇家学会（Royal society）模式，这是一种民间松散型学科体制，它没有自身的科学研究实体，而是针对某一研究项目，通过募集资金，订立计划，会员与外部研究人员共同研讨的方式，进而实现学科基本任务。另一种是模仿法国皇家科学院（Royal Academy of Sciences）体制，这种研究机构具有实体特性，主持者由政府任命，受聘人领取国家补助，他们一般是接受国家分配的任务，研究学科精专的前沿问题，研究的自由度具有一定相对性。蔡元培曾经指出："清季的教育制度，于大学堂以上设通儒院，可以算是一种研究学术的机关。但这是法国法兰西学院、英国皇家学院的成例，专备少数宿学极深研究，不是多数学者所能加入的。外国大学，每一科学，必有一研究所，研究所里面有实验的仪器，参考的图书，陈列的标本，指导的范围，练习的课程，发行的杂志。"[1] 北大研究所国学门的组织模式，是在权衡其间的利弊后做出的选择，它采取研究所与学会结合的体制，实行三室五会制度，"三室"指的是登录室、

① 蔡元培：《北京大学国学研究所一览序》，载《蔡元培全集》第 5 卷，浙江教育出版社 1997 年版，第 341 版。

编辑室与研究室，"五会"指的是歌谣研究会、方言研究会、考古学会、明清史料整理会与风俗调查会。这种学术组织体制是依赖少数专家指引社会中相对分散的学术力量入会从事研究的方式，既有集中，又有民主，这有利于研究所扩大社会影响力，将自身工作能力发挥到极致。

特定的组织体制必然体现特定的组织功能，北大研究所国学门初建时具有三大功能：首先是培养文科高级研究人才的功能。研究所《研究规则》声称："凡本校毕业生有专门研究之志愿及能力者，又未毕业及校外学者，曾作特别研究已有成绩者，皆可随时到本学门登录室报名"，经审查合格后可入所研究。而"研究生遇必要时，可要求本学门主任与有关系之各学系教授会代请本校教员及国内外专门学者指导研究"。其次是科学研究的功能。研究所《组织大纲》第一条即规定，研究所创设的目的在于为大学毕业生提供一个延续从事自身专业研究的地方，师生依据相关课题组建共同的课题组，国学门为之提供相应课题经费，研究成果由国学门编辑室资助出版发行。最后是组织学术社团开展日常活动的功能。五会不仅承担科研任务，还要履行社会学术团体常设机构之职能。比如五会中的歌谣研究会在全国招募会员，其入会会员一度遍及全国十几个省市；在1923年与1924年间，五会中的风俗调查会和方言调查会也都公开面向校内外广泛招募会员，不在北京人员被允许作为"通讯会员"加入研究所，考古学会也是如此，只是受到其专业的束缚，其招募成员范围比不上前两者广泛而已。

研究所国学门多功能三室五会组织建制虽然体现了现代学科建设者对于学科组织模式创新的雄伟设想，但由于研究所功能复杂，多方顾及，导致最终受到人、财、物资源的限制难以运作；同时，研究所成员多为兼职，科学研究与教学多重任务缠身难免会因精力有限而投入不足；研究所以研究项目管理为目标对研究生的训练，组织形式与管理模式都相对十分松散，其所招录的研究生有相当一部分并非在校内，"通讯式"研究方式使得大部分学生最终难以完成课题任务。"据统计，1926年至1927年间，经国学门审查合格的研究生至少有四十六人，但最后能提交论文的仅十人，成绩为十四种，只占了不到2%的比例。"①
20世纪30年代以后，北大国学门这一多功能学术组织体制在运行上越来越难以为继。

第三，研究所现实经费不足导致工作目标在实践中不免遭遇难以实现的尴尬。1926年10月，蔡元培曾经在其撰写的文章《十五年来我国大学教育之进步》中谈及北大研究所当时创建的艰难："民国元年，教育部所定大学章程，本有研究所一项，而各大学没有举行的。国立北京大学于七年间曾拟设各门研究所，因建设费无从筹出，不能建立。十年议决，归并为自然科学、社会科学、国学、外国文学四门。而国学门即于十一年成立，五年以来，其中编辑室、考古学研究室、明清史料整理会、风俗调查会、歌谣研究室、方言调查会等，已著有不少成绩，所著录研究生三十二人，也已有十二人贡献心得的著作。其他若地质系、物理学系等，虽未立研究所名义，而教员研究所得，已为社会所推许。最近两年来，清华大学已设立研究院，而厦门大学也有国学研究所的组织，这犹是大学教育进步的明证。"当时考古学会本来计划购买土地从事古迹发掘工作，但是最终由于经费的限制，先期不得不以搜求古文物和考查古迹为主，以待"经费稍有余裕，再行组织发掘团。"②直到1930年，考古学会才在河北易县对战国燕下古都城展开发掘工作。而歌谣研究会通过全体会员努力采集而来的二万余首歌谣、数千篇谚语、故事和风俗调查，也"以经费不充足的缘故，没有印出来"③。为校庆三十五周年而编撰的《国立北京大学校史略》述及此事时称："财力人才，两感不足，虽有计划，只具雏形。"由此可见，国学门由于经费不足导致工作目标在实践中不免遭遇难以实现的尴尬。伴随历史的变迁，北大研究所国学门于1932年改名为研究院文史部，1934年依照《大学研究院暂行组织规程》改组为文科研究所。

---

① 陈以爱：《中国现代术研究机构的兴起》，江西教育出版社2002年版，第292版。
② 《北大研究所国学门古迹古物调查会启事》，《北大日刊》1923年6月14日第4版。
③ 顾颉刚：《阌歌甲集序》，载《阌歌甲集》，台北：东方文化供应社影印本，1969年，第2页。

本章小结

五四新文化运动时期北大学科价值转型呈现二律背反的现象，李泽厚说这一时期的文化转型只是"黎明前的序幕"，用普通教育的眼光去评量当时的北大，北大的成就诚然不算特别优异，从思想的革命方面去评量北大，北大的成就不是当时任何学校所能比拟，也不是中国历史上任何学府能比拟的。[①] 蔡元培时代北大学科文化转型在思想与制度层面作用巨大，而不及于学科实践，"开风气则有余，创造学术则不足"，[②] 学科学术本位逻辑与大学人的社会使命存在难以调和的矛盾，致使大学人在学术身份与国民身份之间面临矛盾的两难抉择，这决定了这一时期大学学科价值转型难以在短期内摆脱传统主流学科文化的束缚，但是又需要在短期内承受西方已持续数百年的学科文化的影响，需要经历一个宽泛的过渡期，具有现代与传统相互交织的二元性质。

一方面，北大学科价值转型推动了近代大学学科官僚本位向学术本位的制度逻辑转换，开启了学科组织与学科制度的重建，正式确立了以教授治校等为具体形式的大学学术权力制度，进而开启了中国大学的现代化进程；另一方面，由于受到中国社会发展的程度水平的制约，缺乏外部制度环境以及文化传统的支持，以及受制于学科主体自身之局限性，此时的学科价值转型也是仅仅停留在价值文本层面，学科对于社会的影响也仅是局限在上层思想界，对民众影响并不大。理想与现实的割裂导致学科发展与现实的要求与理路相背离，对西方现代学科的崇拜成为近代带有过渡性特征的中国社会向现代社会转型中的特有文化现象，也构成现代中国大学学科发展深远的科学背景与历史根基。

总而言之，理想本位学科价值取向的确立所需要的新的生产方式以

---

① 王世杰：《追忆蔡先生》，载陈平原等《追忆蔡元培》，中国广播电视出版社1997年版，第80页。

② 《胡适思想录：回顾与反省》，中国城市出版社2013年版，第58页。

及中产阶级的壮大并非一蹴可就，它需要一个漫长的历史过程，而当时中国大学所处的内外部环境不存在学科从容发展的条件，这不可避免地决定了中国大学学科价值转型需要经历一个历史的回旋。

第三章

民国国立大学现实主义的
学科价值取向

五四新文化运动时期，以北大为代表的国立大学倡导"学术本位"理想主义学科价值，在学科宗旨、学科结构、学科管理及组织形式上逐渐实现向现代转型，然而，这种转型受到现实条件的制约，转变多停留在价值文本层面，学科对于社会的影响也仅局限在上层思想界，此时的学科发展缺乏广泛的社会基础。五四运动之后，由于受国际国内政治环境变化所制约，也由于中国教育自身发展需求所规定，高等教育制度变革取法对象逐渐从德国转到美国，而此时现代意义上的科学家群体已经开始形成，学科自身发展规律开始起作用，这使学科发展步入现实理性轨道，学科建设民主平等的口号开始付诸客观现实行动。学科现代化的一些基本内涵得以全面展现，学科发展步入民主化、科学化、实用化和专业化的轨道。

在这一时期，由于国立大学设置标准降低，数量稳中攀升，高等教育进入迅速扩张期（1919—1928）。"大学热"繁荣的背后，带来大学生人数激增，而教学质量并无多大提高，学科内部组织相当混乱。陆费逵曾对此感叹道："吾于十年前，曾为人才教育大声疾呼，彼时应者甚少，颇引以为憾，今者反以应者太多为憾矣。"① 学科建设自下而上，依托社会机构，广泛建立民众教育实验区，积极开展民众教育实践，推进了当时经济和社会发展，体现了 20 世纪 20 年代初国家弱社会强的一面。这一时期以东南大学为代表的大学学科发展由比较单一的结构走向多维结构，从封闭走向开放，其社会服务功能得以加强。大学逐渐成为

① 陆费逵：《滥设大学之罪恶》，《中华教育界》1924 年第 4 期。

政治运动的中心。由于经费的考虑是第一位的，为此学校必须与工商界建立良好的关系，开设大量实用课程来招揽学生，在实用主义的支配下，大学陷入专业教育的极端角色之中。此时现代学科发展面临着工具理性主义危机。

一　现实主义学科价值取向生成的社会背景

1919 年五四运动以后，中国社会经济、政治与思想文化发展出现了新的变化。随着中国民族资本主义工商业的发展，中国工人阶级队伍随之发展壮大，工人阶级以独立的姿态登上了政治舞台，成为运动的主力军。工人阶级不断壮大，开始形成一支强大的、最富有革命性的新的社会力量。五四运动承前启后，成为中国由旧民主主义革命向新民主主义革命转变的转折点。这一时期社会风气由"空谈"向"实行"转变，中国社会开始走向"行动的时代"，这为现实主义学科价值取向的生成创造了有利的社会条件。

（一）农业与民族资本主义经济的现代化发展

20 世纪 20 年代左右，中国民族资本主义的发展对于粮食以及农产品原料提供了繁盛的市场需求。这一时期政府施行奖励农耕政策，采取大规模开采矿产，修建水利的举措，这都在一定程度上推动了农业的发展，也为农业商品化提供了一定保障。这一时期中国农村商品经济的发展较快，表现为粮食作物的商品化，经济作物的逐步推广，农村市集的发展等。这不仅推动了中国资本主义近代工业和手工业的发生和发展，而且农业中的资本主义生产关系同样也得到了发展。虽然这一时期出现了短暂的商品经济繁荣发展，甚至出现了顺应资本主义性质的农业公司组织形式，但是这一时期的商品生产的发展不是中国农业中资本主义发展的表现，而是农民个体商品生产者开始走向破产倒闭的体现。虽然农产品的商品化发展过程不断加快，市集渐趋繁荣，但却是不真实、非正常的繁荣，这种商品经济时常因受到外国市场的制约，收效甚微。

商品经济并不同于资本主义经济，商品经济比资本主义经济持续时代久远得多，它起源于原始社会末期，并且在奴隶社会与封建社会下一直延续并曾为之服务。在封建社会末期商品经济的发展虽为资本主义的发展奠定了基础，但商品经济并非是资本主义经济取代封建经济的关键影响因素，封建生产方式本身的特点才是最终决定因素。20世纪20年代的中国，在生产方式上仍然具有典型的农业社会基本特征，以分散的家庭个体经营为基本模式，家庭农业和手工业合为一体，具有封闭性、落后性特点。自耕农在农村中仍占据绝大多数，农村因地权不公引发的纠纷仍大量存在。毛泽东在《中国革命和中国共产党》中曾经明确指出："近代农村商品经济的发展并未导致中国走向资本主义，封建时代的自给自足的自然经济基础是被破坏了，但是封建剥削制度的根基——地主阶级对农民的剥削不但依旧保持着，而且同买办资本和高利贷资本的剥削结合在一起在中国的社会经济生活中占着显然的优势。"① 而中国虽然被迫卷入了世界商品流通，但其生产商品的方式方法却基本没有变化，其社会经济制度仍停滞在即商品经济上。

与此同时，这一时期中国民族资本主义也有一定的发展。第一次世界大战欧洲几乎所有帝国主义国家均卷入战争，它们忙于战事，无暇顾及东方，短时间内对中国经济的控制有所松懈。在这样的国际外部环境下，加上国内社会经济、政治及文化条件的改善，商品市场的扩大、商品价格的提高，在五四新文化运动期间，中国民族资本主义发展迅速，经济暂时获得了一个发展良机，掀起一个民族资本主义经济发展的高潮。瞿秋白在其《中国资本主义的发展》一文中对于五四运动前夕中国民族资本的发展现实状况进行了分析，获得以下几点论断："一、企业中资本的集中程度已经很高，民国七年三十三个一百万元资本以上的公司总共有已缴资金一万零一百万元余，占九百五十六个公司共有全国资本总数之百分之六十以上；二、一百工人以下的工厂逐年减少，工力的集中很快；三、商业公司的公积金增加之速度远过于农工业，其公积金与资本金的比例数也远过于农工业；四、大企业的发展较小企业（上述的手工业、小手工业等）为稳定资本集中之总过程非常明确。"

有关资料显示，中国民族资本主义经济从1922年开始就变得起伏

---

① 毛泽东：《中国革命和中国共产党》，人民出版社1960年版，第21页。

不定，至 1931 年时完全深陷困境。许多华资企业又相继陷入困境。或停业，或倒闭，或拍卖，中国资本主义企业从 1922 年起，由"黄金时代"转入停滞与衰退。这是因为：

第一，军阀专制统治与穷兵黩武使得资产阶级振兴实业活动的展开、对政府建议的实现、经济法规的履行均受到较大影响。民国初年组建实业团体高潮，振兴实业社会动员作用减弱。中华全国商会联合会向政府提出的促进工商业发展的建议绝大多数被束之高阁。

第二，北洋政府财政政策使得新式工业资金来源越发短缺。北洋政府为了扩充军备，维持统治，除了大肆举借外债以外，还发行大量国内公债，从 1912 年到 1926 年共达到 6 亿元以上。给新式工业招股带来困难，北洋政府还大兴苛捐杂税，这严重阻碍了商品流通，使得企业生产成本增加，产品竞争力降低，利润减少，从而无力进行资本积累。所有这一切，使得本来不充足的工业潜在资本益发短缺，许多企业不得不举债开办或者负债经营，或缩小生产规模。

第三，政权分裂，军阀割据，造成社会经济发展的无规划性。各地的实业建设只凭借各地实业势力自相筹谋，从表面与局部观之，似乎中国资本主义有了自由发展的机会，但是从实质和全局观之，则使得中国资本主义陷入了"自流"和畸形发展的状态。这种缺乏政府规划和指导的各地经济的"自由发展"必然以地方利益为重心，以国内、国际政治和市场格局变化为进退，从而难免陷入畸形、被动而盲目发展的境地。表现在：经济发展空间结构畸形：工业基础好、资金多、受"一战"市场变化影响大、受国内战争影响较小地区工商实业发展较快；经济发展产业结构部门畸形：受"一战"影响得以在国内国际市场倾销其产品，或者投资较少、技术性较低、见效快、获利多，或者能在政府财政经济政策中获取较多利益的产业，发展较快，反之则较慢。

第一次世界大战结束以后西方帝国主义经济侵略势力卷土重来，而且增加了此次战争中膨胀起来的日本侵华势力，使中国资本主义经济发展受到了严重制约。这一阶段不仅美日两国对华投资日益扩张，而且一战中放松了对华投资扩张的欧洲各国又卷土重来，使得外资在华势力呈现急剧扩张的势头。到 1930 年时，外国在华投资总额已经增加到 36.488 亿美元，较之 1920 年 16.311 亿美元年均增长率上升到 6.1%，虽然还略低于 1914 年之前的年均增长率，但由于基数较大，增加的数额就比较大。10 年间投资额几乎与 1914 年之前 70 余年投资总额相等。其中直接企业投资额和借款投资额分别增加到 27.516 亿元和 8.972 亿元，比 1920 年分别增加了 93.92% 和 49.83%，显示了外国在华企业投资急剧增长的势头，对中国本国资本主义工矿发展压力相应加大。[1]

与第一次世界大战时期相比，西方列强对中国市场的掠夺开始变得更加严重，民族资本主义发展外部环境走向恶化，民族工业企业面临着很大的压力。此期民族工业虽比不上"黄金时期"昌盛，但是民族工业仍在艰难而曲折地向前发展。民族资本主义自经过"黄金时期"的发展后，民族资产阶级的力量发展起来了，中国无产阶级也壮大起来。据粗略估计，五四运动时期中国无产阶级——现代工人的人数，约达三百万人。工人阶级力量的壮大，使其开始登上政治舞台。根据北洋政府相关部门的统计，从 1912 年到 1919 年 8 年期间，我国的产业工人从 66 万人猛增至 200 万人。五四期间全国各行各业劳动者（不包含农业劳动者）总计大约有 500 万人，其中产业工人约占 40%。中国工人阶级随着自身队伍日益发展壮大，觉悟素质都不断获得提高。随着经济实力的增强，民族资产阶级需要能够为他们管理机器、稍具有知识的工人，他们自己也需要知识，以便经营企业。社会实践中迫切需要解决的问题极大地推动了科学的发展，马克思曾断言"社会上一旦有技术的需要，这种需要就会比十所大学更能把科学推向前进"。

（二）由军阀走向政党的政治走势

五四运动以后，中国政局经历了一个由统一到分裂的过程，形成军阀割据的局面。主要包括支持日本的以段祺瑞为首的皖系军阀以及支持英美的以冯国璋、曹锟、吴佩孚为首的直系军阀，除这两系军阀以外还有由各帝国主义豢养的各地方派系军阀，文化教育上的斗争反映了各派军阀政治经济斗争。

1923 年孙中山受中国传统集权主义思想和苏俄双重影响不断加强

---

[1]　许涤新、吴承明主编：《中国资本主义发展史》第 2 卷，人民出版社 2003 年版，第 727—728 页。

国民党对政治的控制，1924 年国民党一大在广州召开，标志着国民党建立了自己的政权，自此国民党不断扩张自己的势力，其中一项措施就是通过组织手段将学校变为党的政治工具，模仿苏联实行以党治国政策，阻止学校向自由与民主方向发展，实施党化教育，通过调换校长，将非国民党人管理的学校改为国民党可控制的人掌校。在所有国民党控制地区的学校开设三民主义之类的课程，灌输国民党的政治主张。1924年底，孙中山北上之时，北洋政府教育部门实权已被国民党员掌握。

1925 年 3 月孙中山逝世后国民党内部以汪精卫为首的激进派占了上风，由于激进派恰恰是推行党化教育的先锋，汪精卫和鲍罗廷利用一切机会推进党化教育。1926 年 3 月蒋介石发动“中山舰事变”后，蒋介石替代汪精卫与张静江、鲍罗廷成为国民党中央最高决策者，党化教育仍在继续。对学校进行组织控制的同时党化教育的另一重要措施就是在各级学校开设三民主义和孙文主义课程进行思想控制。1926 年 5 月广东省教育大会通过了党化教育决议案：规定全省高等学校及中小学都开设三民主义，政治教育和社会科学课程总课时每周不少于 150 分钟，其中三民主义每周至少讲 50 分钟，全省高等和中等学校由党部介绍训育人员。①

国内政治局势越来越复杂严峻，教育界不断受到来自政治领域的各种影响，其内部的各种派系与政治斗争牵扯在一起，使得当时政治风潮变得更加扑朔迷离，难以预测。这一时期中国因政局不稳，教育部以至中央政府普遍执政能力弱化。教育总长频繁更换，教育宗旨游移不决，中央教育行政机构缺乏对于教育事业的指挥、协调与推行能力，在这种情况下，各省教育会主动相互联络走向结合，于是全国教育会联合会自然在某种程度上担起领导全国教育事业变革的任务。著名史学家朱英认为，“当国家能力下降，未能建立起强有力的集权统治时，民间社会往往能够获得发展；而当国家能力增强，政府的统治比较稳固时，民间社会的发展反而受到削弱，不仅对国家的制衡作用更为有限，而且其原有

---

① 《广州民国日报》1926 年 5 月 10 日第 3 版。

的独立自主性也难以继续维持"①。当时在政府不断更替、军阀割据混乱的历史时代，全国各省区地方教育会在全国教育会联合会的引领与带动之下，共同为新教育的创建做出了不可磨灭的功绩。于是，在当时由军阀走向政党的政治走势下，大学政治与大学学术之间也显示出某种程度多重复杂的互动关系。

（三）《国立大学校条例》等法规关于大学学科的规定

1917 年 9 月 27 日，教育部公布了《修正大学令》，不再要求大学各科分别设立教授会，大学只设评议会，所议事项如仅涉及一科或数科者，则可以由该科评议员自行议决，这样"利于理顺校科关系，协调行政职能，提高行政效率"②。《修正大学令》还强调放宽大学设置标准，确定了单科大学的设置要求，即大学设置多科或者一科均可。如若单独设立一科者，就称之为某科大学校，例如法科大学校，医科大学校等。这与民初《大学令》所规定的大学必须至少设置三科以上或者文理并设的设置条件相比，标准大为降低，这导致民国国立大学数量激增，1917—1922 年五年之间数量增加了 4 倍，高等教育得到飞速发展。然而，"由升级而成的大学，大家知道是徒升其名，不升其实。校长如故，教授如故，课程如故，学生如故，所变更的，不过门前一块招牌上的几个字而已"③。《修正大学令》实则体现了大学发展制度层面"自为"的适应过程。

1922 年 11 月 1 日北洋政府以大总统令公布了《学校系统改革案》（壬戌学制），它基本沿承了 1917 年的《修正大学令》的规定，强调取消大学预科，大学不再承担普通学校教育任务，专门从事学科专业教育，进行相关的科学研究工作，从根本上减轻大学的负担；为了使学生才智与兴趣充分发挥，大学采用选科制、学分制，这反映了学制上的一个重大进步，更加适合我国国情与教育自身发展的规律，体现了五四以

---

① 朱英：《转型时期的社会与国家——以近代中国商会为主体的历史透视》，华中师范大学出版社 1996 年版，第 243 页。

② 李剑萍：《百年来中国的大学自治与社会干预》，《河北师范大学学报》（教育科学版），2005 年第 16 期。

③ 华林一：《中国的大学教育》，《教育杂志》1925 年第 17 期。

来教育改革的要求。自从 1922 年新学制颁布以后，现代知识体系的确立才最终得以完成。新学制对新知识体系形成具有重要影响，李华兴指出："各级各类学校知识体系和课程标准的认定和范围，和学制的变革有着密切的关系。"大学取消了预科，集中精力进行专业教育与科学研究，"一个与中国传统知识体系完全不同、以驾驭自然力为旨归的充分外向的西方近代知识体系，在中国各级各类学校的课程设置及课程标准中完全占了主干地位"。① 但是学制改革仍存在自发性，缺乏认真的思考，对西方大学学科价值理念的学习过于盲目，没有考虑根据本国客观实际加以创造性地转化，以致使学科建设脱离了当时社会客观承受能力及实际的需要，当时几乎一般大学的教师队伍、设备、教材等均难以适应新学制繁多的设科、选科等要求，加上当时基础教育十分薄弱，新学制在大学实施中遇到了许多困难。

另外，新学制将学科建设标准规定得过高，这虽然在一定程度上能够促进大学与社会的短期发展，但是，就长远来看，这种急功近利式的超前发展会导致后续一系列难以解决的社会问题：学科教学与科学研究的超前建设，导致大学与社会、大学与中小学形成难以弥合的鸿沟，大学学科因难以满足社会需求，所以不能够从社会上获得持续性支持；学科的高标准使得大部分学生在中学接受完学分制与分科制筛选后，遭到淘汰，最终流入社会，社会为此将背负沉重之负累。

1924 年教育部颁布《国立大学校条例》（下简称《条例》），共包括 20 条加上附则 3 条（见图 3—1）。《条例》首先规定："国立大学以教授高深学术，养成硕学宏材应国家需要为宗旨。"课程施行选科制。本科毕业生称为某科学士。设立大学院，具有大学本科学历或者具有相同程度学力的人可以入院。大学院学生在具有科研业绩的情况下，按照学位规程的规定，授予学士，颁发相应学位证书。为培养国家需要的硕学阔材，《条例》第 10 条规定：国立大学校得附设各项专修科及学校推广部。大学设立推广部，承担服务社会的任务通过教育法规确立下来。

与民国初年教育部公布的《大学令》有所不同的是，《国立大学校

① 李华兴主编：《民国教育史》，上海教育出版社 1997 年版，第 168 页。

条例》在大学组织机构设置上发生两处重要变化：一是组建大学董事会；二是创设大学教务会议。《条例》第 13 条明确规定：国立大学校得设董事会，审议学校进行计划及预算、决算暨其他重要事项，董事会主要由以下人员构成：（甲）例任董事，即校长；（乙）部派董事，即由教育总长就部员中指派者；（丙）聘任董事，即由董事会推选呈请教育总长聘任者。第一届董事由教育总长直接聘任。《条例》强调："国立大学校董事会议决事项应由校长呈请教育总长核准施行。"①

由此可见，董事会具有相当大的权力，完全成了学校最高的立法和决策机构，位置高于三会。原来的评议会只具有评议功能，学校内部组织及各项章程暨其他重要事项原先属于评议会的重要权限现在悉数收归于董事会，评议会作为立法机构的职能已经丧失，评议会的存在毫无意义。由董事会掌管大学的重大事务，对大学重大事务进行审议、监督和决策，教授的治校权力只体现在教授会里。此外，《国立大学校条例》虽然规定依然保留各院系之教授会，规划本院系课程及其实施事宜，人员由本科系及大学院的正教授、教授构成，各科系讲师也可共同参与本科系课程之规划；但同时还规定国立大学由各科系及大学院之主任构成，组建教务会议，负责全校教学训育及学则审议工作，这实则表明教务会议收归了本来属于教授会的教务权力，而教务会中竟然没有教授席位，这样一来，《条例》规定的由各科系教授会规划课程及其施行事宜就变得很空洞了。

总而言之，《国立大学校条例》表现出明显收权趋势，大学行政领导权力不断加强，以教授为主的评议会权力不断被削弱，实质表明教育部对大学的控制被强化。因此，《国立大学校条例》颁布后并未得到很好的施行，遭到以北京大学为首的国立大学广泛、激烈的反对。这个条例的规定，是美国现代大学的管理模式，它标志着中国现代大学从组织管理完成了由模仿日本转向直接模仿美国的过程。为 20 年代以东南大学为代表国立大学学科组织系统生成提供了政策的依据。

---

① 《政府公报》1924 年 3 月 6 日第 2 版。

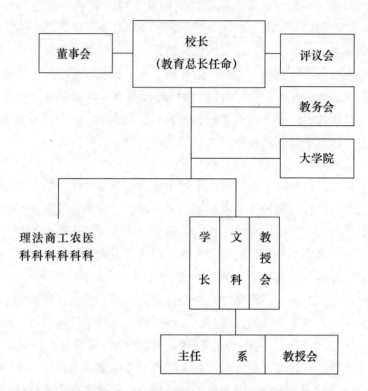

图 3—1　1924 年《国立大学校条例》规定的大学内部组织结构

（四）平民主义文化思潮的影响

20 世纪 20 年代，中国社会平民主义文化思潮甚为兴盛，知识分子观察社会政治问题的着眼点发生了重大转变，推动当时的政治风气由"空谈"走向"实行"，中国社会进入"行动的时代"，出现这种文化转向的原因是：

首先，俄国十月社会主义革命胜利及五四新文化运动的影响。俄国十月革命的胜利为革命的知识分子提供了一个新的观察点，使他们认识到人民群众不仅作为社会主体，而且作为社会革命力量的重要性，这让他们对下层人民产生了关注的热情。1919 年爆发的五四运动，其规模空前，社会诸多行业参与其中，包括青年知识分子、工人和商人及其他爱国群众,影响已达于海外。自此越来越多的知识分子开始关注下层人民。这一时期,作为新文化运动号角的《新青年》杂志也不再以抨击中国儒家封建礼教,宣扬西方资产阶级民主自由政治学说为职志,开始走向宣扬马列主义与十月革命的道路。新文化运动也进入了一个崭新的阶段,它走向大众的政治价值维度,表现在五四时期开展的白话文运动、各种文学的"主义"和国民性批判理论等方面,这一维度为政治主体"大众化"及"工农兵方向"提供了思想资源。此时无政府主义者"平民革命"的宣传和此期开始逐渐流行国内的"泛劳动主义""劳工神圣""工读"等思想观念都推动着人们把注意力转向下层人民。

其次,杜威实用主义思想的影响。产生于 19 世纪末 20 世纪初的实验主义代表美国现代精神的一种哲学,它承继了传统哲学对所研究问题穷究根底、推本溯源的研究方式,在研究内容上不再进行纯理论的思辨,开始关注现实生活经验,实验主义提倡科学求真、实事求是的研究态度。由于美国式的教育更注重教育的实用型,与生产领域、社会生活结合较紧密,迎合了美国当时实业界、政界及普通民众的心理。杜威是很有影响的实用主义大师,他的实用主义哲学通过杜威本人 20 世纪 20 年代的访华讲学活动以及他在哥伦比亚大学任教时的学生胡适、陶行知、陈鹤琴的宣传,推动了其在近代中的国传播,也推动了近代中国教育的改革。

实验主义对当时中国思想界的影响不仅在哲学上,更主要的是在政治思想上。著名哲学家贺麟曾评价实验主义在这一时期文化思想界状况:"在五四运动前后十年支配整个中国思想界,尤其是当时青年的思想,直接或间接都受此思想影响,而所谓的新文化运动,更是这个思想的高潮。"[1] 当时的学界深受实用主义教育思想影响,实用主义教育思想在中国 20 世纪二三十年代的学界成了最时髦的观点。美国实用主义教育在中国的影响几乎随处可见,曾影响了当时整个一代的教育工作者。

在美国实用主义教育思潮影响下,中国的实用主义教育思潮内涵十分丰富,表现多样而复杂,包括职业教育思潮、乡村教育思潮、平民教

---

① 贺麟:《五十年来的中国哲学》,辽宁教育出版社 1989 年版,第 63 页。

育思潮、生活教育思潮、教育独立思潮、普及教育思潮、民众教育思潮、生产教育思潮、实验教育思潮等，都多多少少有些与之相关。这些思潮的共同特点就是要求教育要适应社会发展需求，必须从学生的生活实际出发，并且从教育宗旨、教育形式、教育内容即方法等各个方面加以体现。

最后，"科玄论战"的影响。"科玄论战"即"科学与玄学的论战"的简称，是指 20 世纪 20 年代初期中国文化思想界爆发的一场众多文化精英参与的关于科学与人生观关系问题的思想论战，它也是东西方文化冲突碰撞的结果，是新文化运动之后中西文化之争的延续。五四时期，科学派宣扬"科学救国"，对中国传统文化全盘否定。第一次世界大战之后，"科学万能"论破产，人们由此反思中国现代化的出路是否只能依靠西方科学技术，究竟什么思想适合中国的发展。论战双方的一方是以张君劢、梁启超、张东荪等人为代表的玄学派，认为科学不是万能的，解决不了人生观问题，而中国传统文化不但可以救中国，而且可以救世界；另一方是以丁文江、胡适、吴稚晖等人为代表的科学派，认为科学万能，能够解决一切问题，中国目前最迫切需要的是科学教育，科学的发达才是当今时代潮流。随后众多学者加入双方阵营，使得这场论战持续两年之久。

双方论争的焦点之一是科学与人生观的关系。玄学派认为科学不能支配人生观，因为科学与人生观属于两个不同的世界：第一，科学为客观的，人生观为主观的：第二，科学为论理的方法所支配，而人生观则起于直觉。论战中科学派占了上风，最后科学派在论战中赢得了胜利，此后，在新文化运动中备受推崇的科学取得了被顶礼膜拜的地位，人们对于科学的解读也由"用"转"体"，由"器"转"道"，科学不仅被广泛应用于客观物质世界，甚至被用来解读社会人生的价值危机。自此以西方自由主义、实证主义学派为代表的"科学派"占据舆论上风，他们对当时各级各类学校尤其是高等院校产生了直接的影响，20 世纪 20 年代初，他们中有一些热衷者尝试将实验引进课堂，在实践中提升职业教育的重要性，科学影响着人们思维方式的转变，这一时期现代中国认识世界的知识学基础已经脱离传统经学思想传统，标志着经学知识体系的终结，现代知识体系的形成。这种平民主义文化价值的转向主要表现在：

第一，关注主题从"政治"到"社会"的转变。辛亥革命后人们一度注意的只是国家和政府体制的建立问题。这些情况表明，此时人们关注的重点是"政治"，袁世凯的专制行为使知识分子的讨论、建议徒具空文，而一些官僚、政客以"政治"谋取私利，民主政治徒具一纸空文，知识分子于是普遍产生厌恶"政治"的心理。1915 年 1 月梁启超写下这样的话："问者曰：吾子不云乎，我国民积年所希望所梦想，今殆已一空而无复余。夫我国民前此固共信国之可救也，奔走谋救之者，亦既有年，仁人志士既竭心力继之以血者，且不知几何姓矣。而结果竟若此，自今以往，即共持吾子所谓明了坚强之自觉心者，而报国亦有何道？应之曰：不然，我国民前此之失望，政治上之失望也，政治不过国民事业之一部分，谓政治一时失望，而国民遂无复他种事业，此大惑也。且政治者，社会之产物也，社会凡百现象皆凝滞窳败，而独欲求政治之充实而有光辉，此又大惑也……吾以为中国今日膏育之疾，乃在举全国聪明才智之士悉辏集于政治之一途……故社会事业一方面虚无人焉……呜呼，我国民乎，当知吾吾侪所栖托之社会，孕乎其间者不知几许大事业，横乎其前者不知几许大希望，及中国一息未亡之顷，其容我回旋之地不知凡几，吾侪但毋偷毋倦，毋躁毋骛，随处皆可以安身立命，而国家以利赖之。"① 这里说出了知识分子对民国从希望转为失望的心态，说出了"政治"以"社会"为基础的道理；说出了从事社会事业对于知识分子施展救国抱负的意义，为对"政治"失望的知识分子指出了投身"社会"的道路。由于这些说法表达了其时知识分子的共同心理，因此产生了很大影响。许多人纷纷转向关注社会教育、实业、文化问题。到 1917 年初，"社会、社会"之语已成为"最时髦之口头禅"②。

第二，参政手段从"竞争进化"到"互助进化"转变。自 1898 年严复翻译的《天演论》出版以来，进化论思想在当时风行全国。它成为当时中国知识分子普遍接受的、观察历史和社会现象的基本出发点之

① 丁文江、赵丰田：《梁启超年谱长编》，上海人民出版社 2009 年版，第 703—704 页。
② 陶履恭：《社会》，《新青年》1917 年第 3 期。

一。"优胜劣败""适者生存"等危机思想，对传统主义造成了巨大的挑战，"救亡"的主题唤醒民智，成为戊戌、辛亥时代的政治思想主流。

第一次世界大战中德国军国主义的失败和"协约"国家的胜利促使中国知识界对达尔文进化论的修正与反思，五四运动前后，进步的知识界中酝酿着一股新的社会改造、救亡图存的风暴，知识分子树立"互助论"战胜"强权论"，必将成为世界新潮流的信念。[①]"互助论"是由俄国无政府主义代表人物克鲁泡特金提出来的，他接受了社会进化论的方法，即用生物发展的自然规律来解释社会现象，但是不同意"物竞天择"，而是发现了一个新的规律，就是"互助规律"。认为在动物和人类的进化中，"互助"起着定性的作用，他自称是共产主义的无政府主义者，认为人类通过互助即可进入"各尽所能、各取所需"的共产主义社会。互助论对中国的影响很广，五四时期李大钊、恽代英、毛泽东等人都接受过互助论。李大钊专门写过一篇文章《阶级竞争与互助》，认为"自虫鸟畜生乃至人类，都是以互助进化的，不是依战争而进化的"。[②]恽代英于1917年在武昌创立进步社团就是以"互助社"命名，全国各地接二连三出现了大量工读互助团，在相当一个时期甚为流行，这是互助论广泛传播的原因，声势浩大的工读互助运动，力图以和平的、典型引领、示范带动的模式来改造社会，建设新的生活。

由于远离现实社会基础，缺乏物质条件与经济基础的保障，人心难以凝聚等原因，"互助论"显赫一时就逐渐销声匿迹了，在几个月之中大部分工读互助团在运行中不断碰壁，于是依次解散，走向破产。这充分说明"互助论"存在着重大理论缺陷。它将分工说成阶级区别的根源，把"工学互助"看作比政治革命更加重要的革命，充分表现了改良主义与空想主义的倾向，这体现了新事物呈现出萌芽的幼稚状态。虽然"互助论"在很大程度上表现出一种空想的历史局限性，但是它为中国先进知识分子在对各种新思想比较鉴别中选择马克思主义提

---

① 蔡元培：《黑暗与光明的消长》，载《蔡元培全集》第3卷，浙江教育出版社1989年版，第324页。

② 《每周评论》1919年7月6日第4版。

供了经验教训及可以参考的案例。先进的中国人在新思想的传播与实践中逐渐认识到：只有科学社会主义即马克思主义才是改造中国的唯一正确的道路。理论上说得好听，实际上是做不到的。只有用俄国现在的方法（无产阶级专政才行），马克思列宁胜过其他一切社会主义，也胜过西方资本主义自由、平等、博爱的陈旧理想。一切问题，所有的出路集中在发动组织工人群众进行政治斗争，推翻旧制度，取得"经济问题"的根本解决，只有这样，其他一切问题才可迎刃而解，再也不是"伦理的觉悟"而是"阶级斗争的觉悟"成为首要的"最后觉悟"了。

　　第三，参政主体由社会的中上层向下层平民转变。辛亥时代的革命派所依靠的是少数革命党人、华侨商人、进步军人、会党成员等，下层平民较少成为被关注的目标。这种情况与当时人们关注政治的心态是一致的。随着人们对"政治"的失望和对"社会"的关心，亦随着人们对辛亥革命失败的总结反思，知识分子的目光逐渐转向下层平民。[①] 俄国十月革命的胜利为革命的知识分子提供了一个新的观察点，使他们认识到人民群众不仅作为社会主体，而且作为社会革命力量的重要性，这让他们对下层人民产生了关注的热情。新文化运动后期的性质和内容开始发生质的变化，即由原来的提倡"民主"与"科学"发展到传播俄国十月革命和马克思主义。新文化运动也进入了一个崭新的阶段，它走向大众的政治价值维度，表现在五四时期开展的白话文运动、各种文学的"主义"和国民性批判理论等方面，这一维度为政治主体"大众化"及"工农兵方向"提供了思想资源。此时无政府主义者"平民革命"的宣传和此期开始逐渐流行国内的"泛劳动主义""劳工神圣""工读"等观念都促使着人们把目光投向下层人民。正如学者王奇生所言："数百种报刊的群体响应，意味着新文化由少数精英的鼓吹发展为士庶大众的参与。正是在这一层意义上，新文化才真正成为一场空前规模的运动。"[②]

---

　　① 壮游：《国民新灵魂》，载《辛亥革命前十年间时论选集》第 1 卷，生活·读书·新知三联书店 1977 年版，第 574 页。

　　② 王奇生：《新文化是如何运动起来的》，《近代史研究》2007 年第 1 期。

二　现实主义学科价值取向生成的学科内部逻辑

学科发展的内在因素是学科成长的内部动力。由于学科成员知识结构与存量的优化与提高，学科组织在学术界社会网络得以扩展，知识劳动的条件得以改善，学科的影响力与接受度得以提升，学科在这一时期处于生长期阶段。

（一）五四以后以"科学传播"为宗旨的学术期刊

经过新文化运动的洗礼，科学观念开始深入人心。五四运动以后，在科学救国理念引导下，青年学生、新式知识分子及大批海外留学生通过民间自发形式，以启迪民智、普及科学、促进学术交流为宗旨，创办了大量的学术期刊，形成"期刊热"。科学传播的深度和广度更有所推进。学术期刊走上了成长、发展、不断成熟的道路，学科人才培养方式、学术表达方式以及传播方式等方面都有了新的变化，开始走上崇尚科学、关注现实、独立创新、趣味高尚的发展之路。

五四时期建立的学术团体多以发行专业期刊作为首要工作之一。"中国科学社"于1915年创办的《科学》月刊之外，1922年"中国地质学会"编印西文刊物《中国地质学会志》，1922年梅光迪、吴宓等创刊《学衡》，1923年"中华化学工业会"发行《中华化学工业会会志》，还有各高校如清华、南高、东大等创办数理杂志等。这一时期发行的期刊开始改用白话文、起用新编辑，创办者受民主和科学社会思潮的影响，既重视科技知识和应用技术的介绍，也重视科学基础理论及其科学思想的宣传，绝大多数期刊以"科学救国"为旗帜，努力向国人介绍西方先进的科学技术，以普及科学为己任。《北京大学月刊》发刊词里面有明确说明：第一，为了开展学术研究；第二，破除专己守残之陋见，广泛进行学术交流；第三，网罗众家之学说，开展学术自由讨论。①《学衡》创刊时就声明："杂志以论究学术，阐求真理，昌明国粹，融化新知为宗旨，以中正之眼光，行批评之职事，无偏无党，不激不随。"②《科学》杂志规定："本杂志专述科学，归以效实，玄谈虽佳不录，而科学原理之作必取；工艺之小亦载，而社会政治之大不书。断以科学，不及其他。"③

　　"五四运动"不但引起新出版物的诞生，而且刺激旧杂志和报纸的改革。原有的期刊诸如《东方杂志》《教育杂志》《小说月报》《妇女杂志》《学生杂志》《中华教育界》等都纷纷改用白话文，而且开始介绍现代西方思想和知识。"为了配合及加速这种变化，原来的老编辑多数都被激进的、有现代思想的年轻人所代替。"④ 五四时期各种思潮异彩纷呈、相互碰撞，留美生归国高潮导致新生代教育家异军突起，多重因素相互联系和影响，期刊开始出现话语权力让渡：使之不限于高级知识分子，多数是本国高等院校的在校生和毕业生参与其中，作者的年轻化和专业化以及作者求学背景开始从以留日学生为主转变为以留美学生为主；刊物上不断有新人发表文章，初显才能，实现"读者"向"作者"的角色转变，他们的文章逐渐改变了刊物原有的风格，进而培养了大量新的读者。期刊所发挥的文化创新功能推动着其不断适应新的社会形势向前发展，使之一直以一种崭新的面目面对读者。刊物持续地吸纳崭新的力量，长久保持自身生命的活力，努力适应读者个性化需求的发展趋势，借此，五四时期期刊也得以在社会上掀起了一轮又一轮的强大冲击波，不断引导学术界学术研究进入新境界，打下新基础。这一时期的学术期刊作为一种大众传播媒介，拓展了学术受众的空间分布和社会层面，具有良好的信息传播作用，在传播知识、普及科学方面发挥了很大的功能，并为我国现代学科发展起到了知识奠基作用。

　　另外，这一时期大学学科研究领域与资料范围不断扩大，加深了学

---

　　① 丁守和主编：《辛亥革命时期期刊介绍说明》，人民出版社1982年版，第22页。

　　②《学衡杂志简章》，载宋原放主编《中国出版史料》第一卷，山东教育出版社2000年版，第58页。

　　③ 赵春祥：《现代科学的播种者——〈科学杂志〉》，载宋原放主编《中国出版史料》第一卷，山东教育出版社2000年版，第420—437页。

　　④［美］周策纵：《五四运动史》，岳麓书社1999年版，第263—264页。

科分析的角度与幅度；学术研究的团体化倾向、期刊的兴起及与学者发生紧密互动的交流空间，打破了传统学科各要素之间的孤立与封闭状态，学科科学研究逐渐走向组织化与团体化。但是，也有相当一部分期刊"以表现成绩而资宣传"，王国维很早就对这一现象提出过批评："庚辛以还，各种杂志接踵而起。其执笔者，非喜事之学生则亡命之遗臣也。此等之杂志，本不知学问为何物，而但有政治上之目的。虽时有学术上之议论，不但剽窃灭裂而已。"[①] "今日优秀之才，多从事于杂志；以东鳞西爪之学说鼓舞青年，对于精深之学术，不能澄思渺虑，为有系统之研究。默观今日各校学生，每日除照例上课外，人人读杂志，人人做杂志（此举大数言，不能说无例外）。长此不改，将永远有绝学之忧。"[②] 这些期刊将办刊宗旨定为社会革命思想的倡导者、鼓吹者，杂志不再是为学术而学术的交流媒介，而只是一种传播思想的政治工具，而这恰好从侧面反映了当时期刊所发挥的文化传播、思想普及功能的巨大力量。[③]

（二）学科共同体制度化建设

专业性学术团体的建立是学科体制化重要的标志，它表明学科进入规范化与独立化的发展轨道。"专业性学术团体的创立，一方面能使西学传播有组织、有计划地进行；另一方面学术团体内部进行的学术探讨、学术交流、创办的刊物有助于扩大西学传播的深化。"[④] 专业性学术团体的建立使得学科发展从个人单枪匹马的学术研究，发展成为有组织的学术活动，它推动了学术界有识之士将学科建设从口头的呼吁走向救国的实践。

自1914年"中国科学社"成立以后，五四时期各种民间科技团体如雨后春笋般大量涌现，如1915年以颜福庆为会长组建的"中华医学

① 王国维：《论近年之学术界》，载《王国维遗书》第5册，上海古籍书店1983影印本，第95页。

② 《熊子真致蔡元培》，《新潮》1920年5月第2卷4号。

③ 陈以爱：《学术与时代：整理国故运动兴起、发展与流衍》，博士学位论文，台湾政治大学，2001年，第325页。

④ 李喜所等：《近代中国的留学教育》，天津古籍出版社2000年版，第336页。

会"，1917 年以陈嵘为会长组建的"中华农学会"，1918 年以陈体成为会长、由留美学生组建的"中国工程学会"，1922 年以章鸿钊为会长"中国地质学会"，1922 年成立的以张新吾为会长的"中华化学工业会"，1922 年成立的以高鲁为会长的"中国天文学会"，1922 年实业家范旭东成立的以孙颖川为社长的"黄海化学工业研究所"等。此时的学科共同体建设不再停留于"书生空论"与"纸上谈兵"，着力于彰显其法定性与工具性意义，使科学在社会生活中发挥作用，此时的学术团体开始将工作的重心由科学传播转向科学研究，亲力亲为，努力实行，力图将科学的思想方法转化为具有实用价值的科研成果，进而推动中国科学事业的向前发展。

以中国科学社为例：1918 年中国科学社迁到国内，社员们超越了现实的困境，历尽艰辛，开拓进取，通过广泛筹集资金，建立了私立专门的科研机构——中国科学社生物研究所，它是中国科学社实现科学研究工作目标的有效载体，无论在科研人才的培养、科研成果的产出，还是科研氛围的形成、科学精神的塑造与传播方面都做出了重要贡献，引发了国际科学界的赞佩与惊异，成为中国科学不断融入世界最为顺畅的途径之一。中国科学社迁入国内后拟订了详细工作计划，在较为严密的组织约束下开展专业化科学活动，推动学科进入规范化与独立化发展轨道。

首先，中国科学社举行多种较正规学术交流，召开了 4 次学术年会；1919 年，该社创办学术刊物《科学》（月刊）与《科学画报》（半月刊），"社团和刊物之间有着密切的关系，因为有了杂志才有社团，杂志是社团的凝聚力之所在，杂志是社团的形象的体现，杂志是使社团立足于中国文化界的惟一方式，杂志几乎就是社团的一切"。[1] 学术社群的凝聚力凭借期刊得到加强。其次，中国科学社成立了分股委员会，"照现在所引的章程，本社社内的组织，有一个分股委员会。这分股的意思，是将全体社员略照所学的科目分配各股，以便有问题出来时大家研究。现在分有农林、生物、化学、机械工程、电机工程、土木工程、

---

① 刘纳：《创造社与泰东图书局》，广西教育出版社 1999 年版，第 21 页。

采矿冶金、物理数学及普通九股"①。分股委员会奠定了学科专业化的
基础，"有了分股的办法，不用说在处理学术事务上，如征集论文、审
查名词等，都相当便利。后来各科学专门学会的成立，说是由这个分股
办法开其端，也无不可"②。最后，基本形成学科队伍，其中许多人成
为新学科的创立者和带头人。中国科学社成员 1914 年发起时仅有 35
人，内迁归国以后，随着分股委员会的成立，人员不断增加，1919 年
科学社已由九股扩增至十二股，共有 604 名股员，到 1924 年股员发展
到 648 人。"绝大多数都是国内从事科学工作与工程技术有成绩的
人才。"③

　　中国科学社以科学救国的谋略实现了由科学传播到科学研究的转
型，通过学科组织结构及管理体制的构建，不断推进科学思想向科研成
果的转化，中国科学社成为引领中国科学发展和进步的助推器。但是，
需要指出的是，此时的学术团体只能算"建制化，而非专业化"，它不
仅没有垄断全国科学活动，即并非所有从事研究的科学家都隶属其中，
而且也没有控制大学里的科学研究。尽管此时的学术团体都以研究机构
自居，并且开始发展"规范组织知识所需的技术和策略"，特别是"以
出版和发行科学杂志作为认可新知识的基本途径"，但是却不能以此获
取所需的研究资助以支持自己的研究计划，这显然影响了研究的成绩。
因此，早期的学术团体不能算是"学科规训的组织"，不像西方科学共
同体有着更扎实的社会基础和良好的科研条件，此时中国真正根据自己
的研究产生的科学成果并不多，因此，科学研究的时代并未到来。

（三）第二代知识分子——留美学生群体的崛起

　　20 世纪初，美国退还首批庚款，用于资送中国学生赴美留学，同
时成立清华学堂作为"留美预备学校"。"留学之选科原则最初由晚清
政府学部和外务部拟定，着重理、工、农、商等实际有用的学术与技

---

①　任鸿隽等：《科学通论》，中国科学出版社 1919 年版，第 321 页。
②　任鸿隽：《外科学社与本社历史》1928 年第 4 期。
③　杨小佛：《回忆中国科学社二三事》，《科学》2005 年第 1 期。

能，以避免彼时留日学生多趋政法，且不能立志改造社会之虞。"① 此时由于国内社会经济形式及资本主义生产的发展，科学实用主义文化思潮的兴起，大批中国留学生长途跋涉转向欧美学习自然科学。绝大多数留学生翻山涉水，不远万里远赴欧美学习现代自然科学技术，据统计，在1909—1929年期间，被清华留美预备校派送出去的留美毕业生高达967人；在1929—1937年期间共举办四次招生考试，共计派往美国留学生人数达104人；与此同时，有大量"自助学者"赴美求学。按照原则规定庚款留美学生应以十分之八学理工及应用科学，十分之二修习社会科学。他们中有留学哈佛大学的（赵元任、陈寅恪、吴宓、梅光迪等），留学耶鲁大学的（马寅初、王宠惠等），留学哥伦比亚大学的（胡适、马寅初、陶行知、徐志摩等），留学康奈尔大学的（胡适、蒋梦麟、茅以升、郭秉文、任鸿隽等），留学麻省理工大学的（侯德榜等）。

　　"庚款留美生"是开创现代中国新知识范型的一代人，这些人在知识结构上，幼年时期在洋学堂中接纳的教育具有亦中亦西、非中非西的特点，成年以后到欧美留学，有机会对西方文化进行更加感性、完整的体会认知；但在文化心态、道德模式等方面依然保存着中国传统的不少特点。与其他国家归国的留学生群体比较，留美学生群体现代科学技术素养很高，他们日后成了真正意义上的近代科学家群体。1915年以后，早期庚款留美学生陆续归国，带来欧美教育改革新思想、新观念，给中国带来建立于科学基础上的信仰体系，新的指导原则和新的知识结构，他们的活动推动这一时期高等教育学科建设现实主义价值取向的重大转变。当时的东南大学就是由于数百名留美学生组成的中国科学社在1920年迁入南高师，带动一批留美的科学人才落户学校，该校教授60%以上都是留美学者，他们推动了南高师学科发展步入民主化、科学化、实用化和专业化的轨道。

　　与民初一代科学家所不同的是，五四时期知识分子鉴于国人对科学的认识逐步深化，不需要将主要精力放在为科学争取应有的地位上，他们努力创建现代学科，推动科学研究，成为真正意义上的近代新学

————————

　　① 《颜惠庆自传》，吴建雍、李宝臣、叶美凤译，商务印书馆2003年版，第155页。

科的开创者。他们几乎都参与了当时学科研究机构的创建直至大学学科课程的开设，将国外的学科知识介绍引进到中国，力图使之在自己祖国广袤的大地上生根、发芽、开花、结果。他们将西方大学学科模式引入中国，引发近代大学学科的革命，在他们的大力支持下现代学科模式得以在中国高校生存与发展，他们因此成为现代大学学科制度建设的先行者与创始人。他们重视新学科与中国大学学科内外实际环境密切结合，在现代学科理论的中国化、学科体制建立方面做出了不可磨灭的贡献。

在 20 世纪 20 年代，大批留美生归国以后，承担当时中国一些重点大学自然科学与社会科学学科建设工作，他们开创新学科，开设新课程，编写新教材，有力地推进中国学科文化的现代转型。现代数学学科的奠基者胡明复在南洋大学、东南大学创设数学系；现代物理学科的奠基者何育杰在北京大学创建物理系；现代生物学科的奠基者秉志在南京高等师范学校创办生物系；现代机械工程学科奠基者庄前鼎、顾毓琇分别创建清华大学机械工程系和电机工程系；梁思成创办东北大学建筑系；社会科学方面，1926 年，金岳霖创办清华大学哲学系；唐城创办清华大学心理学；吴宓、朱彬元、陈达创办发展清华大学国文系等，这些留学生创建的新系科成为现代学科得以传播与发展的重要阵地，更为重要的是，这些新创建的现代学科并不局限于以上大学的系科中，而是广布于全国各地的大学。

与上一代知识分子从科学的价值及意义解释科学的角度不同，五四时期留美学生群体不再仅仅关注学科知识，而关注学科整体。鉴于大学数量急剧增加对新学科创建的需求，他们在以“科学救国”之理想的引领下广泛涉足当时教育行政部门、文化教育机构与教育学术团体，直接参与影响当时大政教育方针的制定；许多人就是当时高等学校的主政者，至于主持院系一级教学科研工作的留美学生就更多。他们为现代科学技术发展指明了方向，根据国家的需要及自身所学专业大力开展科学研究工作；他们坚持依靠运用现代科技深入推进现代工业发展，这些以现代自然科学技术为学习目标的留学生归国后踏入了工业、教育、科学研究领域的大门，成为中国科学技术及学术领域的领军人物，为大学学科教育、研究、推广等功能的实现奠定了一定的学术基础。

　　五四时期留美学生群体的学科建设实践有力地推动了新的教育改革运动，这一次改革的广度与深度是清末以来前两次改革不可相比的，此次改革使得中国教育沿着现代化的方向前进了一大步，五四运动以后，新知识分子在社会革命中逐渐将自身角色与工农群众融为一体，成为倡导民粹主义的革命者，其角色中的文化特殊性不复存在。但是，由于受到时代及自身发展的局限，五四时期的知识分子还需利用翻译过来的教材培养学生，科研上也多照搬国外的做法，此时学科建设仍然缺乏独创，难以切合中国实际；另外，他们仍要耗费大量实践、精力争取科学的合法地位。这一代科学家仍然没有形成一定数量规模，并且由于社会经济落后，科学教育欠发达，科学仍未获得社会的理解与认同，于是他们主要的工作仍是需要为科学争取一定的社会地位，这一代科学家与五四启蒙思想家共举科学与民主旗帜，在意识形态领域为科学发展扫清障碍。这一时期科学家社会地位仍大受限制，科学的自主研究和科学家的职业化在这时还未形成。

姓名	生卒年	早期教育背景	赴美留学时间
刘伯明	1887—1923	私塾—汇文书院	1912 年
陈鹤琴	1892—1982	私塾—杭州蕙兰中学—圣约翰大学—清华学校	1914 年
郭秉文	1880—1969	私塾—上海清心书院	1908 年
陶行知	1891—1946	私塾—崇一学堂—汇文书院—金陵大学	1914 年
任鸿隽	1886—1961	私塾—垫江书院—上海公学	1913 年
竺可桢	1890—1974	私塾—上海澄衷学校—复旦公学—唐山路矿学院	1910 年
邹秉文	1893—1985	私塾—汇文学校	1910 年
茅以升	1896—1989	私塾—南京思益学堂—唐山路矿学堂	1916 年
吴宓	1894—1978	私塾—清华学校	1917 年

图 3—2　东南大学留美学者年龄结构与教育背景

三　现实主义学科价值取向的生成：
以东南大学为例

东南大学前身是 1902 年由清政府创办的三江师范学堂，1905 年改名为两江师范学校，1911 年辛亥革命爆发后停办，1914 年于原址设立南京高等师范学校，1921 年改名为国立东南大学，它的发展历史成为美国教育、科研、推广"三位一体"现实主义学科价值取向在中国试验的见证和代表，强调学校发展受社会发展的制约，应当广泛依赖社会力量办学，并且学校要适应社会需求，为社会服务，东南大学成为 20 世纪 20 年代中国现代大学制度构建的最重要的影响者之一。校长郭秉文主持校务数年间遵循大学内在逻辑，延揽了一批学有所成的人才任教，当时与北京大学并驾齐驱，共同推进中国大学的现代转型。正如张其昀所言："民国十年左右，南高与北大并称，隐隐然后成为中国高等教育上两大支柱。"①

（一）"四个平衡"的学科宗旨

最初中世纪大学学科宗旨只关注人才培养，是较少数量的学者通过高深学问的讲授传播为社会培养神学、医学、法学等专门人才，19 世纪初，伴随着第二次工业革命及自然科学与社会科学的飞速发展，德国首先将大学学科功能由人才培养转向科学研究，在 19 世纪中后期为世界高等教育提供了一种可以借鉴的发展模式；19 世纪末，美国资本主义经济以令人惊奇的速度飞速发展，其大学学科发展逐步脱离了德国为知识而知识、不关心大学之外民生问题的发展模式，在继承德国大学学术本位学科价值取向的同时，将美国大学的"求实精神"注入学科建设的思想和实践中，强调民主基础之上大学的社会责任，大学逐渐走出"象牙塔"，广泛地融入社会生活之中，形成美国独特的人才培养、科

---

① 张其昀：《郭师秉文的办学方针》，载中华学术院《郭秉文先生纪念集》，台湾中华学术院，1971 年，第 1 页。

学研究与社会服务"三位一体"的学科发展模式。

依照以上学科发展模式，美国大学在学科培养目标、学科结构、学科管理体制方面都做了相应的变革，开始重视实际社会需求，在教学实践中吸纳大量应用学科与技术学科。康乃尔大学、威斯康星大学的教学、科研都面向本地经济与文化发展的需要，"为全州服务"。它使"任何地方的任何一个人都可以从大学那里获得他所需要的知识"①。东南大学首任校长郭秉文是中国在美国哥伦比亚大学师范学院——世界"新教育科学研究中心"第一个获取博士学位的中国留学生（见图3—2），美国大学独特的学科宗旨对他产生了深刻影响，郭秉文的办学思想，主要借鉴和模仿了美国大学"三位一体"的模式，以"研究高深学术培养专业人才指导社会事业为宗旨"②。郭秉文在东南大学担任校长期间，要求各系科都全面向社会敞开，以服务社会为目标，做到人才培养、科学研究与社会服务三者并重。以美国大学制度为蓝本，提出"四个平衡"学科理念，四者组成具有内在的逻辑关系相互支撑、相互促进，独具匠心的东南大学学科发展的策略体系。

首先，学科培养目标强调"通才与专才平衡"。体现了郭秉文对大学全面发展、学有所长学科教育目标的认识。大学学科设置应当走向综合化，人才培养应当多元化，"正科注重通才教育"，但不忽视应用；"专修科注重专才教育"，但不忽视基础，"两者相辅相成，不可偏废"，但两者的界限并不是十分分明的。一个综合大学的好处，通才与专才相互调剂，使"通才不致流于空疏，专才不致流于狭隘"。唯有实现"通才与专才"有机平衡，方可培育练就"平正通达的建国人才"，此种人才，"都能为社会所重视，不曾发生过就业问题，而且多能成功立业，彬彬称盛"③。

其次，学科定位体现"人文与科学的平衡"。郭秉文认为："不发

---

①　康健：《威斯康星大学思想与高等教育社会职能》，载《当代教育发展的重大课题》，南京大学出版社1990年版，第262页。

②　南京大学：《国立东南大学组织大纲：南大百年实录》上卷，南京大学出版社2002年版，第127页。

③　张其昀：《郭师秉文的办学方针》，载中华学术院《郭秉文先生纪念集》，台湾中华学术院，1971年，第2页。

扬民族精神，无以救亡图存；非振兴科学，不足以立国兴国。"① 此思想的认识基础在于在当时中国历史条件下，大学亟须担负起促进推动民族和国家走上独立和发展之路的使命。一方面，强调大学需要人文社会科学与自然科学及技术并重，在人文精神与科学新知交融下成为发展科学的重镇；另一方面，大学既要吸纳西方文明，又要提倡民族精神、重视民族文化，应当承担起传播、发展现代科学和弘扬光大民族文化的双重使命。著名的"科学社"落户东大，新文化运动的反对派——"学衡派"和文化论争刊物《学衡》出现在东大，留学生与国学大师相互合作，正是东南大学学科定位科学与人文并存局面形成的体现。

再次，学科发展的根基和关键体现"师资与设备的平衡"。"学科是大学教学、科研和社会服务工作的基本组织单元，是包含行为规范、价值观、信息、物质技术基础和人才的组织。"② 学科建设的基点与价值理念在于实现人性与物性的平衡统一。师资是大学存在和发展的前提和动力。郭秉文任校长期间在国内外延揽一大批著名教授到校讲学、任教，当时在南高和东大任教的，不是宿学名儒，就是海外学成而归的博士硕士，"每一位都精通他自己所教的学科"，每个科系都具有国内一流学术领导人，各门学科都形成了自己的特色。文科的柳诒徵、王伯沆、张士一、梁实秋、吴梅、吴宓、黄侃、胡小石、徐养秋、刘伯明、汤用彤、梅光迪、宗白华、方东美、楼光来、陆志伟、罗家伦；理工科的竺可桢、任鸿隽、胡刚复、叶企孙、周仁、熊庆来、吴有训、茅以升等；农科的邹秉文、秉志、胡先骕、陈焕庸、陈桢、张景钺、金善宝、过探先、钱崇澍、戴芳澜等；商科的马寅初、杨杏佛、胡明复、孙本文等；教育科的郭秉文、陶行知、孟宪承、俞子夷、郑晓沧、廖世承、艾伟、陈鹤琴等。外籍教师中，有后来曾获得诺贝尔文学奖的赛珍珠（PearlBuck）等一二十人。当时东大教师60%以上的都是留美学者，数量上超过当时国内任何一所大学，大师们的人品学识、言谈举止，志趣才情，对于学生良好的治学态度、治学方法、治学精神的形成具有重要意义。他们代表了东南大学的教师水平和对外声誉。同时郭秉文认为，

① 王德滋主编：《南京大学史》，南京大学出版社1992年版，第34页。
② 邹晓东等：《基于学科核心能力的学科组织创新》，《科学学研究》2004年第4期。

大学教育"当然以师资为第一,但是物质设备亦不容忽视"①。

在高校"索薪"风潮时有发生的 20 年代,东大能够斥巨资兴建一流馆舍,鼓动军阀齐燮元捐赠修建东南大学图书馆,银行投资合作修建学生宿舍,向美国洛克菲勒基金会募捐 20 万美元修建中国大学最早的科学馆东南大学科学馆;通过多渠道集资的办法兴建农场、气象台生物实验池,积极营造一流大学的学术氛围和办学规模,为了给教学提供课程资源保障体系,东大将商科迁至上海,以使学生可以就地学习及观摩,以北极阁气象台中央观象台江宁测候所作为竺可桢主持的地学系师生实验实习之所,以玄武湖作为邹秉文主持的农科水生植物和鱼类试验池,真正做到物尽其用,人尽其才。

最后,学科发展的未来趋势体现"国际与国内的平衡"。倡导学科发展"国际与国内的平衡"是与郭秉文"提倡世界精神,以教育促进世界和平"的理念是分不开的。郭秉文认为大学只有博取百家之长、广求世界知识,才能使学生放宽眼界、开拓心胸、广纳人类无限的知识和智慧。"大学生应有国士的风度和气节,国士者,以国事为己任,又以天下为己任",主张"广求智识于世界,务使同学们放宽眼界,开拓心胸,则爱国之心油然而生"②。因此大学要成为国内学术研究的中心,也要成为国际学术和文化交流的窗口。郭秉文掌校期间积极派遣教师出国进修,当时东大共有教师 220 余人,其中留学出身的教师有 140 多人,有出国背景的教师占教师总数的 64.4%,郭秉文还筹设留学基金,鼓励有志于研究高深学问的历届毕业生如陈鹤琴、卢颂恩等赴美留学。同时东南大学邀请外国著名学者包括教育家杜威、孟禄,诗人泰戈尔,哲学家罗素来校讲学。"可以说,20 年代的南高、东大已然成为我国进行国际学术交流的一个重要窗口,是中西文化交流的热点所在。"③ "国际与国内的平衡"的学科建设理念意味着大学应承担起塑造世界精神的使命,拓展学术视域,吸收世界新知,培养合作意识,增强国际观念,

---

① 张其昀:《郭师秉文的办学方针》,载中华学术院《郭秉文先生纪念集》,台湾中华学术院,1971 年,第 2 页。

② 同上书,第 3 页。

③ 南大百年实录编辑组:《南大百年实录》上卷,南京大学出版社 2002 年版,第 214 页。

这是未来学科发展应有之义。

（二）寓文理、农工商教育于一体的学科结构

关于学校系科的设置，与蔡元培在北大按"学术分校""文理并重"调整科系设置不同，郭秉文不太赞成这种"学"与"术"的分离。他强调学与术并重，学科设置宜多广齐全。这实际上体现了欧美两种不同的大学学科建构模式在国内的反映，体现了近代教育家在大学学科设置一些根本理论问题上的不同见解。郭秉文认为，在一所综合性的大学里，既要注重文理，也要注重致用，还可造就师资，多科并重，数者互补，才可相得益彰。他认为："大学与高专分立，意在以大学养成闳材硕学，以高专养成专门应用人才。盖不含分文化与职业为两系，以大学居文化系统之首，而以高专居职业系统之首。言学理，其可批评者固多；言实例，则其制仿日本，而日本各高专，已纷起升格之运动。"[①]

在此思想指导下，郭秉文着手使南高师在学科设置上突破一般高师重心偏于人文社会科学的学科结构模式，创建了一批奠基在现代科学之上的科系，形成科学与人文平衡的格局。学科设置之上，郭秉文注重正科与专修科的相辅相成。他在创办东南大学后，就曾设置 5 科 28 个系，其中有"注重通才教育"的文理科，又有"注重专才教育"的农、工、商、教育等专修科。时任东大工科主任的茅以升曾指出："东大寓文理、农、工、商、教育于一体，此种组合为国内所仅见，意义深远。"[②] 学科之多当时居全国大学之首，在学科设置上，已突破了师范的界限，初具综合性大学的雏形。其寓文理农工商教育于一体的学科结构具体体现于以下几方面。

首先，寓师范于大学。清末以来的大学的体制，师范教育系统与高等教育系统被分为两途，师范教育属于专门性学校，高等教育系统属于综合性学校。20 世纪 20 年代，师资培养主要由独立设置的师范院校承担。郭秉文认为为了发展中国的教育事业必须培养上乘的师资，他说：

---

① 郭秉文：《民国 11 年之高等教育》，《新教育》1920 年第 2 期。
② 朱斐主编：《东南大学史》第 1 卷，东南大学出版社 1991 年版，第 118 页。

"师范学院应办在大学之内，教师来源不必局限于师范学院。"[1] "师范生的学业标准完全要与大学生一样，并且希望能出类拔萃。另外，还须加工加料，具备两种修养，一是教材教法的精研，一是器识抱负的培养。"[2] 单科性的师范院校难以培养具有宽厚的基础知识的教师，从根本上提高师资的质量，相反，只有在综合性大学里学科齐备，各科知识互补才是造就师资理想场所。南高改组为东大，并非如一般人所想的升格，或好高骛远，而是他的教育理想的实践。因为中等以上的教师，应该是双料的学士、硕士和博士。[3] 东南大学保留了原南高师的教育科，并将其扩充为四个系：教育系、心理系、乡村教育系与体育系，一改清末以来将高等师范和大学分开设置的做法，寓师范于大学的学科体制属于东南大学在全国首创。

其次，理与文并重。理科有物理、化学、数学、地学、心理。郭秉文邀请中国科学社的主要发起人任鸿隽、秉志、胡刚复、杨杏佛、过探先等人先后来南高执教，而且还支持他们把原设于美国的中国科学社总部迁到国内、安扎在南高，南高由此被人们誉为"中国自然科学的发祥地"。

生物学方面，中国大学第一个生物系创办于东大，中国生物学的三位先驱胡先骕、秉志、陈桢都在东大。中国科学社在 1919 年成立第一个研究机构——生物研究所，生物研究所和生物系为我国培养了一批优秀人才，如戴松恩、王家楫、倪尚达、张春霖、欧阳翥等著名的生物学家，生物所的杰出成绩后来被胡适高度评价为中国学术上最得意的一件事；物理学方面的研究基础直接奠基于东南大学 20 年代前后胡刚复只身创办南高东大物理系，并创建中国第一个物理实验室，从事射线的研究，为我国第一位从事该项研究的科学家，之后他的弟子吴有训、严济慈、赵忠尧等在大气物理学、核物理学、光学等方面做出了重大贡献，成为享誉国内外的著名物理学家。

---

[1] 朱斐主编：《东南大学史》第 1 卷，东南大学出版社 1991 年版，第 94 页。
[2] 张其昀：《郭师秉文的办学方针》，载中华学术院《郭秉文先生纪念集》，台湾中华学术院，1971 年，第 3 页。
[3] 同上。

地理学方面，中国第一个地学系由竺可桢创建，成为中国气象学事业人才培养的重要基地，竺可桢本人在南高东大从事的教学工作和科研，奠定了他在中国气象界地理学界的一代宗师的地位。

化学方面，张子高创设了中国较早的化学基础课教学的实验室，传授最新的化学知识，并注重教学法的研究，为我国培育了几代化学和化工科技人才；茅以升成为工学学科领域的开拓者，留美学者开展的科学研究是中国科学的奠基工作，它使南高东大成为中国科学发展的一个主要基地。

著名的科学家东大教授胡先骕曾十分自豪地提道：南高东大的物理、生物、气象、农学为当时中国之最，它因此成为国际学术交流的中国代表派出地，当时许多国际学术会议都由中国科学社派代表参加，这些代表多集中于东南大学。文科中有国文、历史、外文、政治、经济、哲学。强调民族传统文化和人文精神之韵味。1919 年，郭秉文接任南京高师校长之期，正是新文化运动风靡全国之时。五四前后的新文化运动，偏激地对传统文化彻底否定和盲目地对西方文化简单搬用。郭秉文不仅引进了一批"中国文化的大师，如刘伯明、柳诒征等"，以维系民族传统文化为己任，主张发扬民族精神，沟通中西文化。郭秉文还支持他们创办了《学衡》杂志，《学衡》的发起者是梅光迪、胡先骕，主编是吴宓，其代表人物还有柳诒徵和刘伯明等，都是当时东南大学的教授。曾毕业于东大的张其昀说："南高又有一最可自负之点，即留学生与国学大师的合作。文科方面有几位大师对中国文化有透彻的研究和超越的见解，同时他们也注意于科学的方法，故思虑周密，其探究事理常带有批评的精神。"[①] 学生同时受业于文理大师，有很多卓越成就的人。

最后，学与术并重。东南大学学科设置既偏重于学理的"正科"，又设置农、工、商、教育等偏重于应用的"专修科"（见表3—3）。郭秉文主张学生需要全面"养成思想及应用能力"。既要学会"动脑"又要学会"动手"。一方面，切实掌握"普通学程"，只有能思想才能够

---

① 王成圣：《中国哲人郭秉文先生》，载《郭秉文先生纪念集》，台湾中华学术院，1971 年，第 90 页。

"探知识之本源"，而"只有明了知识的本源，然后才能取之不尽"。①
另一方面需要掌握"专修学程"，养成"应用能力"。郭秉文认为学习
和探究知识的最终目的就是为了应用，学习知识仅仅是第一步，教育要
"关系生活"，满足个人和社会生存与发展的需要。切实应用知识就是
在求"知识之归宿"。同时，知识的应用反过来又会促进新的知识的产
生，所以，只有"明了知识的归宿，然后才能用之无穷"。"依据智育
标准，以适应社会需要，为设科主旨"，同时"社会需要随时变更，是
所设之科亦因之而异"。普通科注重通才教育，但不忽视应用；专修科
注重专才教育，但不忽视基础。学与术、基础理论学科与应用学科相互
补充、平衡，郭秉文认为学与术并重的学科结构可以充分发挥学科间互
相渗透、融合互补的功能，使通才避免走向空洞浅薄，专才避免走向见
识狭小，有助于教学质量的提升及人才培养质量的提高。这一时期东南
大学学科结构看起来有些多而杂乱，但是这些学科彼此相互渗透，相依
相促，一方面适应了社会多层次、多类型的人才需求；另一方面也开阔
了学生的视野，满足了他们个性化的发展需要。

东南大学根据本国情形，在寓文理、农工商教育于一体的学科结构
下，开创了研究、教授、推广或实验"三结合"的办学模式，学科教
育主动融入地方社会发展需求，不断提升学校学科社会服务水平，全面
提升学校综合办学实力，也因此为东大赢得了"中国第一所现代国立高
等大学"的美誉。

表3—1　　　　　　　　　　东南大学科系设置

科	系
文　科	国文系　历史系　外国语文系　政治系　经济系　哲学系
理　科	物理系　化学系　数学系　地学系
教育科	教育系　心理系　乡村教育系　体育系
工　科	机械工程系　土木工程系　电机工程系

① 南大百年实录编辑组：《南大百年实录》上卷，南京大学出版社2002年版，第27页。

续表

科	系
农　科	植物系　动物系　农艺系　园艺系　畜牲系　蚕桑系　病虫系
商　科	普通商业系　会计系　工商管理系　银行理财系　国际贸易及领事系　交通运输系　保险系

（三）"董事会制"学科管理模式

1919 年，郭秉文被教育部正式委任为东南大学校长后，基于对学术自由观的认同，学科管理上成立以校长为核心的"三会制"，依靠教授办学，让全校的教授参与学校的决策和管理。《东南大学组织大纲》规定三会制："按政议分开的原则，建立'责任制'与'合议制'相结合的体制，即设立评议会、教授会和行政委员会，分别负责议事、教学和行政事宜，各会均由校长兼任主席。"① 校长管理大政，具体校务由教授承担责任。

1920 年 4 月，东南大学制定《国立东南大学与南高师教授会章程》，明确规定：教授会以校长及各科系主任及教授组织之。教授会举行会议时，以校长或其他代表为主席。教授会职权包括：建议系与科之增设、废止或变更于评议会；赠予名誉学位之决议；规定学生成绩之标准；关于其他教务上公共事项。凡关于教务之公共章程或规则，概须在教授会提出通过方为有效。只要关涉两系以上的教学事务，都需要在教授会上讨论解决。研究生入学是否免费以及求学期间所享补助多少，均由教授会指派决定。教授会每学期召开两次例行会议，只有在由五名教授提出疑义，或者有极特殊亟待议决的问题发生，可以由校长临时召集教授会举行临时会议。教授会成员都有在教授会提出相应议案的权力，议案提出后，如果有价值却未能马上解决，可指派若干委员调查审议，下次教授会开会时可公开通报。教授会委员人数及人员确定，由会议集体议决。教授会会议需要在委员超过一半以上出席的条件下方可召开，

---

① 冒荣：《至平至善鸿声东南——东南大学校长郭秉文》，山东教育出版社 2003 年版，第 195 页。

议案议决需要在与会委员超过一半以上同意时才可通过。

这种权力（包含学术权力和行政权力）运作和分配方式，完全尊重教授的学术权力和在校内的主体地位，切实保证了大学学术自由的品性，为大学学术发展提供了组织制度层面的保障，这在大学内部某种程度上激发了教授们教学科研的积极性，极大地推动了学校教学科研等各项事业的发展。在学校成立教授会负责全校的教务，民主风气浓厚，各项工作开展有序，校长本人只管大政，具体校务交由教授负责，东大教授在校务、教务、系务中享有相当大的权力。

但是，与北京大学相比，三会制学科管理体制使得教授治校的权力有所削弱，评议会只是一个议事机构，不再是全校最高的立法机构与权力机构，教授会与行政委员会各自分工明确，其只是负责教学事务，校长则兼任三会主席，负全面之责。由此可见，东南大学以校长为核心的行政权力明显扩大。

1921年为求社会之赞助起见，东南大学借鉴欧美各大学在全国国立高校中率先设立董事会以便协助校务。1921年公布的《国立东南大学校董会简章》中规定其职权仅有两条：一为扶助学校事业之进行；二是保管私人捐助之财产，属于议事、咨询性质，并不干预校内事务。董事会主要由政界有感召力的官员、企业界的著名首脑人物以及教育界知名人士所构成，这些人热衷于公益及教育事业，同时具有一定的社会名望，1921年6月6日，东南大学校董会宣告成立，第一届董事会成员共计17人，诸位董事皆为当时各界鼎鼎有名之人，为了便于工作，东大董事会议决设立办事校董和经济校董，并推定袁希涛、沈恩孚、黄炎培3位教育家为办事校董；聂云台、穆藕初、钱新之3位企业家为经济校董。董事会刚开始的工作职责是协助筹集款项，对于学校各项事业予以扶持，而学校内部日常事务则由评议会、教授会和行政委员会三会负责管理。（见图3—3）

1924年东南大学依照郭秉文的提议，修订了《国立东南大学校董会简章》，其中规定了校董的六大职权：（1）决定学校大政方针；（2）审核学校预算决算；（3）推选校长于教育当局；（4）决定学校科系之增加，废止或变更；（5）保管私人所捐之财产；（6）议决学校其

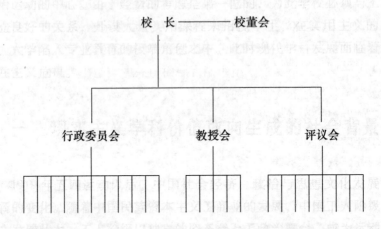

图 3—3   国立东南大学组织系统

他之重要事项。① 校董会放在与校长并列的位置甚至更高，在简章中，新的董事会几乎取代评议会原有的功能，其权力范围包括决定教育方针、推举校长、审查预算决算、财产保管、财政等。校董会完全成了学校最高的立法和决策机构，位置高于三会。这样，评议会作为立法机构的职能已经丧失，评议会的存在毫无意义。所以，郭秉文随即又向董事会提出取消评议会的主张，得到董事会的通过。后期，郭秉文加大董事会的权力，事事依赖董事会，频繁外出交往于各界人士中，在校内时间不多，与教师接触的机会越来越少。有关学校大政方针的决策只在董事会上讨论，不与教师交流，将董事会提升为高高在上的学校全权管理机构，不断凭借外力，强行干涉学校方针政策的制定、各种人事安排以及

---

① 《国立东南大学校董会简章》，载《南大百年实录》上卷，南京大学出版社 2002 年版，第 116—117 页。

活动的计划协调等，甚至取消与解散评议会，强制夺去教授参与学术事务的发言权和自主权。董事会和教授治校体制冲突频仍，不可调和，这引发了教授对董事会及校长郭秉文强烈的不满情绪，这种不满情绪愈来愈浓，对后来董事会的废除已经发出了极其危险的信号。

四　现实主义学科价值取向之实践困境：以东南大学为例

20 世纪 20 年代，东南大学对美国现实本位学科价值理念的移植与借鉴取得了显著的成效，学科发展"现代性意识"进一步深化，对学科功能做了现实主义、典型化理论的探讨与实践探索，开拓出一条与社会经济发展密切结合且相互促进的大学发展道路，促进了地方经济发展和社会进步。社会服务已成为我国高等学校的重要职能。学科体制现代转换基本完成，但由于受到种种内外因素的影响和制约，在具体的学科实践中，仍带有很大的主观盲目性，对西方国家大学理念照搬照抄，缺乏对本国的客观条件的考虑，超出了当时社会的实际需要与可能，使得被美国教育家孟禄赞誉为"可与牛津、剑桥两大学相颉颃"的东南大学在 1925 年以后发展历程中断。现实主义学科价值取向缺乏实践的根基而后继无力。

（一）社会现实对学术理想的僭越，导致学科宗旨失衡

东南大学建立以后，强调以美国大学制度为蓝本，大学职能在定位上，面向社会，服务社会，履行"通才与专才平衡""人文与科学的平衡""师资与设备的平衡""国际与国内的平衡"四个平衡的学科宗旨，在当时社会发展特殊条件下，背离了原先的设想，出现实践的错位，导致学科宗旨失衡，具体表现为：

首先，学科在增强社会服务职能的同时，按照市场的功利性运作，导致学科庸俗化倾向。历史上，社会现实与精神理想始终是一对矛盾，作为担负文化创新的学科理想与作为促进社会发展的学科现实之间始终存在利益的冲突。受美国实用主义价值取向影响，东南大学学科实践中

出现显著的趋利倾向，学科主体迷失了独立自由、自治、理性的原则，缺少统一指导、整体意识和全局观念，科研成为追名逐利的工具，不关注科研质量实际效果。金钱至上与物质主义煽动起近代学者的浮躁心理，使之难以潜心学术。

东南大学在践行"社会服务"学科职能过程中，各个系科普遍采用开办大量补习班及暑期学校的形式，以提高社会民众文化素质及各级师生、教育管理人员的思想与业务能力，暑期学校实行学分制，每个学生只要修满 3~5 个学分即可，学校实行学分制收费，学生成绩合格，交费后由东南大学发给修业证明；东南大学还依靠与地方联合建立的科研机构推广学科科研成果，努力服务于地方经济社会发展，为其提供技术、文化、咨询与培训等各项服务。农科社会服务取得了明显成效，建立了 10 多所与社会各部门的合作机构。1921 年，面粉公会在东南大学建立小麦试验场，提供科研经费 4 万元，托付东南大学农科从事小麦种类改进的实验研究，并承诺每年提供 6000 元实验津贴。推广部常以广告招揽顾客，实质已经走向商业运营化。这一时期巨大的社会经济利益让大学学者陷入困境，由于精力有限，他们不得不淡化自身学术研究的使命，这导致大学学术研究由于过于关注对于工商业的实际功用，进而背离了大学本来存在的意义。学衡派成员柳诒徵曾经在《学衡》杂志上对于大学过度服务社会的情况给以尖锐批评，批评大学上至校长下至学生，完全将教育目的功利化，以社会的需要为教育的出发点，由此诸如人格、道义、学术、理想，凡是无关于个人生活的，都是举不足重。①

城市社会走向现代的特点是商品都要遵循市场经济的规律和原则，教育领域也是如此。同时由于大学教师报酬偏低导致他们在外校兼课盛行。国立大学教师职位聘用时间一般为一年，几乎没有超过两年的情况，工资全部依靠学校公款支出，几乎占教师收入的十分之九，又时常被久欠不还。当时兼职教师广泛存在于各大学。教师忙着挣钱盈利，根

---

① 柳诒徵发表在《学衡》杂志的文章，如《教育之最高权》（《学衡》1924 年第 28 期）、《论学者之术》（《学衡》1924 年第 33 期）、《今之办学者》（《学衡》1922 年第 9 期）、《罪言》（《学衡》1925 年第 40 期）等。

本没有时间与精力关注自身学识和学术的锐意求进，更没有时间与精力经常与学生进行交往。大学组织内采用绩效管理方式，关注教师教学绩效，按钟点获取薪酬，急功近利、投机取巧的心理便潜滋暗长，面对生存压力，学者们现实功利主义与实用主义的态度明显，这使得他们的生活陷入鄙陋与平庸，风度气韵的渐失以及对学术共同体利益的淡漠导致学者彼此认可程度极差。1931 年国联教育考察团对中国大学进行考察后指出："教授之态度，竟有不幸而为商业化者。""平时授课已虞不及，何有研究可言?"①

其次，国民党党化教育的推行导致学科走向行政化。东南大学一向以不与政党发生关系而自我标榜，这反映了其学术独立的处世之道，由此为学校的稳定和发展赢得一个安定的环境。后期随着国民党党化教育及行政权力影响力扩张，东南大学最终并未幸免予政治旋涡，学科发展走向行政化。

伴随国民革命军北上，1924 年底，国民党员掌握北洋政府教育部门实权，受中国专制主义传统苏联实行以党治国集权制度的影响，国民党模仿苏联实施党化教育，吴稚晖等人甚至提出要"包办大学教育"。大学的独立性和自由性因此都受到极大的限制和严重挑战。党化教育的一个重要措施就是在各级学校开设三民主义和孙文主义课程进行思想控制，国民党趁机在大学内设立"党务指导委员会"，鼓吹对"党国""领袖"尽忠，凡是不肯就范的学校一律予以取缔。20 年代国民党势力崛起后党化教育的理念时局的变迁直接改变了学校的命运，以包办教育的训政手段来推行党化教育，政治强权对大学的粗暴干涉下，东南大学1925 年发生"易长风潮"，国民党人对地方力量的侵蚀使得近代中国大学发展始终逃脱不了与政治变迁紧密相连的命运。东南大学此后失去了发展的基本环境，大学学术发展的生态遭到严重破坏。使中国 20 世纪20 年代学术思想和文化教育最为自由也最为辉煌的黄金时代过早过快终结。

在学校内部，随着学校规模增大，声誉昌盛，郭秉文活动纷繁，接

---

① 国联教育考察团：《中国教育之改进》，国立编译馆译，国立编译馆 1932 年版，第 46 页。

触教师的机会渐少，他逐步脱离了教授治校，独断专行的作风日浓，在校董会决策下，教育经费配置常不顾教育规律，完全暗箱操作，在管理上任用私人，不及时公开账目，郭秉文甚至独断专行，以教授会、评议会成员大多重复为由，通过校董会撤销了评议会，这触发了教授不满情绪。行政权力影响力扩张，学术权力让位于行政权力，学科不能按照科学理性原则，不能按照社会本身理性需要，由于受到行政权力需要的支配，教授治校不能够有效推行。学科组织异化为成员权力角逐相互控制的舞台，直接制约了学科创新、传递与应用。

最后，实用主义泛滥，学科发展趋同化。五四运动后，西方实用主义的教育思想像一窝蜜蜂般涌来，当时相当一部分教育家采取了全部接纳并加以践行的非理性做法，对美国学科建设理论全盘吸收，脱离传统精华，脱离国情，杜威思想被全投赞成，民国教育史专家陈青之先生曾说："本期的教育思潮（指自 1919 年至 1926 年）则以平民主义为代表，而美人杜威博士更被中国人尊重。杜威自 1919 年 5 月抵上海，在中国过了二年零两个月的生活，走遍了 11 个行省，讲演稿多至十几种，对于教育革新的言论，给中国人士以强烈的兴奋。在本期的七八年中，'教育即生活'、'学校即社会'两句口号简直成了全国教育界的家常便饭。由此看来，本期的教育完全美国化了，其中以杜威学说的影响最大。"[1]

另外，由于胡适等人的极力吹嘘，杜威实用主义思想可在中国适用的一小部分精华连同大部分糟粕全部被借鉴抄袭，克伯屈设计教学法对于知识的客观性与整体有机性带来严重的破坏，各门学科完整的知识弄得四分五裂，给中国教育现代化发展带来了难以弥补的危害。当时有人对国内盲目崇拜西方的国情做以描述，"我们看中国国内有多少自主的思想！虽然刊物如牛毛，论文充栋，然而很少有自抒所见的，差不多总是抱着外国的某一派来替他摇旗呐喊，有的甚至完全抛弃传统，走上西化形式"[2]。大学中将外语的学习提升到至关重要的位置，忽略了对本国文化的关注。1920 年全国教育联合会通过改革学制案，提出大学生

① 陈青之：《中国教育史》，商务印书馆 1934 年版，第 75 页。
② 王尔敏：《近代中国思想研究及其问题之挖掘》，学生书局 1982 年版，第 12 页。

至少要学习两种外文，1921年全国教育联合通过将世界语加入师范学校课程案，考察当时各校外语课的公共课时，都是排在第一，远远超过国文课与公共基础课课时。如东南大学规定的必修课，国文是6个学分，而英文则达到了12个学分，延聘具有留学背景的教师，占教师总数的64.4％。学科发展失去了必要的文化张力，失去学科文化变迁自觉能力，使得大学学科失去了对文化本土化的价值。

当时大学对西方国家照搬抄袭，不考虑与中国实际国情相结合："不但学生所读之书，大半仍为外国课本，即用以说明原理之例证以及教师指导学生研究之题目，亦多采自西洋，此实大可惊异者。在华参观之人，考查中国若干大学之历史，政治科学或经济之课程，若不能断定此种计划究为研究中国之西洋学生而设，抑为研究西洋之中国学生而设……而在自然科学方面，教学偏重外国之情形，尤为显著。……中国大学教师，大半皆受教育于外国大学，彼等在中国教授时，自不愿将其知识加以中国型式之改造，而将其在外国大学所讲所得或读书所得之事物，重述一遍。即教材本身之大部分，亦采自外国也。"[1] 更加离谱的是，"中国大学之农科教授，对于世界其他各地之农业状况及方法所知极详，惟应用其知识于中国之状况及方法时，反而感觉困难，此亦吾人所常闻之事也"[2]。

（二）过于关注现实需求，导致学科结构重心偏移

20世纪二三十年代围绕科学与哲学的意义、范围、思维特点、社会功能、相互关系诸问题思想界展开讨论，导致唯科学主义（Scientism，也称科学主义）思想盛行，简言之，就是认为宇宙万物的所有方面都可以通过科学方法来认识，这是从追求科学到科学崇拜的结果。胡适先生对此有这样的描述："这三十年来，有一个名词在国内几乎做到了无上尊严的地位；无论懂与不懂的人，无论守旧和维新的人，都不敢

---

[1]　国联教育考察团：《中国教育之改进》，国立编译馆译，国立编译馆1932年版，第182页。

[2]　同上书，第86页。

公然对它表示轻视或戏侮的态度。那个名词就是——科学。"①

唯科学主义将只具有工具价值的科学当作宗教来崇拜，认为实用的科技在人的发展中无所不能，对人生观的建立，德行的完善、美感的陶冶，都具有重要的作用，排除人的情感意志，以自然规律替代社会规律，陷于唯理智论与机械论。

1922年，中国采用美国"六三三"学制划分学校阶段，受到唯科学主义思想影响，大学普遍停办文法科或减少数量，抑文重实。

东南大学在充满活力的推广活动中，应用性学科以其与社会的密切联系，得到较高的回报而备受推崇，无形中使基础学科、人文学科地位受到影响。东南大学也曾因校长郭秉文在经费分配上偏重农科、商科、教育科而招致许多从事基础学科研究的教授们的批评，内部不满情绪增加。基础性学科招生人数比例呈明显下降趋势，应用性学科或者说偏应用性学科的学生比例上升较快；在经费的安排上，偏重农科、教育科等应用性较强、社会反响较快的学科。对文科、理科等基础性学科重视不够，不能一视同仁，经费投入上严重不足，导致文理科教师对郭秉文也颇有意见。农业教育的重心也转移到为农业、农村、农民服务的社会职能上。大学招考制度的改革，"今欲促进中学校之尽先筹备经费建设实验室购办仪器药品标本以供学生自己实验，须由大学联合会立定议案，于议案发表之日起，以五年为期，五年后各大学招考新生时关于物理、化学、博物、生物、矿物二门投考，诸生均须呈验其平时自己实验之报告，曾经当时各该教员所改正及评定者，如无适宜之报告呈验，则不得报名与考"。② 教师是实现学校科学教育目标的主体力量，其素质水平及观念意识直接影响到学校学科教育能否成功的关键因素。东大成立后的最初几年中，"据不完全统计，就有教授222名，其中文科70人，理工农商教育各科共152名"，③ 科学家和学者也主张将科学教育与抗战救国联系起来，提出"如要抗战建国必定要科学教育来养成我们特别需

① 胡适：《科学与人生观》，上海亚东图书馆1923年版，第2—3页。
② 吴承洛：《全国科学教育设备概要》，《科学》1925年第9期。
③ 朱斐：《东南大学史》第一卷，东南大学出版社1991年版，第32页。

要的人才方能有济",① 因为"科学教育可以普及科学精神方法与知识,可以培植新进技术人才,可以提高科学文化的水标"②。主要科目为土木电机机械兵工等应用科学以及数理化等纯粹科学,这一方面说明了科学家和学者对科学教育的重视和提倡产生了显著效果,另一方面也表明了广大青年学子科学救国愿望的强烈和急迫。

在高校中设立自然科学系和研究所是实现科学教育化的重要举措,同时也是培养科学救国人才的重要途径。科学家和学者将科学教育与抗战救国联系起来,提出"如要抗战建国必成,必定要科学教育来养成我们特别需要的人才方能有济"。③ "抑文重实"学科价值取向一直延续。1937 年全国高校文法商教育师范类科系数量与理工农医类系数量之比分别为 50.3% 与 49.7%,而到 1945 年时已分别变为 47.1% 与 52.9%。从学生数量比较,1945 年选学文科的学生数量比 1937 年只增长了19%,而选学农工医等专业的学生数量则至少增长了 1 倍。④

总之,理性的原则,缺少统一指导,整体意识和全局观念。东南大学——寓师范于大学——本来力图培养具有宽厚的基础知识的教师,从根本上提高师资的质量,高等师范学校纷纷选择扩格为综合性大学,综合性大办师范一哄而上,师范教育脱离了当时中国师资还严重不足的国情,学生看到数理工、交通的重要性及其好的前景,但是,社会对这方面的需求并不大,说明社会对于科学技术应用人才并没有想象的那么重视,同时反映出大学在理工方面教育虽然重视了,但是是否科学,是否适应社会的需要,还很成问题。然而,我们必须看到,西方现代知识体系在学校课程设置占主导地位仍只是事物的一方面,这种处于纸面上的知识要求还不能说明现代知识体系已经在中国完全形成,还需要考察当时的具体实践。学科结构有着不容掩饰的弊端。无论普通科、师范科还是职业科,都以进入教育界最多,进入工界与农界的很少。说明社会与教育相脱节现象严重。

---

① 任鸿隽:《科学教育与抗战建国》,《教育通讯》1939 年第 2 期。

② 同上。

③ 同上。

④ 《第二次中国教育年鉴》,商务印书馆 1948 年版,第 524—526 页。

（三）"易长风潮"与董事会制度的取消

东南大学董事会以校外人士控制学校，必然出现教授治校与董事会干预校政、校长治校的矛盾，为这一时期高等教育的现象，这也是中国高教寻求现代化中出现的矛盾。而在这一矛盾关键点上，校长的协调作用无疑至关重要，直接关系着大学的稳定与发展。然而，郭秉文在这一问题处理上却多次犯了严重的错误。

一是取消了东南大学的评议会。自1924年东南大学依照校长郭秉文的建议，修订了《国立东南大学校董会章程》，后期加大董事会的权力，置为全校最高机关，工作的重心只放在董事会一边，处处依赖董事会，民主作风较差。后郭秉文竟然以教授会与评议会成员大多重复为由，在董事会上通过了取消评议会的决定，这种做法是对教授治校权力的削弱，让很多教授深感不满，造成了教授与校长矛盾的加剧，为日后倒郭派落下了最大口实。

二是在工科的去留问题上迁就董事会，酿成工科风潮。校董事在审核1924年度预算案时，以经费困难，并且江苏境内已经有完备的工科大学及专科学校为由，在没有获得工科教师意见许可的前提下忽然宣布停办工科，科主任茅以升主持全科事务，却不能参与讨论系科的废止，郭秉文虽然不同意董事会的决议，一再争取续办，却不与茅以升通气，于是酿成"工科风潮"，茅以升对郭秉文的工作作风非常不满，这件事也对郭秉文的威信造成了负面影响。

三是对商科问题处理不当，引发"商科风波"。董事会治校以来，东大筹备处成立，计划将商科迁往上海与暨南大学合办商科大学，此举颇得上海商界的赞同。但是郭秉文在未征求商科教职员尤其是商科主任杨杏佛意见的情况下，就代表东南大学与暨南学校、上海商界有关人士商议决定了。而作为商科主任的杨杏佛对于此事竟然一无所知，这件事在上海报界披露以后，引发商科轩然大波，杨杏佛也因此与郭秉文矛盾激化，最终被迫离职而去，离开东大后的杨杏佛专心于发展国民党的党务工作，1924年到广州，任孙中山秘书。开始从事国民党党务工作。当1924年年底孙先生北上时，他与不满郭秉文的国民党要员吴稚晖商议，乘直系垮台利用国民党力量及其关系胁迫教育部，撤郭秉文校长职务，改任与吴稚晖有关系的胡敦复为校长。由此引发东南大学"易长风潮"。

1925 年 1 月 6 日，段祺瑞临时执政教育部以代理部务教育次长马叙伦的名义解除踌躇满志的郭秉文校长之职，改派胡敦复为新任校长。这激发了东南大学师生的强烈反对，双方矛盾冲突激化，发生了痛打新校长胡敦复的"驱胡运动"，新校长上任演变成"拒胡逐胡事件"，事态进一步扩大。因军阀战事起伏，北京政府无力解决东大的"易长风潮"，最后只能依靠地方官绅从中调解，两年之内数易其长，风潮不断，学校几乎陷入停顿。"易长风潮"给东南大学造成了难以估量的损失，在一年的时间里，教师分裂，师生红脸，多位著名的教授痛心不已，愤而离校，学校元气大伤，东大由盛转衰，并成为日后更名的主要原因之一（见表 3—2）。① "易长风潮"中流向清华大学的有：熊庆来、吴宓、张子高、叶企孙、陈桢、戴芳澜、胡经甫；流向浙江大学的有竺可桢、王琎；流入金陵大学的有过探先、吴耕民；任鸿隽去了四川大学担任校长，而秉志则去了厦门大学担任生物系主任。

"易长风潮"是国民党党化教育兴起后党化教育与学校独立自治之间矛盾冲突的结果，同时也反映出 20 年代国家权威和民间力量在东南社会的消长情况。东南大学虽然号称"国立"，但是中央并未负担东南大学经费，其经费预算的三分之二都是由江苏省承担的，而江苏省一直都处于直系军阀控制下，倚重于地方办学的郭秉文不得不与江苏地方各界，尤其与政界搞好关系。当时江苏督军齐燮元也确实给予了郭秉文以很大的帮助。当皖系、奉系和孙中山领导的国民党形成"反直三角联盟"后，北京政府下令讨伐直系。郭秉文由于与直系军阀的依附关系，自然为北京政府方面所不喜，而这成为"易长风潮"发生的重要的外部因素。此后，东南大学教师离散、东大被改组，在某种意义上成为国民党党化教育的基地。

---

① 朱斐：《东南大学史》第一卷，东南大学出版社 1994 年版，第 4 页。

表 3—2　　　　　　　　　"易长风潮"后东南大学教授去向

竺可桢	先去中央研究院，曾一度重返东大，最后出任浙江大学校长
陆志韦	燕京大学心理系主任，后出任燕京大学校长
茅以升	河海工学校长
柳诒征	先后执教于清华大学、北京女子大学和东北大学
汤用彤	1926 年南开大学哲学系主任
任鸿隽	四川大学校长
秉志	厦门大学生物系主任
王琎	浙江大学化学系主任
叶元龙	重庆大学校长
过探先	金陵大学教授，农林科中方科长
胡刚复	厦门大学理学院院长
吴耕民	1926 年离开东大，1927 年浙江大学农学院教授
徐则陵	1927 年受易长风潮牵连，被迫离开学校，1928 年受聘金陵大学教授
流向清华大学的有：	熊庆来（任清华算学系主任）、吴宓（外文系主任，1923 年就离开东大）、张子高（化学系主任）、叶企孙（理学院院长、物理系主任）、陈桢（生物系主任）、戴芳澜（1927 年金陵大学植物病理系主任　1934 年清华大学植物病理研究室主任）、胡经甫（燕京大学、清华大学生物系教授）

　　1925 年，随着政局的变动和各校内部风潮的迭起，教育部不得不顺应民主要求，颁布第 56 号训令，以东南大学校董事会近年以来常有侵越权限情事，势将益滋纠纷，责令东南大学董事会停止行使权力，同时训令东南大学恢复评议会。

　　由东南大学修订的国立东南大学组织大纲（1926 年）可以看到，董事会废除了，恢复了评议会作为校最高权力机关的职能，且权力得到进一步的扩大，由原来的 5 条增加到 8 条，超过 1921 年东南大学组织大纲之所赋予者。评议会掌握全校校政，包括教育方针、学制、财政、行政等事项，包揽了原董事会控制的全部事关全局的权力。教授会的权力也相应得到加强，除了议决教务上的一切公共事项外，还对评议会提议进行议决，形成对评议会的制衡作用，且拥有选举校长的权力。总之，由教授组成的评议会和教授会在校中掌握了治校的最大权力，教授治校的权力在 1926 年、1927 年中达到了顶峰。

董事会从设立到废除，期间的经验教训也是深值得今人反思和总结的。沟通社会、获得社会支持，不能违背学者治校的原则。

"易长风潮"是军阀格局的变动和党化教育的兴起及东大内外的人事纠葛等方面外部多重政治力量之间的矛盾与校内不同学术思想、人际派别之间的矛盾纠缠在一起的结果。其实质而言，是国民党人利用孙中山和段祺瑞执政府联盟的机会，联合校内反对派排挤郭秉文和校董会，争夺东南大学领导权，是国民党力量兴起后对地方自治力量侵蚀的结果。易长风潮也使得东南大学从一个相对远离政治的地方大学，演变成为一个党派势力竞逐的舞台。风潮导致东南大学内部教授与学生群体的巨大分化，校内派系矛盾与外界政局变动纠缠在一起，使一个本来以校风优良而著称的大学，变成了一个学潮丛生的是非之地，1927 年国民党在南京建立政权，视东大为反动之大本营，以党化手段将其改组为首都最高学府，校董事会治校模式成为历史。

本章小结

五四运动后以东南大学为代表的国立大学在追赶世界先进水平的学科建设目标指引下，以美国为蓝本，对当时的大学学科宗旨、学科结构、学科组织与管理模式进行了全面而系统的变革，许多方面在此后都得到了实施或部分实施，引发了思想观念层面的震撼与反省，科学技术，科学方法与科学精神在思想文化领域为学科发展扫清了道路。国立大学学科"现代性意识"的深化，确立新的学科价值观念，追求的民主化、科学化、实用化和专业化等价值理念成为教育上的主流倾向，当时成为中国大学学科建设的一种潮流，直接对当时大学的学科教育宗旨、学科管理制度、学科教学内容与教学方法产生全方位的影响，对中国科技教育和科学研究的发展无疑起到了重要的作用。建立了一系列农村改进试验区，获得了令人注目的功效，发展了农村经济，惠及了广大农民，夯实了农业现代化的基础地位。

但是，由于受到社会实践外界因素影响，再加上大学自身没有形成完备的学科教育体制与科学研究体制，导致当时学科建设与中国社会相脱节，其持续发展难以保证，无法形成累积性学科增长方式，所以这一时期大学学科科学研究仍然是肤浅的，从整体状况来看，并没有试图形成中国自己的教育理论，过分强调"从师"美国的态度已经使得国人对于他国及本国教育存有偏见，这导致教育文化沟通失去了灵魂与灵魂对话的本质，人们不再对美国教育提出异议，于是，对杜威进行理性批判变得不可能，"抄袭"于全盘接纳变得顺理成章。1931 年，国际联盟教育考察团对中国的教育进行了全面考察，在其撰写的《考察团报告书》中明确指出，"在当时的中国教育中存在着肤浅的美国化倾向……中国不但抄袭美国的教育学，而且盲目欢迎美国教育的一切新花样"①。对西方国家大学学科建设理念照本宣科，不考虑本国学科发展外部社会会环境及学科自身发展内部逻辑，提出的大学学科规范与学科标准要求太高，远远地超出了当时中国社会所能提供的条件及对学科的需要，一味不符合实际地强调大学学科教育要与世界接续融合，这不可避免地导致大学与社会接纳之间出现错位与差距；当时由于综合国力太弱，确实产生了很多配套条件无法跟上、不易处理的社会问题。盲目提升大学学科水平，成效必然是有限的，不可能使当时的中国经济从根本上摆脱萧条的困境。此时，科学自主研究与科学家职业化并未因此形成，中国科学仍处于宣传阶段，研究的时代还没有真正到来。

---

① 单中惠：《现代教育的探索——杜威与实用主义教育思想》，人民教育出版社 2002 年版，第 516—517 页。

第四章

民国国立大学实践本位
学科价值取向

自 19 世纪末以来为了追赶西方的科学文化，我国大力引进西学，不断掀起学习西方文化的高潮。民国北洋政府时期学界各种学科的建立都不同程度地模仿移植外国大学学科制度，造成中国大学学术现代化与我国本土的资源发生冲突，出现了许多弊端及实践困境，难以收到预期的效果。1928 年，国民党政府在形式上实现了全国统一，南京国民政府取代北洋政府，成为代表中国的唯一合法政府。此时由于工作重心转到经济建设，所以从 1928 年到 1937 年抗战爆发前，中国的工业以 9% 的增长速度快速提升，GDP 飞速增长，是这一时期日本的 3 倍。

这一时期国民政府通过一系列的教育改革初步发展了中国化现代大学制度，形成了中国高等教育发展的组织机构和制度规范。这一时期的学界对于学科发展的认识已经到了新的更为理性的时代，学科建设目标明确，含义具体；学科建设开始由离散化走向规范化（指处于零散状态且缺乏独立性的学科研究领域转变为一门独立的、组织化了的学科的过程），学科体制逐渐建立并完善；学科理论发展与学科社会化应用齐头并进，学科知识生产体制逐渐取得更大范围和更加牢固基础，科学家们通过对中国社会深入调查研究，掀起了 30 年代中国"科学社会化运动"，科技教育在中国真正实现它的现代转换，正如顾毓琇所言："科学家可以为科学而研究科学，他们可以使科学限于自然，亦可以使科学推及社会。科学而推及社会，便是科学社会化。"[①]

从 1928 年到 1937 年抗日战争爆发前，大学科技学术队伍不断成

---

① 顾毓琇：《中国科学化的意义》，《中山文化教育馆季刊》1935 年第 2 期。

长，以中央研究院为核心形成大量归国留学人员组成的科学家群，科学家逐渐走向文化自觉；此时大学学科建设更加合于近现代中国社会的特点与要求，学科文化的社会化发展与学科建制完成，为支撑中国科技挺过艰辛的战争年代奠定了基础。此时学科内部要素逐渐成为推动学科持续发展的内在动力，学科走向从学习模仿转向吸收与创新的成熟阶段。到抗战前夕，知识界迅猛发展，中国高校达到巅峰水平，出现若干所国际高水平大学，近代科技呈现前所未有持续上升的局面，史称"黄金十年"。

一　实践本位学科价值取向生成的社会背景

大学学科与社会发展是相互促进的，学科发展以社会支持与需求为基础，社会发展以学科发达与应用为条件。1927 年 4 月，国民革命军北伐成功后，蒋介石在南京成立国民政府，从形式上实现了南北统一，这为随后十年大学学科建设的繁荣提供了良好的外部社会环境与发展机遇；学科建设回归其社会实践本体价值，凸显学科的实践批判性品质，学科发展获得了现实动力，以此建构适应现代化进程的大学学科新的生长点，至抗战前，中国国立大学学科发展呈现前所未有持续上升的局面，学科建设呈现螺旋式发展与波浪式前进的良性循环之势，这反映了社会现实发展需要变迁与学科学术理想在实践中实现动态统一，也体现了此时学科建设者理论眼光和把握时代的自觉能动精神，学科建设表现了与时俱进的创新品格。这种局面的出现是有着深刻的时代发展的背景的。经济、政治发展为学科变化创造有利条件，而文化的转向导致学科价值评判标准及主流风格走向。

（一）南京国民政府时期走向统制的经济走势

1919 年孙中山在其所著的《建国方略》提出了其关于国家现代化的总体设想："中国今尚用手工为生产，未入工业革命之第一步（工业化），比之欧美已临第二革命者殊。故于中国必须两种革命同时并举，既废手工采机器，又统一而国有之。"南京国民政府成立后，继承孙中山经济建设方针，从世界环境与中国国情出发，寻找中国经济发展方向与目标，实行国家资本主义为主导的工业化。具体表现在：

一是政府经济管理提高了科学与技术化的程度，也强化了政府经济统制的职能。中央政府和地方政府经济管理机构的组织结构都具有明确的管理功能，各自的基本职责，形成了从研究策划、到统筹规划、领导督促、再到贯彻实施比较完善的经济管理系统。

二是实行"统制"与"倡导"相结合的经济政策。所谓"统制"，指的是确立国家资本主义在经济中的核心地位，规定并且逐步施行国家资本主义占主导地位的产业经营形式；所谓"倡导"，指的是建立国家经济运行控制系统，建立并完善各种组织机构与规章制度，采取相应的调控措施，进而通过对官营企业及政府财政收支企业的操纵，加强对于国家经济命脉的掌控。同时，进一步推行国家计划经济政策，除了官营经济之外，还要将部分重要的民营经济纳入国家计划经济运行道路。

三是财政状况有所改善。南京国民政府成立以后，随着军阀割据势力的削弱，中央政权的加强，建立了一个相对统一的财政体系，加强了管理机构和制度建设，并且采取了不少增加财政收入的措施，最重要的措施是收回关税自主权，提高关税进口税率。

四是对地方财政有所规范，实行中央与地方分税制度，调整税种结构。

因为采取上述措施，加之生产发展，南京国民政府财政状况比北京政府时期有了较大改善，工商业发展呈现快速、稳定的势头，对外贸易开展也日趋活跃；城市资本主义经济及工业有所发展，出现暂时的繁荣，涌现了一大批知名的民族产业。全国抗战开始以后，国民政府为了应对抗战的需要，开始普遍推行国家垄断资本主义经济模式，政府不断加强对资源委员会权力运行的制约和监督，产业资本与金融资本被强行集中，政府加强了对国家的经济命脉的控制垄断。

1929 年世界经济危机对中国民族资本主义工业产生了极为严重的负面影响。各主要资本主义国家援引不平等条约的条款，通过资本输出向中国转嫁危机，它们竞相在华设立工厂，向中国市场倾销廉价商品，同时提供相应的政治性贷款，从 1930 年到 1936 年间，西方列强在华投资由 34.87 亿美元上升到 42.85 亿美元，呈现明显的增长态势。①民族资本主义陷入窘境，奄奄一息。

20 世纪二三十年代战争和自然灾荒加之政府与社会救济不力的情况下，致使当时农村农业的畸形发展，农村经济发展损害愈加严重。外国资本主义向中国大量倾销农产品，使得地价大幅度下跌，加剧了商业资本的盘剥和土地的兼并，形成新一轮的土地兼并高潮，家庭手工业日渐萎缩，这是当时农村经济破败的一个重要特征。农村成为城市劣质产品倾销地以及城市工商业原料产地，城乡地区差距逐步拉大，农村经济破败不堪，身陷绝境，不可自拔。金陵大学教授卜凯（J. L. Buck）曾经在二三十年代主持了两次大规模的、跨越全国 11 个省的家庭农场实验性调查，历时 4 年，据此出版了《中国农家经济》和《中国土地利用》两部首创性著作。他认为导致近代中国农业落后最重要的原因并不在于土地制度的弊端，而主要在于农业技术水平落后，所以解决当时中国农业问题的根本途径在于转变农业经营方式，增强农业技术知识，提高农业生产技术效率。

20 世纪二三十年代以救济农村、改造农村为目标，高等教育界掀起了乡村建设运动，大学校长、教授和著名专家、学者，抛弃城市的优厚待遇和舒舒适的生活环境，以农村为工作对象，通过社会调查开展学术研究，开展文化教育、科技改良和推广活动，逐渐汇集成一股强大的时代潮流。

（二）"以党治国"及"训政"制度的实施

1928 年，经过北伐和"东北易帜"，以蒋介石为首的国民党在南京建立了代表大地主大资产阶级专政的国民政府。同时宣告全国统一基本完成，国家政体及运作形式由此进入"以党治国"及"训政"时期。国民政府"以党治国"及"训政"制度的框架来源于孙中山先生"革命程序论"思想。孙中山认识到民主革命过程的艰苦性，曾将革命与基本建设的程序分为三个阶段：包括军政时期、训政时期和宪政时期，每个阶段都有各自的目标与方法。

---

① 吴承明：《帝国主义在旧中国的投资》，人民出版社 1955 年版，第 2 页。

1914 年，孙中山在《中华革命党总纲》再次重申了这一革命程序："本党进行秩序分作三期：一、军政时期。此期以积极武力，扫除一切障碍，而奠定民国基础。二、训政时期。此期以文明治理，督率国民，建设地方自治。三、宪政时期。此期俟地方自治完备之后，乃由国民选举代表，组织宪法委员会，创制宪法；宪法颁布之日，即为革命成功之时。"①"革命程序论"是孙中山基于他对中国社会的观察和革命实践的总结而提出的，反映了民主革命的一般过程，有利于革命党人把握不同阶段的核心任务与工作重点。孙中山强调"以党治国"，基于他对中国国民政治觉悟与参与能力的认识，其意义在于用革命政党的整体力量在党内实行民主制度，是要"主义治国"。

1928 年 8 月，在国民党二届五中全会上，胡汉民向国民党二届五中全会提出《训政大纲案》，提出在当时内外情势下推行"训政"的三条原则，将孙中山关于政体的思想结合在一起，提出国民党在未来的"训政"时期治理国家的方针，即以国民党为政治领导核心，对全体国民施行"训政"，并以"五权分立"原则组织政府。胡汉民的这套理论及时解决了国民党在完成对北洋军阀的军事胜利，转向全国性执政时急需提出的施政方针和政治制度等问题，它强调了国民党在国家政治生活中的领导地位。

会议决定以蒋介石为国民政府主席，会后，国民党中央修订《国民政府组织法》，规定国民政府由行政、立法、司法、考试、监察五院组成，各院彼此独立，分别行使五项权力。这五种权力，付托于国民政府在中国国民党中央执行委员会政治会议指导和监督下"总揽而执行"。国民政府颁布之法律及命令需由国民政府主席会同五院院长共同签署。这是国民政府"训政"时期中央政府基本构架，是中国政治制度的新尝试，它既不同于民国以来中央政府结构，也不同于国民党以前所建政权（如广州国民政府等）的模式，是经由胡汉民发挥过的孙中山的"建国理论"。

这种政权组织形式力图改变以往政治体制权力过于集中的弊端，把权力分散在政府五个院——行政院、立法院、司法院、考试院与监察院

---

① 孙中山：《中华革命党总章》，载《孙中山全集》第 3 卷，中华书局 1986 年版，第 97 页。

中。五权宪法理论，进行政治体制建设，推行公平、公开的文官考试制度，优秀人才得以脱颖而出，基层推行自治，大量的县治模式初建；开展修订新约运动，废除清末以来的不平等条约，政府在国际上的地位有所提升；南京国民政府初期"训政"制度的实施虽然在内容与形式上均与孙中山构想有相似之处，"党治"原则的强化，使中央政府有效提高了统治能力统治范围，加强了对大学教育的政治干预，采取严格的计划教育政策，按需培养。国家主义权威主义的价值逐渐高涨。遵循严格的教育统制原则，严格统计社会各界所需的各种人才总量，需用的人才的资格、标准，大学生失业的原因等，然后按图索骥、有的放矢地解决大学生就业难问题。如此则施教者可得有着手之方，匡扶者亦知所诱掖之道，而成才之青年不患无致用之地，需人之场合，不致无适应之材。改进青年出路之先决问题，[1] 同时政府层面加强行政力度，政府在解决大学生就业难问题上积极承担主要责任，来疏导大学生的就业。政府层面加强行政力度，积极提倡实业，鼓励社会各界创办实业，从而创造就业机会，解决大学生就业难问题。政府统计供需比例，合理调配教育资源，做到全盘规划，避免无目的、无计划地盲目发展高等教育。

但是，政权建设只能是社会现实发展的结果，而很难是某种既定理论的逻辑展现。实践中以蒋介石为首的国民党在"以党治国"的旗号下，控制一切，改变政治方向，从"以党治国"走向"以党专政"甚至个人独裁。国民党舍去了孙中山构想中的革命性与民主性要素，在"以党治国"口号下控制一切，从"以党训政"发展到"一党专政"，最终导致少数强势党员"个人独裁"，这种状况的产生最根本的原因在于国民党的性质、领导层、政治目标以及与民众的关系等都与孙中山在世时有了重大变化。由于背离了孙中山主张的根本精神，南京国民政府在政治上是脆弱的，伴随着各派系对权力的渴望和权力分配的无序，必然导致南京国民政府派系之间的激烈争夺，使国民党永远陷在派系纷争的沼泽中而不能自拔，由此造成了国民党政权极大的"内耗"。加剧了各派政治力量之间的价值分裂，日益失去民众的支持，日益陷于孤立，民主宪政制度建设难以维系。名义上为统一的中央政府，实践中很难在

---

① 《教育杂志》商务印书馆 1931 年第 23 期。

全国推行其政令。以一党专政或者一党独大的精神来压制多元化的思想潮流时，就立刻引起抗争。

（三）《大学组织法》等法规关于大学学科的规定

1927 年 4 月，南京国民政府取代北京民国政府变成全国政府以后，在思想上和组织上加强了对大学的控制。在全国推行党化教育政策，大学的独立性和自由性都受到较大的限制和严重挑战。国民党政权相对稳固之后即着手加强对高等教育的管理。在指导思想上，国民党确立了"三民主义"的教育宗旨，在实践中提出高等教育要培养"实才"的目标。

南京国民政府成立后，"三民主义"教育得以在全国实施，国家主义的价值观逐渐高涨。1929 年 4 月，在国民党第三次全国代表大会上，正式公布《中华民国教育宗旨及其实施方针案》，指出："中华民国之教育，根据三民主义，以充实人民生活、扶植社会生存、发展国民生计、延续民族生命力为目的，务期民族独立，民权普遍，民生发展，以促进世界大同。"[1] "发展实用科学，限制文法科"，使大学更好地为经济社会发展服务。随着国民政府党化教育推广实行，舆论日趋统一，民初人声鼎沸、文化多元共存的局面被打破，进而代之以旗号鲜明、态度坚定的政党派与主义之争。国立大学的学科价值取向从此也进入一个新的历史时期。

为了切实加强对教育的控制，国民政府教育部陆续制定了一系列高等教育的法令与规程。关于大学学科建设的有《大学组织法》（1929 年 7 月）、《大学规程》（1929 年 8 月）、《大学教员资格条例》（1927 年 6 月）、《学位授予法》（1931 年 4 月）等。高等教育日益制度化和规范化，政治知识生产体制逐渐建立并完善起来。

第一，关于学科宗旨的规定。1929 年 7 月，国民政府公布《大学组织法》，规定："大学应遵照中华民国教育宗旨及其实施方针，以研

---

① 阮国华：《教育法规》，大东书局 1946 年版，第 15 页。

究高深学术，培养专门人才。"① 以上大学办学宗旨的规定，与 1912 年
《大学令》的表述基本一致，学科宗旨都既强调高深学术的养成，又强
调国家需要的满足，所不同的是后者增加了"大学应遵照中华民国教育
宗旨及其实施方针"的定语，以突出国民政府三民主义教育宗旨的普遍
指导意义。为了扭转民国以来实科严重不足的局面，国民政府成立后开
始倾向"注重实用学科"的学科专业的优化调整，1929 年 4 月公布的
《中华民国教育宗旨及其实施方针》中提出："中华民国之教育，根据
三民主义，以充实人民生活，扶植社会生存，发展国民生计，延续民族
生命为目的，务期民族独立，民权普遍，民生发展，以促进世界大
同。"② 国民政府高等教育改革的目的与基本原则十分明确，即引领大
学学科教育朝着实用技术学科发展，政策上不断限制文法院系的设立，
扶植一批实用学校及院系的建立发展，规定文实科两类系科招生的比
例，进而抑制文科偏重实科。1931 年 9 月，国民党第三届中央执行委
员会第十七次常务会议通过的所谓《三民主义教育实施原则》，规定
"大学自然科学课程开设的基本原则：一应注意生产技术的知识和技能；
二应以物质建设之完成为研究或设计之归结；三应彻底从事科学之研
究，并致力于有益人类增进文明之发明发现"③。

　　第二，关于大学及学科设置的规定。《大学组织法》明确规定：大
学分文、理、法、农、工、商、医各学院，"凡具备三学院以上者，始
得称为大学"。1929 年 8 月颁布的《大学规程》进一步规定：大学分
文、理、法、教育、农、工、商、医各学院。将民国初年《大学令》
颁布以来大学设"科"改变为设"院"，而教育学院第一次作为一个独
立学院在大学取得了平等的独立地位。同时规定，大学至少需要"具备
三学院，并遵照中华民国教育宗旨及其实施方针，大学教育注重实用科

---

① 中国第二历史档案馆：《中华民国史档案资料汇编·第五辑第一编教育》，江苏古籍
出版社 1994 年版，第 172 页。
　　② 同上书，第 174 页。
　　③ 黄季陆：《革命文献》第五十四辑，台北："中央"文物供应社 1971 年版，第 275—
276 页。

之原则，必须包含理学院或农、工、商、医各学院之一"①。不具备三个学院的学校，可以称之为独立学院，但是独立学院仍需分两科。《大学组织法》的颁布，规范了学校设置，使一个时期以来出现的专门学校争相"升格"热潮和大学学科设置过滥现象得到一定程度抑制，同时在一定程度上推动了大学向综合化迈进。大学发展逐步走上了正轨。

第三，关于系科设置的规定。《大学组织法》规定："大学各学院或者独立学院各科，得分若干系。"②《大学规程》对于大学各学院及独立学院各科学系设置做了具体但不是十分明确的规定。例如，规定"大学文学院或独立学院文科分中国文学、外国文学、哲学、史学、语言学、社会学、音乐学及其他各学系"③。由于规定不明确，在实际施行中各大学及独立学院所设学系名称繁多且不相同，隶属学院也多有歧义。1927—1937年黄金时期中，学科建制地位逐渐取得更大范围和牢固基础，越来越多的学校设立学系、学院以及系所的学科建制体系。1931年至1936年高等教育新生科别比较如表4—1所示。

表4—1　　　　　**1931年至1936年高等教育新生科别比较**

		实类各科					文类各科					总计
		理	农	工	医	合计	文	法	教育	商	合计	
1931年	人数	1899	412	1372	539	4222	3286	4142	1436	647	9531	13753
	百分数	13.83	3.00	9.99	3.92	30.74	23.93	30.16	10.46	4.71	69.26	100.00
1932年	人数	1266	426	1309	588	3589	2474	2280	966	501	6221	9810
	百分数	12.91	4.34	13.34	5.99	36.59	25.22	23.24	9.85	5.11	63.41	100.00
1933年	人数	1474	441	1027	449	3391	2246	1791	655	450	5142	8533
	百分数	17.27	5.17	12.04	5.26	39.74	26.32	20.99	7.68	5.27	60.26	100.00
1934年	人数	2194	683	1999	604	5480	2440	2154	893	953	6440	11920
	百分数	18.41	5.73	16.77	5.07	45.98	20.47	18.07	7.49	7.99	54.02	100.00

---

① 中国第二历史档案馆：《中华民国史档案资料汇编·第五辑第一编教育》，江苏古籍出版社1994年版，第174页。

② 中国第二历史档案馆：《中华民国史档案资料汇编·第五辑第一编教育》，江苏古籍出版社1994年版，第172页。

③ 同上书，第174页。

续表

		实类各科					文类各科					总计
		理	农	工	医	合计	文	法	教育	商	合计	
1935 年	人数	2702	694	2332	687	6415	2280	1804	1120	914	6118	12533
	百分数	21.56	5.54	18.61	5.48	51.19	18.19	14.39	8.94	7.29	48.81	100.00
1936 年	人数	2190	788	2252	974	6204	2118	1491	985	836	5430	11634
	百分数	18.82	6.77	19.36	8.37	53.33	18.21	12.82	8.47	7.19	46.67	100.00

注：百分数指的是该科新生人数和该年新生总人数的百分数，采用四舍五入法核算。

资料来源：《全国各项教育统计摘要》，《教育杂志》第二十七卷第四号，商务印书馆 1937 年版。

第四，关于设立研究院的规定。1929 年政府出台的《大学组织法》明确规定，大学必须设立研究院。以"研究院"的名称取代民国初年《大学令》以来一直沿用到《国立大学校条例》的"大学院"的名称，这对于促进中国大学科学技术教育发展起到关键性作用。1934 年 5 月教育部又制定了《大学研究院暂行组织规程》，指出："大学为招收大学本科毕业生研究高深学术，并供给教员研究便利起见，得依大学组织法第八条之规定，设研究院，研究院分文、理、法、教育、工商、医各科研究所，凡具备三研究所以上者，始得称研究院。"[①] 同时，对研究院设立的条件、组织建制、招生对象、毕业条件等做了具体规定。1935 年国民政府又公布了《学位授予法》，这表明，这一时期大学科学研究的逐步兴起和研究生培养的逐步制度化。全国国立大学研究院统计表如表4—2 所示。

表 4—2　　　　　全国国立大学研究院统计（1936 年）

校名	院名	设置学科
清华大学	文学研究所	中国文学部、外国语文部、哲学部
	理科研究所	物理部、化学部、算学部、生物学部
	法科研究所	政治部、经济部（暂停招生）

---

① 中国第二历史档案馆：《中华民国史档案资料汇编·第五辑第一编教育》，江苏古籍出版社 1994 年版，第 1383 页。

续表

校名	院名	设置学科
国立北京大学	文学研究所	中国文学部、外国语文部、哲学部
	文学研究所	中国文学部、史学部
	理科研究所	数学部、物理部、化学部
	法科研究所	（暂停招生）
国立中山大学	文科研究所	中国语言文学部、历史部
	教育研究所	教育学部、教育心理部
	农科研究所	农林植物部、土壤部
国立中央大学	理科研究所	算学部
	农科研究所	农艺部
国立武汉大学	工科研究所	土木工程部
	法科研究所	经济部
国立北洋工学院	工科研究所	采矿冶金部

资料来源：中国第二历史档案馆编：《中华民国史档案资料汇编》第五辑第一编（教育）（二），江苏古籍出版社 1994 年版，第 1386 页。

第五，关于大学学科管理的规定。国民政府于 1929 年公布的《大学组织法》规定：学校设立校务会，由全体教授、副教授选出的若干代表以及大学校长、学院院长和各学系主任等学术人员与行政人员共同组成，作为主席的校长可以聘请专家出席，但其人数不能超过校务会总体人数。校务会议、院务会议和教务会议取代了原来的评议会、教授会名称。

校务会议审议的重大事项为："大学预算、大学学院学系之设立及废止、大学课程、大学内部各种规则、关于学生试验事项、关于学生训练事项、校长交议事项。校务会议设各种委员会，掌握大学之实权。"① 作为设于学校层面的校务会议，其人员主要由原来的评议会成员组成，但较之评议会，其权力已经大为削弱，决算金额，设立、撤废及更替校内各机关，委用各行政委员会等项权力全部被取消。"与此相配套各学

---

① 中国第二历史档案馆：《中华民国史档案资料汇编·第五辑第一编"教育"》，江苏古籍出版社 1994 年版，第 172 页。

院设院务会议，以院长、系主任及事务主任组成，院长为主席，计划本院学术设备事项，审议本院一切进行事宜；各学系设系教务会议，以系主任及本系教授、副教授、讲师组成，系主任为主席，计划本系学术设备事项。"① 设于学院层面的院务会议其权力基本与过去的教授会相同，但其组成人员却与教授会不同，仅仅包括院长、系主任及事务主任。只是在学系范围内设立教务会议，由系主任及本系教授、副教授及讲师等人员构成，过去教授会的级别有所下降，重要程度也明显下降。1929年的《大学组织法》明显增强了大学校长与院长的权力，比如：校长具有学院院长的选聘权；系主任的选聘需要院长与校长协商确定，由此可见，过去由教授会决定系主任以至院长之选聘的办法已经被否决。

上面的措施一方面反映了《大学组织法》适应了当时外部社会大背景的需要，满足了当时国民政府定都南京后，施行以党治国训政体制的急迫需求；另一方面也反映了当时教育部部长蒋梦麟为了拨乱反正，纠正"教授治校"制度之偏失进而提高大学管理效率所做的努力。这一时期国立大学的权力主要集中于校务会议，这极大损害了"教授治校"体制，大学教授会及评议会的权力被严重削弱。现代大学教育开始走向职业行政化，教授外行化，学生世俗化的道路，这影响了中国现代大学的品质与的发展效果。与以往北京政府时期的高等教育相比，南京国民政府时期教育行政系统趋于稳定，无论是在学校的类别、层次，还是在规模、数量、范围、设施以及普及程度上均有较大发展。这一时期是高等教育数量增长与质量提升的重要时期，很大原因在于制度建设所采取的以上措施。但是，由于当时存在着全国并不统一的客观事实，国民政府高等教育制度建设有许多在纸面上看似合理的法规条文，实行中却被异化为强化一党专政、加紧思想控制的工具，这使得高等教育制度建设许多措施难见成效，进而影响高等教育正常发展。

（四）从"西化"到"现代化"的文化趋向

20世纪二三十年代是我国东西文化激烈碰撞的时期，西方文化，

---

① 中国第二历史档案馆：《中华民国史档案资料汇编·第五辑第一编"教育"》，江苏古籍出版社1994年版，第173页。

尤其是西方哲学思想更加深入地在中国蔓延与广泛传播，相当一部分中国学者受到西方文化意识形态的影响，开始走出五四新文化运动时期对西方文化肤浅的介绍与宣传的状态，开始从更深层次，从更本质的规律来领悟与驾驭西方文化。20世纪30年代初，中国历史上展开了一次颇具规模的东西文化思想论争。这些新的论争已经不再局限于中西价值观念的基本问题，在讨论范围及本质程度上都远远超过了20世纪20年代。

论战主要围绕两个方面的问题展开与深入：一是关于中国"本位文化"问题；二是关于"全盘西化"问题。在论战中相互对立的双方在观点上开始走向相互吸收与融合，反映了当时思想文化界的一般动向。主张"全盘西化"的一派逐渐放弃"全盘"的观点，而主张中国"本位文化"派也不断充实对"本位文化"的理解，提出建构"中国本位意识"的思想观点。最后，讨论中双方达成一种共识，就是用"现代化"的概念来将"西化""本位文化"等概念取而代之。当时有人解读了"现代化"的内涵，认为它包含两个层面的含义：一是将中国古已有之而西洋未曾所有的东西，根据当前的所掌握的知识、已有的经验及实际需要，加以合理化改造运用；二是将西洋所拥有但却未被合理化改造与运用的东西，加以适度化再造应用，比如西方一些进步的社会体制的改良。"若是有人愿意拿'现代化'一个名词包括上文所说的'西化'，那当然可以，不过不要忘记：现代化可以包括西化，西化却不能包括现代化。"① 以上认识成果的获得，标志着思想文化界在如何对待中国传统文化的民族性与国际性、传统性与现代性问题上在不断地走向成熟化。在论争中，对立的双方不断通过从对方汲取有益的思想来完善自己，从而逐渐形成了对于有中国特色的现代化发展道路的认识，提出了"现代化""中国化"的思想观念。这也意味着中西文化论争，总是紧密地与挽救中国与改造中国的前途命运互相交织在一起，每一次论争，都不是对前者的简单重复循环与机械的累加，在更高层次上的认识的深化，给当时社会实践带来巨大影响。

在这次东西文化思想论争以后，国内社会政治情势完成了一次蜕

---

① 罗荣渠主编：《从"西化"到现代化》，北京大学出版社1990年版，第534—535页。

变，另外，文化思想界也产生了严重的两极分化。当时对于中国社会性质论战发生的原因，从根本上来说，是"为了彻底认清目下的中国社会，决定我们对未来社会的追求"。① 中国在世界政治中所发挥的作用"已为世界各国之所公认"，学界也因此充盈着浓厚的民族主义情绪，这股民族主义的力量也正是 20 世纪二三十年代大学学科建立的内动力。正如历史学家何干之所言："革命的实践，引起了革命的论争，论争所得的结果，又纠正了民族集团中的偏向，帮助了实践的开展。"②

在这场中西文化思想激烈论辩中，争辩的双方都改进了自身的思想与方法，主张无论面对西方文化还是东方文化，都要采取客观平等的态度，进行实事求是的研究；即便是主张"全盘西化"思想的人也在分析其优势之余，指出其生活方式存在的"金钱本位""奢侈享乐"等不可避免的缺陷；另外，双方对中西文化历史根源做了深入分析，认为中西文明之差异，主要根源于传统农业文明与现代工业文明之区别。这样，讨论中有许多人已经将中西文化的比较从文化层次扩展到经济层次。1935 年 7 月，经济学家沈志远即对此曾描绘道："现在你随便拉住一个稍稍留心中国经济问题的人，问他中国经济如何，他就毫不犹豫地答复你：中国经济是半殖民地半封建性质的经济。"

总之，在这次空前深入的东西文化思想讨论中，人们对中国国情及社会性质有了进一步的清晰认识。这事实上已经对中国革命的性质、革命的对象与任务、革命动力及革命的领导权等问题进行了系统完整的理论阐述，为后来毛泽东新民主主义革命理论体系的形成奠定了坚实的思想基石。

南京国民政府成立以后，国民党内一些关心学术的人士以及学术界人士都看到了发展经济及科技的重要性，特别是认识到成立国家正式研究机构的重要性，科学在中国的处境大为改观，科学家精神处境也随之大为改变，从研究经费的投入上可以看到社会对于科学研究的重视。1933 年 11 月，丁文江曾经在中央广播电台关于科学的演讲中估计，当

---

① 《何干之文集》第 1 卷，北京出版社 1994 年版，第 186 页。
② 同上书，第 183 页。

时我国公私方面用于科学研究之款项年约 400 万元。[①] 并且这 400 万元研究经费主要来自政府文化教育机构的投入，经费来自工厂或公司者，其数不过百分之一二。当时即使规模最大的中央研究院，十个研究所一共年支出近百万元。而各省工业实验所，各大学研究机关，则少者每年仅仅一二万，多者也不过二三十万元。当时美国科研经费十亿元，英国二亿五千万元，即使作为科学工业落后国的苏联科研经费也达 10 亿卢布，可以与美国争衡，中国只能够瞠乎其后。

二　实践本位学科价值取向生成的学科内部逻辑

20 世纪二三十年代伴随着学科知识的专业化，学科组织结构日趋精致化以及专业化研究队伍的出现等都标示了此时中国大学学科已经开始建立。此时学科发展主要受到学科内部要素影响，学科发展模式由学习模仿转向吸收与创新，学科知识开始由累积式增长（量变）走向波动式增长（质变）。本土化学术专著的诞生，更重要的是，学界的空前活跃、大学设科建系，专业期刊同样获得了发展的契机，多少开始展示出科学技术的独特价值，为科学发展提供了一个新的历史条件。大学学科建设逐渐步入成熟阶段。

（一）走向"学科专业化"的学术期刊

专业性学术期刊的出现是现代学科制度化建设的重要内容。20 世纪二三十年代报刊业的大发展为大学学科的建立奠定了实践基础，正由于此，学科的发展才获得了营养源。学科以独立的姿态展现于世，中国报刊真正的全面专业化也是肇始于这一时期的，研究的现代性转化，研究较之以往有了一个新的起点。

20 世纪二三十年代几乎所有的学科都有自己的专门期刊，这一时期的期刊一改五四时期对社会功能的关注，重新关注学术功能，探讨学

---

① 张洪沅：《研究经费与工商业》，《科学画报》1936 年第 3 卷第 19 期。

术问题，这表现了学界风气向学术本身的回归。严谨的学术期刊与一般的社会杂志不同，学术期刊不考虑对社会民众的影响，它的发行范围只是面向学术社群，因此发行量小，学术重新回归其象牙塔的原位，其与一般读者存在一个逐渐疏离的过程，最终确立二者界限。此时，期刊不再负有对于社会风气的引领责任。正是这种有目的的区分，彰显出学术刊物存在的独特意义，显示了它在学术进步中的媒介价值。此时，学术期刊功能走向纯粹化，期刊研究的内容走向标准与客观化，只有学者群体在上面发表论文，它不再注意一般读者，也不再考虑其对于社会的即时影响。

　　专业性的学科期刊的兴起一方面反映了民国时期学术圈整体文化生态，另一方面也反映了大学学科在走向独立化与成熟化进程中的复杂性。与一般性杂志所不同的是，专业性的学科期刊，追求一种理智、冷静及沉稳的风格。20世纪30年代，历史学家张尔田曾十分肯定地说："真学问必不能于学校中求，真著述亦必不能于杂志中求。"[①] 专业性的学科期刊的兴起改变了民国学术研究的基本形态。

　　20世纪二三十年代学术期刊兴盛，期刊的发行呈现了竞相争妍的趋势。民国时期学者舒新城曾论及黄金十年时期期刊出版发行情况，他谈到民国二十三年（1934）只不过是杂志出版繁荣的开端，民国二十四年（1935）杂志出版获得了飞速发展而达到高峰，民国二十五年（1936）杂志出版进入平稳状态并有所下降。数据统计显示，舒新城所言应当是可信的，因为根据上海通志馆所统计的上海出版发行的杂志数量可以发现，1933年上海发行的杂志居于全国高位，总数达215种；而到1935年，全国各省市杂志出版品种总计已经达到了1518种，可谓前所未有，规模空前。这一时期的专业化学术期刊包括：

　　第一，大学学报期刊。包括：《清华大学学报》《北京大学月刊》《燕京大学学报》《中央大学学报》《武汉大学社会科学学报》《北京女子师范大学学报》《厦大学报》《南开大学学报》及《复旦学报》等。

　　第二，科普类学术期刊。主要包括：中国科学社创办的、我国最早

---

① 夏承焘：《天风阁学词日记》，载《夏承焘集》（第5册），浙江古籍出版社1997年版，第327页。

的、高水平的、大型综合性科学杂志《科学》杂志，中华自然科学社的机关刊物《科学世界》，还有世界科学社主办的《科学时报》等。

第三，由现代专门学科以及专业的现代科学学会或团体创办的专业期刊。主要包括：中国地质学会的专业期刊《中国地质学会志》；中华化学工业会的专业期刊《中华化学工业会会志》；中国天文学会的专业期刊《中国天文学会会报》；中国气象学会的专业期刊《中国气象学会会刊》；中国生理学会的专业期刊《中国生理学杂志》等。

第四，学科专业学术期刊。主要包括：法学专业学术期刊《法政学报》《法学季刊》《法律评论》《社会科学论丛》《法政季刊》《法商周刊》《法学专刊》等；地理学专业学术期刊包括《地学杂志》《史地学报》《地理杂志》《地学季刊》《地政月刊》《禹贡半月刊》《地理月刊》《地理学报》《地理教育》等；史学专业学术期刊包括《史学杂志》《史学年报》《现代史学》《史学专刊》《史学论丛》《史学集刊》及《历史学报》等。

总而言之，学术期刊作为学术信息的载体及传播途径，它改变了我国传统的相对封闭落后的治学方式，为学者们提供了一个相互商榷的平等交流平台，也为他们与读者提供了一个文化传播、百家争鸣的学术园地。学术期刊催生了高等教育事业中大量的新学科和新成果，吸引了一群有着共同知识形态与学术旨趣的学者聚集在一起，相互研讨勉励，进而形成种种学术流派。

在20世纪二三十年代，学术期刊很好地反映了当时学科科学研究新动态，推动了中国学术乃至整个社会的现代转型。期刊具有传播媒介的功效，它使学人产生一种潜意识，在价值观的层面具有开风气的效果；专业学术期刊的出现和发展，使得各学科学术性的文章有了发表交流的园地，各学科拥有了自己相对独立的空间，能够发出自己在学理上的"声音"，不仅注重对于西方学术动向的大量介绍，在某种程度上还梳理了中国传统学术自身的学理，将西方实证与中国传统阐释两种学术谱系有机融合，推动了中国学术走上中西综合融创之路，大学学科的科学研究就此走上"本土化"的尝试。

期刊的大量发行以及传播媒介时效性的特性，使得学者认识到了自己观点以外的其他"不同的声音"，凭借期刊这种载体，学者们不仅在某些具体问题上引发广泛争鸣，而且在一些大的学理性和理论性的问题上，期刊起到了互通有无的作用，这种出版与学人之间的相互体认，不仅更加完备了出版本身的现代素养，而且更重要的是，现代出版在学人学术道路以及成长过程中起到了举足轻重的作用，而出版业也借此进一步拓宽了自己的用武之地。

（二）国家学科共同体——"中央研究院"的建立

20 世纪 20 年代之前，学科团体大多数都是以学会的面目出现的，由于当时中国科技发展水平薄弱及人才与经费匮乏等问题，学科的研究机构开展工作极少，学会无法满足科学技术发展的需求，因此，需要建立一个国家级别的学术研究及联络机构，负责统筹协调学术资源、指导大学学科建设工作，以推动学术研究的发展，实现科学救国的梦想。

1927 年 7 月 4 日，南京国民政府公布的《中华民国大学院组织法》规定：大学院为全国最高的教育机关，负责管理全国学术及教育行政事宜；同时规定，大学院下面附设中央研究院，之后经过会议讨论，一致通过了《中华民国大学院中央研究院组织条例》。1928 年 4 月 10 日，国民政府通过《修正国立中央研究院组织条例》，明令改中央研究院为独立机构，不再属于大学院，特任蔡元培为院长。

1928 年 11 月 9 日，南京国民政府颁布《国立中央研究院组织法》，明确规定"国立中央研究院直隶于国民政府，为中华民国学术研究最高机关"。中央研究院不仅要"实行科学研究"，还要"联络国内研究机关讨论一切研究问题，谋国内外研究事业之合作"，负有"指导、联络、奖励学术研究"之责，成为一个具有行政职能的国家学术机关。国立中央研究院设院长一人，特任，负责全面管理全院行政事务，与教育部等行政部门管理所不同的是，中央研究院具有较高的独立性，国民政府虽然具有中央研究院院长的任命权，但是政府在中研院院长的人选上要听取研究院的建议，而研究院其他行政及学术研究人员都由中央研究院在院长主导下自主聘任。

国立中央研究院自成立之日起，相继设置相应的组织机构（见图 4—1），制定了一整套详尽的法规与制度体系，作为全院工作的根本原则与核心依据。院长以下，设三大机构。

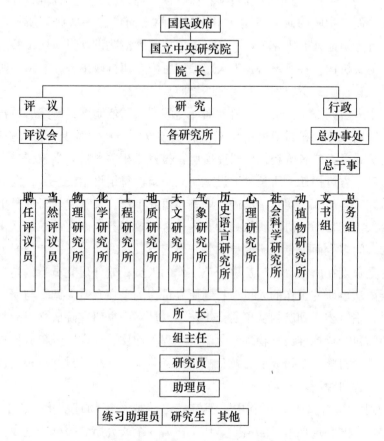

图 4—1　国立中央研究院组织结构（国立中央研究院编《国立中央
研究院民国二十六至二十八年度总报告》，1939 年，第 3 页）

一设立总办事处，由院长聘任总干事，在院长直接指导下掌管全院具体行政事务。总办事处下设三处，包括文书处、会计处和庶务处，分别由文书主任、会计主任、庶务主任负责领导工作。文书处负责掌管研究院印章，收发红头文件，起草会议材料，批办各种文书并根据批示意见分发与处理，整理与保管研究院档案，负责各种重要会议的组织协调和决定事项的落实等；会计处负责全院的财务事宜，编制并严格执行财务计划、预算；庶务处接洽全院各处所的概算及决算等事项，经理并负责全院经费及其他各种款项日常收支，审核本院各处所往来款项的凭证，汇集本院各处所的统计资料；保障并监理各项人事协调事务。

二设立相应的研究机构。中央研究院下面设有一些研究所，有目的、有计划地开展研究工作，其可以根据实际情况设立附属机试验场等科研附属机构，各所设所长 1 人，综理所内一切行政事务，兼指导所内研究事宜；确保所聘用研究人员的素质。

中央研究院制定了一套科学而详尽的职员聘任制度：研究所所长需要在所内或者同科目研究机构工作满三年以上，在学术上有重要贡献，成绩优异者，或者曾经担任研究所所在科目或相关科目大学教授满三年以上者，方可担任。所长之下设立研究小组，每组设主任一人，同时设立研究员若干人，切实帮助做好调查与研究工作；又从专任研究员中选拔 1 人担任秘书，协助所长处理所内日常行政事务。研究员根据从事研究的时间多少而分专任研究员、兼任研究员及特约研究员。专任研究员指的是长期在所内，专门从事研究工作的人员；兼任研究员指的是短期在所内从事研究工作的人员；特约研究员指的是在有重大调查与研究任务时，临时委托到所内从事研究工作的人员。中央研究院成立以后相继按照学科分科标准成立物理、化学、工程、地质、天文、气象、历史语言及社会科学 8 个研究所，抗日战争爆发之前，又相继设立动植物研究所与心理研究所。

到 1930 年 2 月，国立中央研究院已经成立了物理、化学、工程、气象、天文、地质、社会科学、历史语言 8 个研究所，另外，还设立汉籍图书馆筹备处及自然历史博物馆筹备处。全院研究人员（包括专任、兼任、特约研究员，外国通讯员、助理员以及专任、兼任编辑员）共 193 人。1931 年 8 月，全院研究人员增加到 235 人。[①] 中央研究院初具规模。从中央研究院组织结构图也可以看到，下设许多专门性科学研究所。这种以业缘关系为纽带的现代学科组织的存在，在推动中国社会现代转型方面无疑具有重大意义。1935 年，经教育部首次正式核准成立研究所的大学有国立清华大学、北京大学、中央大学、武汉大学、中山大学、北洋工学院、私立南开大学七所大学，标志着作为学科主体的大

---

① 黄季陆主编：《革命文献》第 53 辑，中国国民党中央委员会党史资料委员会，1971 年，第 1253 页。

学教师有了更大的活动舞台。

三设立学术评议机构。在中央研究院的三个部门中，评议会是在所有部门中开展工作比较晚的一个，即便是在 1928 年 11 月颁布的《国立中央研究院组织法》第一条规定，设立评议会，作为全国最高学术评议机关，但由于各种原因最终没有成立。主要原因在于"当时国内除了地质、生物两学科有较大成就外，其他学科的研究还很贫乏，难以选出合适的评议员"①。在此后的几年里，与评议会相关的法规与条例都未有制定，更无从谈设置正式机构的可能了。

1935 年 5 月 27 日国民政府公布《中央研究院评议会条例》规定："国立中央研究院设评议会，由国民政府聘任之评议员及当然评议员组织之，中央研究院院长及其直辖各研究所所长为当然评议员，院长为评议会议长。"此外，由院长聘请对某一学科或某一专题进行全面系统论述并具有独到学术观点，或者领导与主持某一专门学术机关学术工作，实际工作达 5 年以上，并且贡献卓著的国内专家学者三十人为聘任评议员。

1935 年 6 月 20 日，国立中央研究院在南京召开首届评议会，从全国各个国立研究院院长、全国各国立大学校长中评选聘任评议员。依照条例，被聘任的评议员需要依据中央研究院所列学科候选人提名在国立大学或独立学院的教授中经过评议会选举产生，呈请国民政府任用，任期五年。由选举产生的首届评议会聘任评议员 30 人，他们是：李书华、赵元任、胡适、陈垣、陈寅恪、侯德榜、吴宪、赵承嘏、姜立夫、凌鸿勋、唐炳源、秉志、林可胜、胡经甫、李协、谢家声、胡先骕、陈焕铺、叶良辅、翁文硕、朱家骅、张云、张其陶、郭任远、王世杰、何廉、周续生、李济、叶企孙、吴定良。这些评议员在首届评议会上由南京国民政府正式聘任。国立中央研究院评议会共具有三项主要职能，即："决定本院研究学术之方针；促进国内外学术研究之合作与互助，接受国民政府委托之学术研究事项；选举本院名誉会员，并且在院长辞

① 段治文：《中国现代科学文化的兴起（1919—1936）》，上海人民出版社 2001 年版，第 118 页。

职或出缺时推举院长候补人三人呈请政府遴选。"① 评议会的建立及运作机制的开启，不仅使得国家学术研究具有了组织保证，而且为全国范围的院士选举工作提供了人才储备和借鉴参考模式，这为最终完成国家学术体制化进程奠定了相应基础。院士选举及 1948 年 9 月在南京第一次院士会议的召开标志着中央研究院完备和运行良好的国家学术制度体系最终形成，院士制度开启了中国学术体制的先河，在中国科学技术发展历史上具有重要意义。

国立中央研究院的组织模式是由蔡元培等一批一流的学者，综合英国皇家学会民间性、松散型学科体制以及法国科学院的官办集中型体制，同时，结合中国具体国情实际情况而组建的，国立中央研究院自成立以来，形成了一套比较完整的行政组织体系与管理模式，提供了极为宝贵的科学化组织管理的有益经验，它推动了职业化学术研究体制在近代中国的确立，促进了学术研究事业的发展，改善了学科的建设环境（至少是经济环境和硬件设施）和学者的生存状态，推动了正规学科体系的建立，促进了学术研究事业的规范化。它对中国现代科学事业的发展起了重要的作用，在人才培养、科学研究、学术交流等方面做出了重要贡献。

首先，它推动了大学人才培养质量的提升。中研院明确规定必须对科学研究与教育工作之间的辩证关系要有正确的认识，科学研究与教育工作应当相辅相成，中研院必须恪守本务，在忠于科学研究职守的同时，决不能将教育工作视同与自己无关。中研院对于政府关于教育工作的咨询，当"尽其所知以答"，"尽其能力以报"。国立中央研究院本质上虽然是研究学术之机构，并非纯粹的教育机关，但是它的研究工作对教育产生了很大的促进作用。比如，中研院科研工作取得丰硕成果可以帮助大学师生专业知识的扩展延伸，而研究工作所赋予的规范及标准可用来提升高等教育的质量水平；另外，据中研院历年来的报告总结记录显示，各所很多研究人员经常寻找机会去做大学教师的兼职，这为大学输入新知和培育优秀人才做出了重大贡献。

其次，提升了中国近代学者群体职业声望。职业声望是反映职业化

---

① 国立中央研究院编：《国立中央研究院概况》，国立中央研究院，1948 年，第 5 页。

进程发展的一个重要指标。从抗战前中央研究院的学术研究活动来看，中国近代学术研究职业化体制的确立促进了学术研究事业的发展，它改善了学科建设环境和学者生存状态，推动了正规学科体系的建立，促进了学术研究事业的规范化。随着经济收入的增加、与政治权力的关系日益密切、社会认同度和职业吸引力的提高，中国近代职业学者群体的社会声望逐渐提升，这也说明中国近代学术研究事业的外部环境逐渐改善。

再次，推进了中国科学研究事业的向前发展。中央研究院成立后，聚集了当时中国科学界的精英，以行政拨款、建立科研机构的方式，集中当时中国科技界精英，在物理、化学、天文、地理、生物、考古等方面进行课题攻关，取得了不少世界级水平的成就。成立之初，研究选题多依个人兴趣和见解而自由确定。1935 年丁文江接任总干事后，主张以解决国家实际急需问题为主要使命。以 1935 年首届评议会为契机，众多实际急需问题被提到中央研究院面前。

（1）物理研究：由理化实业研究所以及该所下设的物理研究所负责掌管，重点展开了降低电磁场对于高频量度产生的破坏，无线电波、天空电离层、光谱学、三相振动器、镍钴单结晶磁性以及地磁等项目的研究与开发。

（2）化学研究：由理化实业研究所以及该所下设的物理研究所负责掌管，分为四组进行，包括有机化学组、物理化学组、生物化学组和工程化学组。研究项目覆盖食品、矿产、能源、药物等许多方面。

（3）地质研究：由地质研究所负责掌管，对一些区域地质构造、矿床结构进行分析探讨，另外，对宁镇、滇桂、鄂东、闽浙等许多地区进行全面地质勘查工作。

（4）天文研究：由天文研究所负责掌管，主要进行了三项工作，即观察、研究与编历。同时，组织观察日象、星云、星团、新星等，对太阳黑子和新星等开展研究，绘制图像，拍摄照片，每年编纂国民历及国历摘要。

（5）气象研究：由气象研究所负责掌管，在雨量与水旱灾荒、高空探测、太阳热力与微尘量、古代气候等方面取得了重要研究成果，观测气象，实施地震监测，并且对于气候及物候展开调查。在 1930 年 4

月和 1935 年 4 月召开了两次全国性气象会议。

（6）历史语言研究：由历史语言研究所负责掌管，共分 4 个小组开展研究工作：第一组为史学及古籍整理校订等方面；第二组为语言学及民间艺术等方面；第三组为考古学等方面；第四组为统计学、人类学及民族学等方面。各组均在本学科范围内完成了诸多项目。

在抗战爆发前，中央研究院在困难和紧迫的条件下艰苦创业，开拓前进，取得了优异的业绩。设立总理物质建筑计划委员会，目的在于协调各所，分工配合，确定全国主要实业发展的路径次序；统一规范相关工作表格，逐个发给相应各学术机构，收集和整理以便进行国际宣传。设立特殊奖励审查委员会，跟教育部，实业部、建设委员会等有关方面会合，对全国的发明与创新予以奖励。中央研究院研究工作基本上已步入正轨，不少成果开始在国际上引起注意。

最后，国立中央研究院逐步深化国内与国外著名高校和学术组织的沟通与对话交流。考古研究所组织考古调查、并且对于第一个有文献可考的遗址——河南安阳殷墟遗址以及最早的新石器时代遗址——山东历城城子崖遗址进行了考古发掘，展示其田野考古工作成果；中央研究院还召开了全国范围的气象工作会议、经度测量会议及院务会议，极大地推动了全国各门学科领域科学研究工作的进展；中央研究院还积极创造各种条件，调动国内学者广泛参加国际学术研讨合作的积极性。1929年，第四届太平洋科学讨论会于印度尼西亚爪哇岛开会，中央研究院派翁文灏作为代表参会；1930 年，第五届国际植物学会议在英国剑桥大学举行，植物学家陈焕镛作为中央研究院所派代表参会，这一年，气象学家沈孝凤代表中央研究院出席了在香港召开的远东气象台台长会议；1933 年，竺可桢、沈宗瀚、凌道扬代表中央研究院出席了在加拿大举行的第五届太平洋科学会议。

学科发展的革命性建制，"它的标志是一般性的博物学会渐渐式微，更专门的建制兴起和各个科学学科的专业标准同时建立起来"，其对于各学科的控制力与日俱增，"甚至能够裁定谁是科学家"①。中国科学社

---

① ［美］伊曼纽·华勒斯坦：《学科·知识·权力》，生活·读书·新知三联书店 1999年版，第 20 页。

相对于中央研究院来说，不仅仅是一个专业学术团体组织，它更是中央研究院的一种母体组织，中央研究院领袖群中不乏科学界顶尖人物，他们以其成就与影响力带动了各门学科发展。40 年代任中央研究院代理院长的朱家骅曾对中央研究院给出这样的评价："中央研究院是参考各国的国家学院的性质与形态，并斟酌我国的政制和需要而组成的。各国的国家学院都超然组合，不涉行政范围，用意是在尊重'学术自由'的原则，使其可以充分发展。"①

　　总而言之，1928 年中央研究院的成立，终于为大学学科体制搭成了一个完整的建构。中央研究院自成立以来，形成了比较完善的学术评议会制度、职责分明的科研管理及考核奖励制度，建立了完善的人才培养机制，它在科学研究、人才培养及学术联络方面做出了重要贡献，这标志着富于中国特色、官方出资创办或经营的集中型国家学科体制的确立。自此，中国学术研究体制走上既与国际接轨，又适合中国国情的道路。

（三）第三代知识分子学科专业化发展

　　专业研究队伍是新闻学学科建立的保证。20 世纪 20 年代末至 30 年代从西方学成归国的留学生逐渐发展成为中国科技发展的领军人物，以他们为主体，形成了中国现代职业科学家群体。这一代科学家群体出生于 20 世纪初江浙闽粤地区的居多，很多成绩优秀的学生在西方一流大学获得了硕士或者博士学位，对于学科基本知识与基本原理掌握宽泛，在国外一流学术期刊上发表若干论文，回国后，在大学担任教学工作的同时，也继续从事在国外的科学研究工作。这一代科学家群体虽然为数不多，但总体上其实要比上一代科学家人数要多得多。此时由于影响学科发展外在社会历史条件的变革与学科内在因素共同合理作用，直接推动了学术主体的素质的全面提升，具体体现在：

　　第一，学术主体实现独立化。从民国初年开始的广泛兴起的科学教育为学科主体提供了必要的职业与经济保障。从第一代出国留学归国人员开始，大量留学归国人员进入大学从事科学教育，并由此获得了优厚

---

　　①　樊洪业：《前中央研究院的创立及其首届院士选举》，《近代史研究》1990 年第 3 期。

的报酬，至此，作为学科主体的大学教师可凭借自身科学知识谋生，而到了 20 世纪二三十年代，不仅学科教育普遍开展，并且以中央研究院为代表的科学研究机构也正式形成，大学教师专业意识明显增强，他们有了明确的治学方向，大部分教师已经明确以学科知识作为研究对象，一些甚至开始讨论理论学科（纯粹学科）与应用技术学科之间的区别与联系。而在这些具有学科专业精神的大学教师的培养下，学校毕业生的专业化倾向也更为明显。

　　20 世纪二三十年代现代专业化出版为"为学问而学问"的知识分子提供了其生存的土壤，这就保证了他们研究目的的纯粹，作为学科主体的大学教师可凭借自身科学知识谋生，脱离作为经学家的助手或者如同晚清作为官僚幕友的尴尬地位，他们不需要像第一代科学家那样倚赖于政界，靠政府官僚的扶持与帮助过活，也不需要像第二代科学家那样为力求得到些许科研经费而挨家乞讨，多方求助也难以维系。这一代科学家群体已经具备良好的外在社会环境，有政府政策倾斜与财政资助，有一些基金辅助和工商业资助；他们从事科学研究工作的目的在于探索未知世界，对于科学研究的客观性、自主性和独立性都有很深的感受，他们已经能够对科学具有正确的态度，可以思想更自由地探讨科学问题，甚至有一些人已经树立并开始实施"为学问而学问"的人生理想。

　　与人类其他社会实践有所不同，科学活动有其自身的独特性，这也决定了从事科学活动的群体——大学教师具有的寻求真理、勇于探索的人格特质。在特定民主与科学规范的制约下，大学教师形成了自身特有的存在和活动方式，这表明大学教师已经具有了独立的精神特质，明确了自身的社会角色意识以及应该承担的社会责任。他们有自己的独特的工作场域、工作对象与工作宗旨，尤其重要的是，职业角色决定了他们充满了理性与否定一切的批判性精神，形成了共有的价值追求与学科规范标准，并结合学科自身特点逐步形成了自身独有的行为模式。

　　第二，学科主体实现职业化。"职业化则是指以专门从事某类工作为业的人们，形成独特的知识、技能、方法、地位以及专门思维模式的趋势。"① 社会分工而出现的职业化进程，学术研究服务社会并作为主要生活来源。社会环境及要求的变化以及学科教育发展提高了大学教师的社会地位。大学教师逐渐被社会承认与尊重。在专重儒学的传统社会，教师无法与科举中试的仕宦或经学专家相比，近代在科学救国推动下，科学重要性开始逐步被进步人士所认识，但因为社会经济落后，科学教育欠发达，学科主体社会地位仍大受限制。近代科学技术在中国仍然是肤浅的，与中国社会相脱节的，其持续发展也就很难保证，无法形成累积性学科增长方式。由于没有科学研究的联合体，学科主体无法专门从事科学研究，他们仍要耗费大量时间、精力争取科学的地位。

到二三十年代，这一状况得到了根本性改变，30 年代科学走向社会途径比以前更为畅通了，科技的发展，对科学研究的提倡，各种科技学术机关的建立，各类从事科学研究教育的学校不断发展，特别是各种科学杂志的刊行，为科学走向社会提供了重要渠道。中央研究院自身的职业化体制建设取得了长足的进展，学科主体科学研究活动开始发展成为一种有组织的社会性活动，这改变了过去孤家寡人、隐居独思的活动方式，大学教师开始也因此成为较为广泛的社会职业。不再以科举入仕为实现人生价值的唯一途径，而是以新型文教机构为平台，从事专门化的学术研究工作，从而获得经济收入及相应的社会地位，实现自身的价值。

第三，学科主体实现业缘化。"中国为人情社会，而且实际上地缘较血缘作用更大，同乡同学又是维系人情的重要纽带，这种感情因素往往制度化为社会组织功能。"② 这种地缘文化背景造成古代学科组织模式的封闭特征，科技发展通过师徒私相授受难以形成持续发展。近代由于科技引进受到外界因素影响，再加上自身没有形成完备的学科教育体制与科学研究体制，直到 20 世纪 20 年代以后，科学教育得到普遍开展，科学研究体制逐步形成，建立于社会公共生活基础之上，以职业为纽带，强调在发现真理的过程中学者之间以共通性知识和信息进行开放

---

① 卢勇：《中国近代学术研究职业化进程研究》，《求索》2007 年第 6 期。
② 桑兵：《近代中国学术的地缘与流派》，《历史研究》1999 年第 3 期。

交流和主体间认同的现代学科组织推进了学科主体业缘化的完成。

20世纪二三十年代科学教育与科学研究机构普遍设立，特别是从中国科学社型的科学共同体向中央研究院型的科学研究体质的过渡，使得科学在中国的累积发展中获得了重要的条件，同时大量归国留学人员组成的科学家群体更成为世界主流科学与中国社会相互连接的桥梁，从而使得自近代以来就大量传入中国的西方近代科技有了良好的持续发展的内在动力，学科发展呈现出前所未有持续上升的局面，我国学科教育与学科研究完成由师徒私相授受为主要方式的教育模式和研究模式向制度化传播的教育模式与研究模式的转化，学科主体由地缘化走向业缘化。中央研究院下设许多专门性科学研究所，这种业缘化社团组织的优化发展无疑对现代学科组织结构发展方向有着深远的影响。

1934—1936年国民政府教育部曾经围绕某项专门研究对全国专科以上学校教师展开调研，结果发现，当时大学的科研事业小有成就，方兴未艾，当时在研及已经结项的科研专题项目总计达到1102项，其中理工农医类项目占全部科研项目的67%以上，共计743项；参与研究的科技工作者已经达到1066人，大学科研平台及学术团队的建构已经起步。[①]"在中国现代学科的构建当中，日益突起的留学生新知识群体发挥了核心作用。"[②]科学教育与科学研究的推进促进了学科的持续发展，学科受自身内在因素影响呈现累积式增长。

这一时期的学科主体虽然有自主性但仍十分有限，他们还是需要呼吁社会对科学的重视，以求得政治上还有经济上的支持，但是其独立化、社会化及业缘化发展无论在科研上还是人才培养上，都使得他们做出了较大的成绩，尤其是他们在推动科技的本土化应用方面，在培养了解中国国情的专业人才方面，都写下了近代科学事业中辉煌的篇章。他们凭借自身合理、优化的知识体系与思考问题的方法，把西方科技理论与中国具体实际相结合，对符合中国社会基本情况和特点的学科现代化模式进行了深入的探索。推动近代社会变革——显性作用表现在于介绍

---

① 黄季陆主编：《革命文献》第56辑，中国国民党中央委员会党史资料委员会，1971年，第157页。

② 李喜所：《留学生与中国现代学科群的构建》，《河北学刊》2003年第6期。

传播学科知识、推动科研事业、推动社会科学化，隐形作用表现在于推动近代社会结构变迁，使具有高度的血缘性（家族制度）与地缘性（会馆制度），处于零散分割局面的传统社会向现代具有大群意识的现代社会转变。

三　实践本位学科价值取向的制度生成：以中央大学为例

1927 年国民政府定都南京后，为强化国家政权，加强意识形态控制，以原东南大学为基础，合并江浙九校合组成立了国立第四中山大学，1928 年改称国立中央大学，作为处于全国的中心——首都南京的一所国立大学，中央大学学科资源、学科地位及学科规模都堪称位居全国之冠。中央大学当时被誉为"民国最高学府"，立志超越旧大学的新式大学。政府视角下的大学使命一定是在肯定大学从事学术研究和人才培养这些基本功能的基础上，将服务国家建设，追随国家意志置于突出的地位，因此中央大学对于科学教育改革与发展的重视程度也提升到前所未有的高度，教学内容不断丰富发展，以实际应用为导向，课程设置日益完善，实验仪器精确程度大大提高，这使西方在中国已经落地生根的各学科逐渐形成自身完备的体系。中央大学取得了在当时国内高校中突出的专业建设成就、学术水平，在近代高等教育史上的重要地位与影响，它使大学的科学教育事业实现跨越式发展，培养了大批适应当时社会发展需要的高素质的"专业化"的技术人才，成为当时学术研究的主要阵地。学科教育改变了之前落后的、单一的经院式培养模式，建构了以应对社会需要作为前提，以教育救国为最终目的的实践本位学科价值取向，校长罗家伦从民族复兴的角度考虑大学使命，将大学治理置于民族国家建设的进程中，具体体现在以下三方面。

（一）"建立有机体民族文化"的学科宗旨

学科宗旨集中地体现了学科建设的基本价值判断准则，它关乎学科定位以及根本性质。1932 年 8 月，曾任清华大学校长的罗家伦出任中央大学校长。罗家伦以九年之久的时间办理中央大学，使中大比起前身，有较大发展。1932—1941 年，罗家伦担任中央大学校长，这十年也是中央大学面临着巨大的危难，同时又获得全面、快速发展的时期。罗家伦对大学学科使命的重新定位，倡导"建立有机体的民族文化以振起整个的民族精神"的学科宗旨，将中大的发展整合到民族复兴和国家建设的框架之下，为大学建设提供了强大的实践整合机制和新的目标导向，大学学科建设应该把握时代精神，应服务于国家和民族需要。

英国哲学家荷尔丹（Lord Haldane）说："在大学里一个民族的灵魂，才反照出自己的真相。"罗家伦深刻领悟其中的精义及真谛，他认为大学必须很好地发挥自身与生俱来的传递、选择、交流与创造的文化功能，这是大学的使命，也是大学存在的价值，文化是一个民族的灵魂与标志，大学如若不能引领一个民族在文化上发愤创新，这个民族必然会被其他民族所取代，走向消亡。"中国当前的危机，其最要者，乃在缺乏一种有机体的民族文化，以振起整个民族精神。而民族文化之寄托，当然以国立大学为最重要，尤其是中央大学，须担负造成民族文化之使命，为民族求生存，使国家学术得以永久发展，使民族精神得充分振发，履行大学对于民族和国家的责任。"① 罗家伦认为，普法战争以后的德意志之所以踏上了全面复兴之路，除了在军事、政治上锐意改革打破原有固化模式之外，柏林大学对德国社会文化精神气质再造功不可没。中央大学作为当时设在首都的中国最高学府，理应以柏林大学为楷模，承担起更多的文化重任。所以只有创造"中国有机体的民族文化"，重树大学的精神，才配作为中央大学的最高使命。

何谓"有机体的民族文化"？罗家伦对它的解释是：首先，需要培育民众"中华民族共同体"强烈的民族意识；其次，使多元文化都集合在这一民族意识大旗之下，互相补充，沟通融合。他说："无论学文的，学理的，学工的，学农的，学法的，学教育的，都应当配合得当，精神一贯，步骤整齐，向着建立民族文化的共同目标迈进。"② 这就需要大学融入客观现实社会环境，为社会各行各业输出大批国家建设的有用人才，

---

① 桂裕民：《中央大学十七年》，台湾"中央"大学，1985 年，第 54 页。
② 罗家伦：《罗家伦先生文存》第 5 册，台北：近代中国出版社 1988 年版，第 237 页。

全面地、系统地推进国家经济、政治及文化等领域规范化、和谐化发展。罗家伦以为，中国的真正危机并不仅仅是政治的腐败，其根本还在于缺乏一种具有一定凝聚力及创造力的，能够振奋民族精神、使自己自立于世界民族之林的精神文化支撑。"民族有机文化"必须使民众具有"中华民族共同体"的统一意识，使其他各部分文化在这个统一意识指引下，相互协调，配合一致，向着建立民族文化的公共理想迈进。

西方以巴黎大学及柏林大学为代表，其现代化学科发展模式不仅对本国大学产生重大影响，而且对世界各国大学影响深远。罗家伦主张中央大学应当以巴黎大学及柏林大学为榜样，必须承担复兴民族文化之伟业，不然，就失去了自身存在的价值。罗家伦认识到办理中大的关键在于重树中央大学的学科精神和使命，但是，中大"规模太散，难有把握"，这种"散"不仅在形式上，更体现在精神上。于是，他提出"苟欲纳中央大学于轨物，因素甚多，各方面对于客观事实及民族前途之认识，尤为关键"[1]。罗家伦作为"民族文化复兴论"的倡导者，他将民族文化视为民族精神的结晶和民族图存复兴的基础。中国当前的危机，"其最要者，乃在缺乏一种有机体的民族文化，以振起整个民族精神"。而"民族文化之寄托，当然以国立大学为最重要"，尤其是中央大学，"须担负造成民族文化之使命，为民族求生存，使国家学术得以永久发展，使民族精神得以充分振发"[2]。罗家伦将中大发展整合到民族复兴和国家建设的框架之下，大学使命与民族救亡的时代主题紧密相连，为大学建设提供了强大的整合机制和新的目标导向。这一使命在学生中产生了广泛的认同，1933 年初，法学院学生吴文蔚在写给罗家伦的信中，便描述了自己当时的感受。"去岁 9 月，校长来校，于是衷心自喜吾校从此可上轨道，顺序前进矣。加之开学典礼时恭聆训诲，知校长对于本校希望无穷，使本校负起民族复兴之责任。凡吾同学莫不快然自得而若有所慰也。"[3]

---

① 罗家伦：《罗家伦先生文存》第 7 册，台北：近代中国出版社 1988 年版，第 125 页。

② 罗家伦：《罗家伦先生文存》第 5 册，近代中国出版社 1988 年版，第 232—233 页。

③ 《社会学系与江宁自治实验县县政府合办土山臻农村社会实验区等文书》，转引自《中国第二历史档案馆藏中央大学档案》，全宗号 648，分卷号 2459。

1932 年 10 月 11 日，中央大学举办开学典礼。在开学典礼大会上，罗家伦发表就职演说，题目是《中央大学之使命》。他认为，中央大学作为位于首都的全国大学的表率，理应承担起对于国家及民族的独特使命，也就是要为中国"建立有机体的民族文化，足以振起整个的民族精神"①。那么，中央大学就要从根本上改变原来的面貌，应当以 19 世纪的德国柏林大学为楷模，在承担重建民族文化之重任的同时，不断创新，引导大学学科走向综合性、研究性发展方向。这也是罗家伦从清华大学辞职以后，其对于大学学科价值理念的新的表达。这意味着中央大学将要走向与北京大学、清华大学不同的发展道路，不再仅仅关注人才培养，而以"建立有机体的民族文化"作为大学学科建设新的宗旨。大学服务民族复兴的历史使命与服务国家政权的现实需求是一致的，这体现了国家意志和建设民族文化之间有着内在的联系。大学既是传播民族文化的舞台，也是灌输主流意识形态的场域，中央大学未来将把国家意志和政府需求沿着"建立有机体的民族文化"的主题延伸到大学治理的方方面面，并努力把来自党国的政治需求和意志通过建设民族文化落实到大学的办学实践和组织文化之中。

怎样才能使中央大学的这种特殊使命得以实现？罗家伦制定了六字治校谋略和四字学风建设。罗家伦认为，"欲谋中央大学之重建，必循'安定'、'充实'、'发展'三时期"，这也是治校的三个阶段：安定是学术风气兴起的前提与基础，安定之后，力求充实人财物，不断增进新设备，增强大学对学术人才吸引力，充实之后则当进行大规模的学科制度改造和有计划的学科建设。要实现大学学科发展需要培养新的学风，中央大学须首先从匡正时弊入手，辅以"诚、朴、雄、伟"四字的学风建设。于是，罗家伦提出"诚、朴、雄、伟"的校训，鞭策学生，为中央大学学科理念指明了方向。

"诚"，即从事学术的意念发自人内在真诚的心意，不以获得物质名利为目的，而是为了"共同信仰"而努力奋斗；学者应当具有一种使命情怀，不应把学问沦为满足自己私利的工具，他们对于中央大学所肩负的历史使命应当发自内心地认可并加以重视。

---

① 谢泳、智效民、陈远：《逝去的大学》，同心出版社 2005 年版，第 291 页。

"朴"，即朴素和笃实，追求学问的本质，避免流于表面的虚浮，不可将青春光阴虚度在时髦、流行的文章上面，力戒心浮气躁，崇尚笃实勤奋。做学问能够忍受孤独与清贫，需要抱定一颗恒心，肯下长期功夫。能够具有一种"宁坐板凳十年冷，不写文章一句空"的学者气象。

"雄"，即具有过人胆识，无畏的精神气魄，以之扭转自南宋以来文人怯懦颓唐的风气，培养整个民族不卑不亢的凛然正气；然而，要扭转这一怯懦颓唐的风气，就需要每个公民濡养自身雄壮、勇敢的精神气魄，男人需要有赤身空手与虎相搏的大丈夫气概，女子则需要有修长身材与朴素外表的健康美。人民雄壮，民族才可能雄壮，国家的危难才能得以化解。

"伟"，即努力追求卓越，避免门户之见与裹足不前，放手开创雄图伟业。要集中精力，放开眼界，从整个民族文化的命运着眼，努力做出几件大的事业来，既不可偏狭小巧，存门户之见，又不能故步自封，怡然自满。在以上学科理念的指引下，罗家伦妥当处理了大学内部存在的各种矛盾纠纷，使学校学科发展取得了历史性飞跃，走上了制度化、规范化的发展道路。罗家伦坚信：大学通过创造一种新的风气，一定能够完成引领一个民族文化前行的使命。

罗家伦对中央大学学科教育宗旨的精深透彻的阐述合于教育发展的规律，符合时代发展的精神内核，由于突破了传统学科价值观的局限，具有鲜明的历史进步性，对近代大学学科发展有着一定的启示。

（二）基于学科建设实践"立体化"的学科结构

自民国成立以来，大学学科建设一直深陷理想与现实"非此即彼"的价值困惑之中，表现在学科结构上就是基础理论学科与应用技术学科之间摆动及失衡，究其原因在于"悬置"了学科实践本体形态，忽视了实践学科及其学科实践主体的各自作用及彼此的相互关系。20 世纪30 年代，当大学学科外部环境的变化引发其形态结构内部各构成部分的重新界定与排列时，大学学科需要在实践中实现理想与现实双重价值形态的统一。中央大学在罗家伦掌校时期，学科结构形成以综合应用学科为根基，技术实用学科与基础理论学科为两翼的"立体化"跃动型学科结构，使学科呈现螺旋式发展与波浪式前进的良性循环之势，三者统一于反映社会发展需要变迁与学科具体情境的实践。这体现了学科建设者的理论眼光和把握时代的自觉能动精神，也体现了学科与时俱进的创新品格。罗家伦掌校时期"中央大学成为当时全国高校门类齐全、院系最多、规模最大、学科最齐全的首都大学"①。

首先，中央大学注重以国家建设为目的的实用技术学科。

1928 年南京国民政府建立初期，政策上对国家建设急需发展的大学"应用技术学科"给予倾斜，一时间大学学科文实比例不协调的问题得到了很大的扭转，大学普遍进行学科调整，学生学习实用技术学科的热情高涨。另外，由于在当时日军侵略中国步步紧逼的历史条件下，许多大学生抱着"实业救国"的理想，积极投身到实用技术学科的学习当中，"倭寇肆虐，我以新式武器之准备未充，战事迭蒙不利之影响，一然而激增，而以工学院之航空、土木、电机、机械等系为尤著"。②根据当时留美学者顾毓琇统计，当时全国工程学系共计 70 多处，其中土木学系 17 处，机械学系 16 处，电机学系 14 处，化工学系 10 处，矿冶学系 5 处，纺织学系 3 处，建筑测量学系各 1 处。顾毓秀通过调查得出结论：当时的工程学系三分之一以上都是为了满足当时社会的需求而最新开办的，以土木学系、机械学系和电机学系居多。原因在于这些年国内建设步伐一日千里，地方各省市兴起修建公路、兴办水利的热潮，包括陇海路、粤汉路的修筑，治黄与导淮问题的解决等，这都需要大批土木工程方面的技术人才，清华大学、浙江大学等一批学校土木工程学系都是在这一时期兴办的。许多青年激于日本对中国侵略的义愤，自愿学习实科，以为将来效命国家之准备，所以报考实用学科的学生人数出乎意料地急剧增长。顾毓琇指出，当时全国的 70 多个工程学系，每个学系每年平均毕业 20 人，那么每年为社会输出的候补工程师大约共计有 1000 余人。当时几乎所有大学都自觉发展与国家建设息息相关的学科，在大学科学教育的发展中，工程教育取得了重大的发展。

罗家伦要把中大打造成复兴民族的"参谋本部"，成为会聚各类人才的储备库，大学在学科结构的调整上紧密追随国家的需要。罗家伦受

---

① 张宏生、丁帆：《走近南大》，四川人民出版社 2000 年版，第 9 页。
② 《本校化工组办理方针案》，转引自《中国第二历史档案馆藏中央大学档案》，全宗号 648，分卷号 910。

命出任中央大学校长之前，中大学科涵盖文、理、法、教育、工、农6个学科门类，罗家伦到任后，为了适应社会需要及学科内在发展规律，对重大院系与学科不断进行重组与调整，学科设置以把握时代精神，适应国计民生需要为根本原则。他对中大的学科发展有着明确定位："我认定我们以后所有的学科，都要切合国家的需要，以后各方面的行动，要与政府有最密切的联络。我们今后一切的学科都要在一个中心目标和整个计划之下配合国家的需要。在教学的各种活动中，一定要与政府取得密切的联络。我们要使本大学变为国家定选人才的机关，要使本大学未来成为完成成全国总动员之知识上的功臣。……我们必须寻求实际的应用，尤其是要切合国家的需要，在政府的指导赞助下求实际的应用，这就是我们今后的中心政策。"[①]

在这一中心政策的指导下中大的学科调整对国家需求和现实应用给予了密切关注，并积极寻求与各级政府机构合作。1932年，校务会议在讨论化工组的办理方针时指出，该组"应以研究国防化学及重工业之基本原料制造为主体，其对普通工业之研究仅以所费轻而需要切之化工事业为限"。[②] 强调了学科要为国防和国家建设服务，"系我国目前急切需要之课目"。1933年，中大为指导各院系的课程修订，通过了各院系修订课程时应注意事项，其中规定当此国难严重时期，一切课程之设置，尤应特别注意有关民族生存之问题，以养成健全实用之学术人才为主旨。满足国家建设和民族救亡的需要，成为衡量知识生产价值的重要标准；1935年教育部在没有经费支持的情况下训令中大筹办医学院，罗家伦多方筹措仅仅得到3万元，仍毅然知难而上，他后来回忆说，当时急于开办医学院有两种用意：一是准备对日作战，训练救死扶伤的人才；二是为了复兴民族，培养主持民族健康的人才。中大添办医学院，国家建设和民族救亡的需要是首要的考量，医学院的成立奠定了中大七院的格局。

---

① 罗家伦：《太平洋大战与中国前途》，载《罗家伦先生文存》第5册，台北：近代中国出版社1989年版，第277页。

② 《本校化工组办理方针案》，转引自《中国第二历史档案馆藏中央大学档案》，全宗号648，分卷号910。

1935 年，罗家伦在中大又增设工学院的水利工程系、理学院的心理学系及法学院的社会系。到 1936 年，中央大学已有 7 个学院、38 个系，共有学生 2000 余人，是当时国内系科最全和学生人数最多的大学。1937 年航空工程系成立，为加快人才培养，中大专门在 1938 年从机械、电机、土木、化工、建筑等八系修完一年级的学生中招收插班生 20 名，转入航空系二年级学习，这显示了大学在培养航空人才上的急切心态。而在训练航空机械人才上，中大不仅与航空委员会密切合作，罗家伦甚至可以越过航空委员会，"得向委员长随时呈报"。[①] 1935 年 6 月，罗便专门飞赴成都面见蒋介石，"为添设机械特别班事，有所请示"。[②] 这说明国家意志和政府需求，乃至"最高领袖"的指示，已深深影响到大学的办学实践。

国家需求还渗透到大学课程标准之中。鉴于国难深重，国内航空事业近于空白的状况，中央大学在几乎没有任何学科基础的前提下主动担当起创办航空工程学科这一任务。罗家伦极力邀请毕业于美国麻省理工学院机械工程科的罗荣安归国创建中国现代航空教育，来中央大学开办自动工程研究班，培养中国现代第一代航天专业人才。在中央大学的带动之下，当时大学的工程学科实力明显增强，已经超越了数量上的积累，达到了质量上的提升。由于中央大学不断调整学科结构，适时增设大量当时社会经济发展急需的学科专业，在与政府、产业界协同创新过程中中央大学获得了更多的经济援助与政策支持，其办学条件因此也获得了极大改善。

其次，中央大学在重视工科实用教育的同时也重视基础理论学科建设。

20 世纪二三十年代大学在自然科学学科发展结构上确实存在着较大的不平衡状态。学科有一半以上都分布于农学、生物学、医药学以及地学中，这几类学科由于有着更便利的本土化研究环境与研究条件，调查研究的对象多是中国本土人们生活中的事物或现象，因此，学科本土

---

① 罗家伦：《上行政院呈请拨历次通过之建筑费》，载《罗家伦先生文存》第 7 册，台北：近代中国出版社 1988 年版，第 39 页。
② 《中大校长罗家伦昨日回京》，《中央日报》1935 年 6 月 28 日。

化工作取得了很大成就，这些学科学术实践经验丰富，学科带头人多是国内与国际同行认可的、在本学科领域有突出成绩和标志性的研究成果"大家"。而到西方留学的科学家其选择留学涵盖的学科主要集中在物理、化学、数学和工程技术等方面，大学中的数理化及工程技术等学科的学术成果多受西方学科发展影响，科学家所取得的重大科技成就也多是在国外。当时中国的基础科学相当薄弱。1932 年，国联教育考察团以西方传统高等教育价值观为依据，指责当时中国大学中"各科之基本要素，在教学计划上向无充分之地位，殊不知研究该科之学生，对于基本要素，必先能彻底精通，乃能对于次要方面之研究获得实益"。① 朱家骅担任中央大学校长时便尖锐地指出："一个大学的功课所以要各科系的打通，注重基本的功课，要使大学毕业生具有普通的常识，了解基本的理论"，"并不希望把很多高深的理论和专门问题，都要——灌输到学生的脑筋里去"。② 他掌管教育部时仍坚定地主张，"大学为研究学术之所，其所研究之学科，必须由基础而专门，作有系统之研究。倘轻重倒置，先后失序，轻于基础而重于专门，先于基础而后于专门，则学生先已乱其门径，研究学术，安得有济。专门学术之研究，就体系言，决非大学四年之教育所能为功。必待学生于毕业后继续不断作专门之研究，方得有济"。③

　　中央大学在重视工科实用教育的同时并没有忽视基础理论学科。罗家伦说："在大学里基本理论科学尤当注重。须知应用科学是从基本科学原理中产生出来的。应用科学将来的发展，还要靠新的原理的产生，前途才有希望……若是截头去尾地片断提倡应用科学，是很危险的。科学的精神在求真理，当求真理的时候，并没有计较到他的功用。"④ 在他看来，"纯粹科学是应用科学之基础。注重应用科学而不注重纯粹科

---

① 国联教育考察团：《中国教育之改进》，国立编译馆 1932 年版。

② 中国第二历史档案馆：《中华民国史档案资料汇编：第 5 辑第 1 编教育（一）》，江苏古籍出版社 1994 年版，第 432 页。

③ 《第一次中国教育年鉴：丙编》，开明书店 1934 年版。

④ 罗家伦：《中央大学之回顾与前瞻》，载中国国民党党史委员会编《罗家伦先生文存》第 6 册，台北：近代中国出版社 1988 年版，第 105 页。

学便是饮无源之水。不但是不能进步，而且是很容易干的"①。

从当时中央大学理学院算学系课程设置可以看到其对于基础理论学科的重视。中央大学理学院算学系课程包含统筹并重的三个部分，即代数、分析与几何。

大体上一年级以微积分、方程式及综合射影集合为教学重心；二年级以高等微积分、高等解析几何、高等微积分方程及实用分析为教学重心；三年级以近世代数、复变函数数论及微积分几何为教学重心；四年级则重点突击"专题研究及学位论文"和一些选修课程。当时在算学系讲解高等解析几何、高等分析复变数、函数论课程的是段调元；讲解微积分、微分方程式论、椭圆函数课程的是杜作梁、钱宝琮；讲解微积分几何、微分方程的是张镇谦，他们都是留学欧美的知名学者，在自己的专业理论领域都做出了重大贡献。后期对微积分、射影几何及高等解析几何有着深入研究的数学家孙光远也曾经任教于中央大学算学系。浓郁的学术传统为中央大学学术研究奠定了基础，也为其基础理论学科的发展提供了良好的学术资源。

最后，中央大学以培养学生的基础和实践能力为目的，建立与专业培养目标相适应的实践教学体系，重视不同学科间的相互渗透与联系。

中央大学不仅注重专门的基础理论学科课程设置，而且以实验教学为平台，开设跨学科、相互合作的综合性课程，通过一些实际问题的解决来提高学生的综合创造能力。即便各学科之间有着细致的专业分工，但是中大为了不把学生的知识结构领域囿于偏狭的领域中，要求学生在完成本系必修课基础上，到他系完成一些选修课，对自己的知识结构进行拓展与提高，防止自身知识结构失衡、知识贫乏单一，这即是中大"通才教育"的理念。比如中央大学的理学院下设算学、物理、化学等七个系，开设99门课程，学校将之分为甲、乙两组，甲组包括数学、物理、化学、地理等课程，乙组包括动物、植物、心理等课程。甲组学生必须在院内选修普通物理、无机化学、微积分、普通生物、地学或气象等课程，任选其一；乙组学生必须在院内选修普通物理、动植物解

---

① 罗家伦：《中央大学之回顾与前瞻》，载中国国民党党史委员会编《罗家伦先生文存》第6册，台北：近代中国出版社1988年版，第105页。

剖、无机化学、地学或气象等课程，任选其一；最晚要在入学第三年初确定"主系"和"辅系"。"辅系"必修课程为 15 个学分，"主系"一般为 40 个学分左右，但各系要求不尽相同。

从上面的课程要求可以判断，中央大学理学院践行的是一种"通才教育"理念，学生入学以后可以凭借本人实际情况和个人的兴趣在学校已经开发的选修课程中进行自由选择，而并非固定于某个学系，目的在于使学生能够在全面提升自身各方面素养基础上个性有所发展，能够正确认识及发掘自己的潜能，为自己未来工作学习，奠定了一份坚实的基础。践行通才教育理念的关键在于以综合实践活动课程为平台，实现多元课程整合。中央大学在当时经费短缺的现实情况下，面向全体学生，开设了大量贴近学生社会、生活与科学实践的综合实践活动课程，将实验室建设纳入学校总体规划，学校有关教学管理文件对于课程实验的时间及实践的环节都做以明确规定。这为大学生提供了一个相对独立的生态化的学习空间。比如，当时中央大学物理实验室有 9 个，化学实验室有 7 个，动植物实验室有 10 个，教材中所涉及的主要实验在实验室都可以实行。地质学系为了奠定学生感性知识基础，十分重视野外实践教学工作，每个年级都需要在规定的时间走出校门，进行野外实习，称之为"地质旅行"，学生返校以后需要上交《实习总结》，这对地质学专业学生综合素质提升无疑有着极大的帮助。总而言之，中央大学通过不断改善实践教学条件，调整实践教学内容，大学毕业生动手能力和创新能力普遍得以提升，对用人单位的适应期缩短，在一定程度上满足了社会的人才需求。

（三）本土化"校务会"学科管理体制的建立

西方学者维德罗克曾说："近代大学形成的过程，正是工业经济秩序和民族国家这一最典型、最重要的政治组织形成过程的重要组成部分。"[1] 英国高等教育学家埃里克·阿什比教授在著作《科技发达时代的大学教育》中也曾指出，国家应对大学的自由加以限制，不可任由大

① S. Rothblatt, B. Wittrock, *The Europeanand Americanuniversity since* 1800: *Historical and Sociological Ssays*, Cambridge University Press, 1993, p. 305.

学自由发展。民国以来一直在大学学科管理体制上就存在着中央集权制与大学自治权的冲突与协调。

中央集权学科管理制度的优点是能够快速集中统筹安排有限的学科人力资源与物质资料，争取各类经费，降低成本，提高组织效率；缺点是由于学科内部纵向控制力太强，各级学科组织机构依照层次由上级机构垂直统管，每层及平行部门机构相互分立，无横向联系，不同部门之间关系疏远，缺乏协调性。因此，在中央集权制学科管理体制下，应当设立由学科教育专家构成的专职的学科监督与咨询机构，以提供各种各样的监督与咨询服务，这些学科教育专家通过对政府与各级教育行政机构监督，能够帮助管理者在谋划之前对于学科本身做出一番"科学分析"，把握学科问题之所在，按照学科自身逻辑，把握判断学科未来发展趋势，只有这样才能加强教育决策的科学性、合理性和可行性。然而，学术自由总是相对的，大学首先依赖社会而存在，并且最终大学学术研究要发挥社会服务的功能，否则，学术自由则如镜花水月，最终流于虚幻。只有当大学既满足社会需要，同时又保持了自身的独立性时，其才能发挥正向之功能。由此，大学学科管理必须同实际的社会发展需求状况相结合，这样也是保证大学自主权的一种现实策略，这种自主权由于适应社会历史实际需要而变得越来越强大。

南京国民政府成立以后颁布《大学组织法》，各大学按《大学组织法》的规定也进行了一定的重组。高等学校除了已经有的董事会、评议会和教授会之外，国民政府还根据不同类型的学校规定不同行政管理机构与管理权限，充分发挥大学学科建设的主体作用，大学的个性更突出鲜明。在这一时期高等教育建立起与党国体系相联系，知识分子与政治之间的新关系。学者对政治的态度由消极转向积极的变化，学术研究的方向也发生了重要变化，政治哲学成为学术研究的重中之重。"五四后不少知识精英关注重心开始由文化转向政治，并在新的意义上'再发现'了坐而言不如起而行的旧说。"[①] 当时有相当一部分知识分子选择入仕的机会，科学家参政在 20 世纪 30 年代也达到了高潮。伴随着民族

---

① 罗志田：《激变时代的文化与政治：从新文化运动到北伐》，北京大学出版社 2006 年版，第 2—3 页。

主义高涨，教授参与政治的途径和方式都发生了很大改变。作为中央大学的校长，罗家伦面临的首要问题就是如何将师生的热情转到学术研究之中，但是又并非以纯粹学术为中心。

罗家伦掌管中大政务后，在管理方面实施的成效显著的改革之一即是采用校务会、评议会及教授会的三级会议学科管理体系。这是对于有中国特色的学科管理体制与学科教育体制的探索，其目的是处理好大学内部行政权力、学术权力以及民主权利、监督权力的配置和制衡关系。校务会、评议会及教授会的三级会议体系分别负责学科管理决策领导、行政组织和民主监督职能。各级会议中由教授会选出的代表占据多数席位，教授会可以对评议会行使相应的否决权，实现对评议会权力的制约制衡，经过教授会、评议会和校务会议的顺次递进，加强了校长对院长与系主任的聘任权，也强化了校务、院务及系务工作的行政联系，从系务到院务必须由系主任、院长逐层上报商承，教授治校程度有所减弱。这种"校务会"学科管理体制既与欧洲大陆模式不尽相同，原因在于大学校长不是由选举产生的，而是由教育部任命的；也与英美模式不尽相同，原因在于校外董事并不参与大学治理，学校事务全部交由校内教授与行政人员共同管理，这体现了学术与行政两种管理体系走向一体化的特色。

以中央大学教师的选聘为例。罗家伦认为，大学校长治校的"首要之举"在于人才聘用，自称"聘人是我最留心最慎重的一件事"。[①] 秉公办事、以才取人是罗家伦一贯遵循的重要原则。他曾说："抚躬自问，不曾把教学地位做过一个人情，纵然因此得罪人也是不管的。"[②] 罗家伦除了尽力挽留原有优良师资之外，同时对外延纳各学科业务精湛人才，以全面推进学校教学、科研的整体发展。一时间中大掀起引进海外留学博士的热潮。在竭诚招揽优良师资的同时，中央大学也尽力从事教师聘任制度建设。1940年，在拟定颁发的《中央大学组织大纲》就曾规定，"本大学教师分教授、副教授、讲师、助教四种，由各院院长商

①　罗家伦：《中央大学之回顾与前瞻》，全国图书馆文献缩微中心1940年版，第74—75页。
②　同上。

承校长聘任之"。① 其中不但说明了教师级别的分类，而且对于教师聘任程序做以规定，校长不能以个人为中心，独断一切，学校需要与学院商议，共同决定教师任用与否，这体现了教师聘任体制的民主性。

考察中央大学的教授招聘，可以看到，多数情况下，教授招聘体现了院系与学校多方"商同"的特征，一般教师聘任由院长或系主任向学校推荐，学校通过一定的考核程序对教师进行考核，大多均能任用，而院长与系主任则由校长依照规定直接聘任。例如，1928年，中文系系主任汪东之向学校推荐黄侃，经考核符合任用条件而成行；1931年3月，中大教育学院院长孟宪承向学校推荐萧孝嵘，很快就得到了学校的答复，"当时的中大朱家骅校长即致信萧氏，正式发出聘书"。② 这反映了中央大学施行的"教师聘任制"，学校对于下属院系推荐意见的高度重视。这种民主与集中相互依存的人才聘任体制为中央大学师资来源的质量给予了坚实的保障。

总之，中央大学学科管理体制在移植借鉴西方大学学科管理经验基础上，根据本国社会环境及学科发展实际情况进行了相应的改造，力图实现西方大学民主管理方式本土化，它关注学科建设内外环境的相互作用，与西方大学可以说是质同形异，这反映了当时学科建设主体的学科文化自觉。

四 实践本位学科价值取向之现实表征：以中央大学为例

马克思曾经说过，考察价值需要立足于实践，尤其是立足于物质生产实践，他认为价值寓于以实践为基础的主客体关系之中，从社会关系性理解价值，价值才能存在。民国以来学科价值深陷"非此即彼"的

① 南京大学校庆办公室校史资料编辑组、南京大学学报编辑部：《南京大学校史资料选辑》，（内部发行），1982年，第306页。

② 《中大教育学院教职员任免及有关文件》，《第二历史档案馆藏档》，全宗号648，案卷号1829。

价值困惑中。当学科价值选择因局限于理想指向脱离现实指向时，学科价值取向也表现为脱离现实的理想主义；当学科价值选择因局限于现实指向脱离理想指向时，学科的价值取向也表现为不顾理想的现实主义。双方都从单一的某一个视角来解读学科价值，"悬置"了学科实践本体价值，只有回归二者本源——为社会经济发展服务，学科价值的合理性与合法性才能"和谐共生"，得到具体的历史的统一。

实践本位学科价值取向是学科内在基因与外部环境互动生成的结果。社会的相对安定及对于学科知识的需求，政局的相对稳固及政府对各种工业技术奖励政策的制定与实行，经济的缓慢而稳步的增长，尤其是科技团体和科技进步的促进和影响是实践本位学科价值取向生成的外部条件；组织成员共同拥有的同一话语体系、学科信念、同一价值取向和相同的研究工具为组织形态学科生成其内部依据，内因和外因的良性互动推动学科实践活动深入开展。以中央大学为例，实践本位学科价值取向之现实表征为：

（一）学科知识走向本土化

在理想本位与现实本位价值取向的导引下，近代科学基本上是对西方科学的介绍，处于一种无根无源的趋同化状态，缺乏系统性与创造性。学科知识本土化，是当时学科发展面临的难题，它要求学科建设主体在吸纳西方先进科技的同时，能够根植于自身社会实践需求进行自主科技创新，达到对学科知识的超越。学科知识只有经过本土化改造以后才能真正获得自身发展的动力。

民国时期大学学科结构一直呈现畸形发展状态，20年代时期，为了考察本国地质、发展矿务及农业的需要，第一代科学家做了大量研究工作，涌现了大批本土化学术研究成果，因此，大学地质学、生物学及农学学科本土化完成得相对较好，其他学科本土化研究相对落后。并且大学一般基础理论学科及工程技术学科起步缓慢。中央大学为了适应国内学科教学需要，结合本校教学研究实践，不断加强本校教科书编写工作，并对教科书"中国化"做了大量工作，对于改变当时大学教材全部原版引进国外，严重脱离中国国情的状况发挥了一定效力。

首先，重视学科本土化学科名词审查的基础性建设工作。中央大学学人认识到学科本土化首要条件在于语言文字上，因此，应当从考订名词术语着手，中央大学地理系教授张其昀认为"如果科学上的名词术语不能用本国的文字语言为正确的表示，那么科学绝不会有进步的"。他还因此提出"科学之国语化"的口号，认为"只有了国语的科学或科学的国语，才可用以传播科学知识，使其普及于民间"①。中央大学化学系教授张树江大力倡导学科本土化："今日中国之所谓科学，均来自欧美，……故流行之科学书籍，以各国原文本及中文译本，为占多数；国人自编之中文科学书籍，既不为学者所重视，亦且寥寥可数。今之学校，大学无论矣，即中学教本，亦喜用原文，……其果，某科某科其名，外国文阅读其实；科学训练谈不到，字典式之知识，亦模糊不清。……故今日不欲改良科学教育则已，如欲改良科学教育，非先请国人用中国文字，中国体裁，编辑合乎中国社会情形之各种科学书籍不可。"② 地质学教授翁文灏专门撰写文章，提出对于科学名词的翻译名称去留的基本原则问题，即"从众"与"从先"；科学名词审查会为学科术语标准化与规范化做了大量前期细致的基础性工作，包括出版了一系列学科名词词典以及学科名词的审定本与审查本等，以上工作有力地推进了学科本土化事业的发展。当时第一部中国本土化植物学教科书——由学者邹秉文、钱崇澍、胡步青等编写的《高等植物学》，对于西方一些植物学学术名词进行了重新厘定，将西方植物学中的隐花植物改称孢子植物，将西方植物学中的显花植物改称种子植物，将西方植物学中的羊齿植物改称蕨类植物等。获得了学术界的普遍认同，作为首次创译的本土化植物学专有名词，一直沿用至今。(见表4—3)

　　其次，积极从事科技译名统一工作。1920年以前，很多人就科技译名统一实践工作要点问题进行了讨论。尽管在讨论中各执己见，但多数人认识到了科技名词审查组织的重要性。1920年以后，对外国科学名词及著作翻译需要官方授权，以官方组织编订、审查名词为主，以民间科技社团、个人等编纂译名书和辞典为辅。在理论研究方面，提供了较为完善的译法准则和译名标准，《科学》《中华医学杂志》《工程》等

① 张其昀：《"科学"与"科学化"》，《科学的中国》1935年第1卷第1期。
② 同上。

杂志对于译名统一问题进行了详细阐述，对于西方科技翻译的态度，讨论者大都持应选择性吸收的态度，认为合适的科技名词需要博得中国人认同，译名要准确、简单、明了、系统化、单义，强调的基本原则在于"要用本国语言文字"，要用本国国民习以为常的现象与根深蒂固的经验解读科学知识，而要能做到这一点，关键在于需要对本国事物存在和发展的情况予以全面分析和把握。当时一批科学杂志正是致力于这方面的调查研究工作，如：周建人主编的《自然界》等。

表4—3　民国时期出版自然科学类著作自编与翻译情况对比统计

学科	自然科学理论与方法论	普通物理学	理论物理学	原子物理学、原子核物理学、高能物理学	应用物理学
自编	52（48%）	15（47%）	12（26%）	7（23%）	1（11%）
翻译	57（52%）	17（53%）	34（74%）	23（77%）	8（89%）
合计	109	32	46	30	9
学科	普通化学、理论化学	应用化学	无机化学、有机化学、物理化学、分析化学	初等代数、初等几何三角、高等数学	生物科学
自编	19（43%）	2（13%）	58（51%）	274（52%）	645（64%）
翻译	25（57%）	13（87%）	55（49%）	239（48%）	368（36%）
合计	44	15	113	503	1013

资料来源：本表根据《民国时期总节目（1911—1949）》（书目文献出版社1995年版）一书材料编制。

最后，努力实现教科书中国化。1924年，中华教育文化基金董事会成立以后，建立一个独立的编译委员会，着手编写适合本国大学师生的书籍与教材。1931年4月，蔡元培做客大东书局，做了题为《国化教科书问题》的演讲，主张大学教材应当由中国人自己编写出版，采用他国教材是不发达国家发展中不得已采用的承接办法。在1931年4月27日《申报》上他又发表一篇文章《国化教科书问题》，极力提倡教科书中国化。自此后，大学中出现了"教科书中国化"热潮，学者倾力于编写切合中国实际的大学教科书，开始形成了符合中国社会发展实际情况，蕴含中国文化传统的本土化大学教材体系。

1932 年，蔡元培应商务印书馆总经理王云五的邀请，召集各大学教授及专家学者，总计 56 人，组建《大学丛书》编辑委员会，拟订书稿的选题，推荐优秀的译著者。自 1933 年起，编辑委员会陆续出版包括文理、农工商、政法、教育、医学等各类书籍 300 余种，各学科几乎应有尽有。由于书稿的著者具有突出的学术能力与科研素质，这保证了教材译著的质量，这批教材成为民国时期大学教科书中国化的奠基之作（见表4—4）。[1] 丛书出版时间拉得很长，并且绝大多数仍以译作为主。20 世纪三四十年代，本土化学科体系已经相对完整，研究领域也相当广泛，出版了许多高质量的专著。尤其是在地质学与生物学两个学科上成绩突出。如当时中央大学地质学教授翁文灏结合中国实际编写中国第一本《地质学讲义》，植物学教授戴芳澜编写《中国经济植物名录》，是中国的植物病理学振兴奠基之作。

表 4—4　1933 年中学及大学一年级理科中英文教科书调查统计对比

学科	教本总数		英文教本数（%）		中文教本数（%）	
	高中	大一	高中	大一	高中	大一
算学[2]	317	12	255（80）	12（100）	62（20）	0（0）
物理	167	20	117（70）	19（95）	50（30）	1（5）
化学	166	20	105（64）	19（95）	61（36）	1（5）
生物	90	13	19（21）	11（84）	71（79）	2（16）
合计	740	65	496（67）	61（93）	244（33）	4（7）

资料来源：任鸿隽：《一个关于理科教科书的调查》，《独立评论》第 61 号，1933 年 7 月，第 5—10 页。

中央大学当时虽然出现了一些自编教科书，但是真正根据中国实际事例自撰的科学著作很少。涉及自然科学类的学科教材更加难以中国化。1933 年，任职于中华教育文化基金会的任鸿隽在其资助之下完成

---

[1]　李华兴主编：《民国教育史》，上海教育出版社 1997 年版，第 419 页。

了题为《一个关于理科教科书的调查》的研究课题，任鸿隽认为，"我们这十几年来，尽管大吹大擂地提倡科学，而学校里面这一点最小程度的科学教育工具，还不曾有相当的努力"。其结果就是"不特阻碍学生之学习科学，而且妨碍其充实国语之机会"。① 经过调查发现，当时大学一年级理科使用国外教材的高达 90% 以上，其中算学、物理、化学、生物等学科差不多全部采纳西方教本。据统计，民国时期出版的总书目中，"科学书籍大约有 7725 种，其中一半以上是翻译出版的书，而其余国人自行编撰的书则多属于介绍性质，真正根据中国实际事例自撰的科学著作很少"。②

（二）学科发展与社会实践的互动生成

20 年代由于社会对于科学认识浅薄，同时科学也缺乏对于社会的认识，这导致学科创新缺乏科技发生源，欠缺现实动力。卢于道曾经较全面谈到科学与社会之间缺乏相互理解的状况。"就社会上领袖而言，他们容易见到的大部分是应用科学方面，如医学、电机、交通、机械、工业及农业等。这些专家他们感到有接触之必要，对于其他数学、物理、化学、动物、植物、生理解剖、心理神经等纯粹基础学科，除教育外，则很少注意到这些专家。"③ 社会上的领袖如此，则一般民众对于科学的认识可想而知。同时，科学家本身对于社会事业认识不足者比比皆是，科学家多在实验室中，埋首做研究工作，其兴趣集中于某个题目，其目的多在纯粹个人之成名，小言之在国内成为科学专家，大言之和世界各科学家竞争，在国际上享盛名，"固然即此一端亦是为家国争光，然而未免对于本国直接之贡献过少"④。当时有人对中国工业发展状况进行了较为深刻的剖析，在《科学的中国》中，顾毓秀谈道："中国工业有两个特征：第一，许多重要工业尚未形成，如钢铁工业、机械工业；第二，已经具备雏形的工业，常在风雨飘摇之中，像纺织工业、

---

① 任鸿隽：《一个关于理科教科书的调查》，《独立评论》1933 年第 7 期。
② 北京图书馆编：《民国时期总书目 1911—1949》，书目文献出版社 1995 年版，第 56 页。
③ 卢于道：《科学与社会》，《科学画报》1934 年第 2 期。
④ 同上。

缫丝工业等。"虽然原因很多，"但我们不能不承认工业没有建筑在科学基础之上，因此工业本身有很多不健全的地方"，"现代管理讲标准化、专一化，但是我们的管理既不标准，也不专一"，"用的是主观，根据的是直觉"，"世界工业的进步最重要的元素是工业研究"，"而我们的工业呢，不要说大规模的研究，即小小的实验室及雇用少数的专家，在中国领袖工业的纺织业中，亦尚未普遍"，由此可见，"我们处理现代进步很快的一切工业问题，缺乏科学的态度，不用科学的方法，而全是中世纪的态度，农业社会的方法。在这种情形下，中国工业生产怎样会不落后呢?"①

　　30年代在科学研究逐步开展及科学本土化探索已经开始的情况下，大学与社会经济发展关系越来越密切，尽管这种互动仍然处于极低的阶段。工业发展开始重视技术与智力的开发，大学自身也认识到发展学术须重视与社会各界交流、合作，"社会科学化"及"科学社会化"运动使得这一时期大学学科建设在适应中国社会实践发展需要上不断做出努力。以中央大学为例：中央大学作为民国时期中国最高学府，系科设置最齐全、规模最大，校长罗家伦在掌办中央大学几年间，他坚决主张破除门户成见，加强与社会各部门的合作交流，扬长避短，发挥各学科优势，全面提升学科社会服务的能力。"自1932至1936年，中央大学与国内各学术机关、社会事业单位合作的项目有几十项之多。"② 罗家伦在对外部社会需求及学科自身发展条件统筹考虑的基础上，全力以赴地设法寻求中大与社会各学术机构及各企事业部门的合作。与国民党江阴要塞司令部联合共同从事要塞造林；与中央棉产改进研究所协作完成种棉实验；开办暑期讲习班、对中等学校教职员全员培训；与实业部合作编写《中国经济年史》；进行全国儿童教育与心理问题咨询等。

　　在地质学方面，为开发西部矿业地质，当时中央大学的一些教师郝景盛与李旭旦奔赴西部进行野外地质考察，确定适合该区域未来的发展目标和经济建设的总体规划。一些学者考察中充分运用自己所学专业基

---

① 顾毓琇：《中国工业的发展与科学化运动》，《科学的中国》1933年第2期。
② 罗家伦：《中央大学之最近四年》，载《罗家伦先生文存》第1册，近代中国出版社1989年版，第76页。

础理论知识，向课题组提交了他们的考察报告，包括李学清的《陕南矿产考察》、张可治的《川西公路考察》、丁马肃和戈定邦的《新疆矿产考察》、梁希的《川西大渡河流域木材松脂采集》等，报告提供了翔实准确的数据，为政府西部开发决策提供了可靠的参考依据。各种地质矿产调查与开发研究，此时已经达到新的高潮，如福建省在此时对本省宁德的铅矿、莆田及连江的黄铁矿、邵武的煤田等，对其生成状态、地质变异、矿床之贫富、矿苗之走向都进行了详细的调查记录。

农学方面。1929 年中央大学农学院在江苏地区开展棉花与小麦优良品种推广实验性研究。到 1934 年为止，中央大学农学院培育的四个优良的小麦品种已经在数省推广种植，产出的小麦达到 520 多万石。中央大学农学院稻作学专家周拾禄结合当时水稻品种优劣掺杂的现状，提出新的水稻品种鉴定方法，存优去劣，以快速提高水稻产量。抗战之前，这种水稻品种鉴定方法已经在江苏、江西、安徽等省施行。抗战后，逐渐推广到西南诸省，著名的"中农 4 号"和"帽子头"品种就是通过此种鉴定方法选育的，这对中国水稻种类采集、高产栽培研究起到了很好的指导作用。农业科技也开始发展，此时福建省还实行农业科技化计划，设置试验机关长乐农场、漳浦农场、福州种畜场，福州柑橘实验地，1935 年，福建省进行了大量的水稻实验，可惜的是——由于民族危亡形势日趋严重，以致很快就无法进行了。

教育学方面。基于教育学界对中国社会的思考和认识，20 世纪 20—30 年代中国产生了以改造乡村社会为直接目标的实践性乡村教育运动，其目的在于去除现代科学与农民之间日益分割的界限，逐步提升农民的科学素质。许多博士深入基层乡村，面向农民，加强科学技术普及，正是通过开展农村科学技术普及，学者们扭转了原来"书斋式研究范式"的不足，观察中国农村具有了更为宽阔完整的视野，更加接近当时农村的某些真实情况。他们逐渐开始调整自己的研究方向与研究方式，改变过去脱离实际、不切实际的研究，研究走向更加理性的轨道，这有效地提升了大学学科农业科研服务水平，促进了农村经济的持续发展。

总之，中央大学学科发展与社会实践的互动生成一方面使中央大学得到了社会实业界的鼎力支持，所获得的社会的捐赠全部用以聘请教学能力强、专业水平高的优秀教师，拓展学校建筑面积，购买各种图书和昂贵的仪器。土木建筑、会计学、银行金融等系科的毕业生往往供不应求，不仅"拓宽了学校研究经费渠道，还增强了学生的实际工作能力"①。另一方面，工业界与科学界的接触越来越为活跃，这促使相当一些企业走上了科学管理之路，两界人士经常联合开展学术座谈活动，共同探讨国家建设重大规划，重点商讨科技与工业之间的互动合作问题，既包括事物的建设，也包括人才建设。大学学科建设与社会发展实现良性互动，共创双赢局面。

图4—2所示的是国立中央大学地理系出版两淮水利监垦实录。

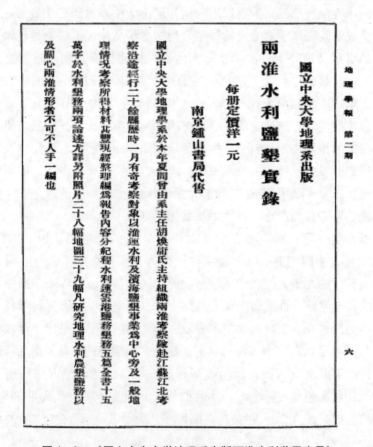

图4—2　《国立中央大学地理系出版两淮水利监垦实录》

---

① 钟叔河、朱纯：《过去的大学》，长江文艺出版社2005年版，第226—231页。

（三）社会民众科学素养的提升

民众的科学素养是指民众对科学技术的最基本理解水平。它包含三方面的内容：一是对科学知识的大体了解；二是对科学探究步骤和基本方法的了解；三是对科学技术社会功能的了解。它是一个综合指标，除了对于科学知识的了解之外，也包括对科学报道的感兴趣程度和获得科学技术信息的手段和渠道，及对科学家的看法等。

20世纪二三十年代，在大学实践本位学科价值取向引领下，中国民众的科学素养有了很大的提高。当时中央大学众多教授参与编写了大量通俗科普杂志与书籍；以社会民众为对象，开展广泛的科技知识普及活动，社会上的科学意识比以前有了显著进步。这些教授们以坚守科学救国为信念，致力于推动中国科学研究的发展，视传播科普知识为己任。中国现代科学社团母体——中国科学社从相关学科中特别邀请了一批热爱科普工作，努力弘扬科学精神的专家学者为其综合性科普期刊——《科学画报》担任常务编辑，包括化学家曹惠群、神经解剖学家卢于道以及陶瓷学家周仁等。一部分大学教授致力于编写儿童科学读物，有商务印书馆、中华书局出版的《儿童文库》内关于科学的小书；中学生读物有商务印书馆发行的《中学自然研究丛书》；其他还有各国出版的通俗科学书籍，如Jeans的《神秘的宇宙》《宇宙之大》《科学的新背景》等，以及法布尔的《科学的故事》等均已由商务、开明等书局译成中文出版，可供大学生及普通民众阅览。关于通俗的科学杂志也有很多办得很好的，甚至普通的日报，如《大公报》，也有"科学副刊"出版。中央大学医学院教授卢于道认为，民众的科学素养早已昔不如今，社会科学化基本达到了相应目的，"我们既引为同志，亦引为庆幸，盖如此继续进步，国内科学在不久之将来，不难普及于大多数民众了"。[①]

考察民众科学素养的另一个重要指标是民众接受教育的状况。根据国民政府主计处统计局主编的《中华民国统计提要》第十三类《教育》记载，1932—1933年全国大专院校学生注册在学人数是42710名，

---

① 卢于道：《中国之科学化运动》，《科学画报》1934年第3期。

1933—1934 年增加到 46785 名。按照当时中国 4 亿人口计算，平均每 1 万人中在大学接受高等教育的只有 1 人。1933 年大学毕业生总数是 7311 名，1934 年为 7552 名，这个数目难以满足社会与政府的发展需求。在 1935 年教育部编制的 26 国高等教育比较一览表中，中国排在最末一位，1934 年中国每万国民中只有 0.88 名具有大学文化程度，排在第 25 位的是土耳其，该国在 1928 年每万国民中就已有 3 名具有大学文凭。中央大学于 1928 年到 1937 年培养了近 1 万名各科类高校毕业生，这些毕业生毕业后大部分分配于土木工程、铁路、水利、矿冶、公路等工矿企业单位。中央大学通过培养大批经济和社会发展需要的工商业人才，壮大了市民社会的力量，推动了国家工业化和城镇化进程。

另外，1920—1930 年，中国社会出现了知识分子到农村去，从事乡村建设的火热局面。这是民国时期知识界颇具影响的运动，是对旧中国的乡村改造运动，其中，中华平民教育促进会在河北定县的乡村改造运动尤为引人注目。当时，有许多教授、博士高级知识分子自愿来到定县，散布居住在各个村庄，对全县展开全方位的社会调查，开始了面向农村的平民教育运动，这一现象被人们称为"博士下乡"。这些博士、教授通过推行"四教三式"（即文艺、生计、卫生和公民四大教育和学校式、社会式和家庭式三大教育方式）相互统筹的教育模式，将科技知识用于解决农业生产实际问题，增加农民收入，推动农业经济发展；另外，参与县政改革，为之提供决策理论依据，增强了改革的科学性，促进农村社会全面进步。"四教三式"统筹式教育模式以社会学方法论中的系统思想为指导，以各县区实际情况为研究对象，使得当时乡村教育研究在研究者亲身实践调查中获得第一手资料，确保研究的真实性与可靠性，也使研究获得了内在活力。尤其是，在博士下乡潮流影响下，农民也享有了难得的优质的高等教育人力与物力资源，自身素质大为提升。

本章小结

1928—1937 年中央大学学科建设走出了学习引进和模仿阶段，确立新的学科建设价值观念，学科不断走向成熟。中大对建立民族文化的倡导，对国家意志的追随，以及对政府需求的积极回应，体现了近代中国大学应该担负的时代使命。这一时期大学凭借学术救国的坚定信念，执着地承担起振兴民族文化的使命，在振兴民族的使命感支撑下紧密服务国家需求，与政府机关密切合作，其学科建设的经费来源和发展空间也因此得到了很大开拓。

此时中央大学走出了学科建设理想与现实非此即彼的价值困惑，回归学科实践本体形态，实践本位的学科价值取向适应现代化进程，成为学科发展新的生长点，对学科建设社会化的强调以及形式多样化的探索推进了学科"现代性意识"的深化，出现了 20 世纪我国大学学科发展首要黄金时期，并对中国社会文化的变革起到了重要推动作用。实践本位学科价值取向有效地协调了学科社会目标与学术目标的关系，这反映了学科建设主体对于学科发展的理性认识与把握，在学科建设中以一种辩证思维方式主动追求多维文化动态平衡。在这一时期中国科学家精英将在自己国土上取得的研究成果贡献给国际科学界，中国高校在抗战前夕达到了巅峰水平。

当然，撇开这一时期大学学科建设的成就不谈，不得不承认，由于历史局限性，特别是当时科学发展状况以及人们对科学的认识状况，另外还有学科主体自身的素养问题，这场学科社会化运动遭遇了诸多难题。由于受到传统学科价值取向影响，学科与社会、学科与教育并未实现良好的互动，学科本土化也远未完成。正如当时时人所言："今之一般学者，于进习专门学科时，常群趋于文、哲、艺术、政治、法律方面而视科学为畏途，其原因固非尽出于升官发财之想，乃自幼乏科学观念，少受科学训练。"① "研究教育者，多未精研科学，以致不能教授科学而教授科学者，又多不喜研究教育或不能与教育接近发生兴趣，因此科学与教育二者，无法沟通，此为吾国一般之现象。"② 同时大学与政府的过往甚密也因此影响到大学的学术品质。在时人看来，中大院系虽多，门类颇繁，但没有一个学院是特别杰出的，没有一个学系是特别有

---

① 张国维：《普及科学教育应先扩大科学宣传及训练》，《科学的中国》1933 年第 1 期。

② 周厚枢：《介绍科学教育季刊》，《科学教育》1935 年第 2 期。

名的。[①] 中大教员都是规规矩矩地教书，但论研究精神则略有欠缺，这是因为课多而且接近政府的缘故，许多教员混资格做官去了。[②] 这些评论都强调政治环境对于大学学风的影响。科学与教育也相脱节，学科科学研究与人才培养功能相脱离，导致很难真正实现"实践本位"的学科价值目标。由于日本全面侵华战争开始，中国科学化运动协会在1938 年 5 月停止了各种工作，科学社会化运动影响大打折扣。

---

① 金易：《抗战中的中央大学》，载王觉源编《战时全国各大学鸟瞰》，重庆独立出版社1941 年版，第 41 页。

② 张朋园、陈三井、陈存恭、林泉：《郭廷以先生访问记录》，中央研究院近代史研究所，1987 年，第 198—199 页。

第五章

民国国立大学学科价值
取向流变之态势

民国国立大学学科价值以蔡元培执掌北大、壬戌学制颁布和南京国民政府成立三个重要事件为标志，大致经历了北洋政府前期理想本位（学科初具形态阶段）、北洋政府后期现实本位（学科发展与失衡阶段）、南京国民政府时期实践本位（学科改革与创新）的发展历程，明显地呈现出逐渐发展和丰满的态势。纵观其发展历程，我们可以发现，每个时期的演变都是为了满足当时社会和经济发展需要，适应社会和经济的发展而对学科价值系统做出的一系列调整。综合来看，历次演变具体内容不尽相同，这不仅体现出学科发展进程的一脉相承，又同时显现出每个历史阶段学科建设重心的转换。要想真正弄清这一演变，至少需要先回答这样几个问题：到底发生了哪些变化？为什么会发生这些变化？这些变化在本质上具有什么特点？澄清这些问题不仅有助于我们深刻理解民国国立大学学科发展的内在逻辑，同时也可以深化我们对学科本身的理解。

一 学科价值取向流变原因之发展态势

民国国立大学学科价值流变的实际状况受到多种因素的综合影响，是学科内在逻辑、外部条件的共同作用的结果。学科内在逻辑主要体现为知识形态学科科学范式的形成，具体包括组织成员共同拥有的同一话语体系、学科信念、同一价值取向和相同的研究方法等；学科外部条件包括社会需求、政府支持、学校规划、良好的学科文化生态等方面。内因是学科发展的基本原因，决定了性质与方向；外因对学科价值的变化起着加速或延缓的作用。民国以来国立大学学科价值取向的演变可以清楚地看出，每一个阶段的学科价值取向都与当时的政治经济的发展紧密联系，同时，不同时期影响学科发展的主导因素又有所不同。

（一）蔡元培时代的北京大学学科发展的主导因素

这一时期学科价值取向表现为受到外力主导，在系统论视角上学科表现为"被组织"系统，就是指学科系统本身缺乏内部演化动力，不能自行组织、自行创生与演化，从而被动地发展。民国初期的社会经济、政治现状是蔡元培时代的北京大学学科发展的现实场域，这一时期学科价值的形成和演进在某种程度上也体现了民国政治的成就和局限。政局动荡是影响学科制度实施成效的主要因素。北洋政府时期各派政治力量动荡、制衡，有所为，更有所不为，为大学学科发展提供了较为宽松的学术、思想环境；西方文化的多元影响，成为大学学科发展强有力的外在推动力。总体上这一时期大学学科发展呈现出以外力主导，国内先进力量自觉演绎"自上而下"的改革史。

首先，教育经费短缺是制约学科建设成效的主要原因。北洋政府时期战争频发，财政收入大部分都用作了军费，各级政府无法为大学学科建设提供充足经费，这样导致大学学科发展需要充足的经费，政府无法按时提供，学科建设成效低微。

其次，这一时期所处时代的政治现状始终主导着大学学科制度变迁，这决定了这一时期大学学科建设深受政策领导者决策的影响。在高层管理者决策、指挥下，权力较集中，决策迅速，有利于把有限的学科资源、政策措施等集聚在学科建设上，学科发展由具有关键能力的部门发起并主导全局。这一阶段管理比较简单，大学校长的治校理念和治校风格对学科发展有着直接和多方面的影响，其人格的魅力与人文的素养对学科制度推行起到了关键作用。同时，民国初年政权更迭频繁，政局长期动荡，严重消解了各项政令和法规的实施成效。此时由于始终缺乏一个强有力的中央政权的领导，影响了学科制度改革推进的速度与力度。同时由于受到政权的频繁更迭和此起彼伏战争的影响，使很多学科建设政策措施难以真正落实到位，各大学大多没有严格遵照执行，最后成为一纸空文。

最后，传统学科文化是影响这一时期学科价值取向的一条文化暗流。中国古代诞生于小农经济土壤之上依附于大一统的中央集权君主专制政治体制形成了古代官学学科文化从属于政府集权管理和群体性驯服的心理；囿于封闭的自然地理环境、相对落后的信息传播方式，古代官学形成"师法""家法"的学术传承以及以地域为中心的学术派别；与西方以促进经济发展为目标的法治管理不同，中国古代学科管理是以政治权术为目标的人治管理，它容易受到管理者个人意志影响而呈现出随意性、多变性的弊端。由于官学学科文化传统与现代学科发展趋势相异，这成为古代学科向现代转化的阻力。

所以，蔡元培时代北大学科文化转型在思想与制度层面作用巨大，而不及于学科实践，"开风气则有余，创造学术则不足"，学科文化难以在短期内摆脱传统主流学科文化的束缚，但是又需要在短期内承受西方已持续数百年的学科文化的影响，这样一来，这种学科文化转型就需要经历一个宽泛的过渡期，使这一时期具有现代与传统交融与背离相互交织的二元性质。

（二）郭秉文时代的东南大学学科发展的主导因素

这一时期学科价值取向表现为受到学科内部因素主导，在系统论视角上大学学科主要表现为由"被组织"系统转向"自组织"系统上。所谓"自组织"是指学科整个系统无须外力的作用，学科组织自我演化，自我发展，从简单走向复杂，由无序走向有序。总体上这一时期大学学科发展呈现出以内在因素主导，由学科团体推动基于学科内部要素的"自下而上"学科发展模式，这体现了学术力量的自主性，表现为学科组织内部学者"自为"行为为主导的学科发展方式。

首先，这一时期学术期刊走上了成长、发展、不断成熟的道路，传播功能增强，学科知识结构与存量得以优化与提高，学科组织在学术界社会网络得以扩展，学科的影响力与接受度得以全面提升，知识劳动的条件得以改善。这一时期期刊出版改用白话文，而且开始介绍现代西方思想和知识，同时由于五四运动各种新思潮风云激荡、越来越多的留美学生选择归国、新生代教育家群体大量涌现，多重因素相互作用造成期刊话语权转变：使之不限于高级知识分子，多数的是本国高等院校的在校生和毕业生参与其中，作者的年轻化和专业化，作者求学背景开始从以留日学生为主转变为以留美学生为主；刊物不断地输入新鲜的力量，其再生产功能增强，刊物能够始终以崭新的面貌出现在读者面前，这使之得以在社会上掀起一轮又一轮的强大冲击波，不断引导学术界学术研究进入新境界，打下新基础。作为一种大众传播媒介，这一时期的学术期刊拓展了学术受众的空间分布和社会层面，在传播知识、普及科学方面发挥了很大的功能，并为我国现代学科的发展起到了知识奠基作用。

其次，这一时期专业性学科团体的建立表明学科进入规范化与独立化的发展道路。学科研究从个体孤军奋战的研究模式，转为组织化、体制化的学术活动，它推动了学术界有识之士将学科建设从口头的呼吁走向救国的实践。此时的学术共同体一般以某一知名教授学者为核心，而对社会某一领域产生强大的影响力。它可以直接参与大学学术与行政管理，对大学学科发展方向具有引导性作用。学术共同体的权力源于自然权力为根基的共同体内部的学术生产能力与学术社会地位及荣誉，此期学术共同体功能已经实现由科学宣传到科学研究的转型，学科实现建制化，科学思想不断转化为具体的科研成果，成了近代大学科学快速发展的助推器。

最后，这一时期学科主体逐渐积累起了学科经验和技术能力，梯队逐渐形成，而且对学科内外部信息掌握得越来越多，学科由关注知识的传递走向关注知识发现。学科主体走向专门化，他们日后成为真正意义上的近代科学家群体。与上一代知识分子从科学的价值意义解释科学的角度不同，五四时期留美学生群体不再仅仅关注学科知识，而是关注学科整体。鉴于大学数量急剧增加对新学科创建的需求，他们在以"科学救国"之理想的引领下广泛涉足当时教育行政部门、文化教育机构与教育学术团体，直接参与影响当时大政教育方针制定；许多人就是当时高等学校的主政者，至于主持院系一级教学科研工作的留美学生就更多。他们为现代科学技术发展指明了方向，根据国家的需要及自身所学专业大力开展科学研究工作；他们坚持以现代科学技术推进工业发展，这些以自然科学技术为学习目标的留美生学成归国后参与到经济、教育及科研等工作领域，成为中国科技与学术界发挥主要作用的力量，在学科教育、研究、推广等领域，奠定了近代学科的学术基础。因为社会经济落后，科学教育欠发达，此时学科建设仍然缺乏独创，多照搬国外的做法，难以切合中国实际；另外，这一代科学家人数相对较少，他们仍要耗费大量实践、精力争取科学的合法地位。科学家社会地位仍大受限制，科学家远未实现职业化，科学自主研究的时代还未到来。

（三）罗家伦时代的中央大学学科发展的主导因素

在大学学科制度发展演变的历程中，学科发展的内在逻辑和外部力量构成了学科发展演变中的"双重秩序演化路径"，遵循这种演化路径的结果就使得学科制度具有了一种内外部力量共同作用下的"双重螺旋"结构。表现为上下协同进行多方位、多角度的谋划，最终将形成一个既有中华民族优良文化特色，又有国际教育理念的现代学科体系。罗家伦时代的中央大学学科发展即受到内因与外因相互"制衡"的动态协同影响。

1928 年，国民政府实现了名义上的全国统一，南京国民政府成为唯一合法政府。此时由于工作重心转到经济建设，促进了社会生产力的发展和经济繁荣，中华民国也因此进入强盛时期，这一时期国民政府通过一系列的教育改革，初步发展了中国化现代大学制度，形成了中国高等教育发展的组织机构和制度规范。这一时期大学学科建设伴随着学科知识的专业化，学科组织结构日趋精致化以及专业化研究队伍的出现，为大学学科发展提供了一个新的历史条件，此时学科发展模式由学习模仿转向吸收与创新。这一时期的中央大学学科若干研究方向取得了国内公认领先成果，学科人才培养、科研及服务社会的能力已经保持相对成熟与稳定，已经凝聚生成独特而稳定的学科价值理念；学科组织结构与管理体制逐渐走向完善与规范，学术权力与行政权力优化与协调，建立起良性运行机制；学科建设主动根据社会需求确定学科体系，调整学科布局和设置学科方向，努力适应社会经济发展需要，真正体现学科建设服务社会的特性，学科整体管理与协调能力大大提高。

此时中央大学学科影响因素呈现良性动态"和合"之势。这一方面使中央大学得到了社会各行业的重视与鼎力相助，中央大学获得了大量的投资捐助，使之有足够经济实力聘请知名教授，扩建校舍，购买实验仪器及图书设备等。土木建筑、会计学、银行金融等系科的毕业生往往供不应求，不仅"拓宽了学校研究经费渠道，还增强了学生的实际工作能力"。① 另一方面，工业界与科学界的接触越来越为活跃，这促使相当一些企业走上了科学管理之路，两界人士经常合作召开各种座谈与讨论会，共同协商国家经济、教育发展大计，特别关注科学研究与工业发展之间的互动合作问题，既包括事物的建设，也包括人才建设。大学学科建设与社会发展开始实现良性互动，共创双赢局面。

总而言之，学科价值取向作为一种社会意识，是对社会存在的反映。从根本上说，影响学科价值取向变迁的因素是一定的社会历史条件的变革。正如著名学者李泽厚所言："每个时代都有它自己中心的一环，都有这种为时代规定的特色所在。……在近代中国，这一环就是关于社会政治问题的讨论，燃眉之急的中国近代紧张的民族矛盾与阶级斗争，……把注意和力量大都集中投放到当前急迫的社会政治问题的研究讨论和实践活动中。"② 这导致外部环境始终是大学学科制度演变影响的主要因素。行政规律替代了学术规律，经济价值僭越了学术价值。大学学科制度行政化、功利化的发展倾向，使其在近代很难实现自身多重功能。

二　学科价值取向流变基本内容之发展态势

从学科价值取向的历史路径看，民国国立大学学科价值取向的历史过程体现着显著的阶段性发展特征，是一个从理想到现实的"螺旋式"发展过程。所谓理想即应该怎样，表示人们对某种应然状态的要求；现实即实际怎样，表示对某种实然情况的真实反映；理想与现实相融合的实践本位学科价值取向体现为人们对学科现实状态的超越性特点，学科呈现出"螺旋式"的发展形态。每一次变革都是在对自我的批判、否定和超越中求发展，是对旧的"实然"的否定过程，也是新的"应然"

---

① 钟叔河、朱纯：《过去的大学》，长江文艺出版社 2005 年版，第 226—231 页。

② 李泽厚：《中国近代思想史论》，安徽文艺出版社 1999 年版，（后记）第 795 页。

产生和实现的过程。

（一）学科价值目标：由"理想""现实"到"趋向和合"

从民国成立之初到抗日战争爆发之前（1912—1937），民国国立大学分别以北京大学、东南大学到中央大学为中心，由最初的理想本位转向现实本位的学科价值目标，再逐步转向追求学术、心理和社会多元融合的实践本位学科价值目标。体现了民国国立大学学科价值目标早、中、晚三个不同阶段学科价值取向的变化。

蔡元培时代的北京大学的学科理论受到以德国为代表的以研究高深学问为目的的高等教育的宗旨的影响，在学科建设中切实实行的教授治校、民主管理和"循思想自由之原则，取兼容并包之主义"，权力被授予教授，学校和政府的关系是相互独立的关系，高等教育机构不受政府支配。这一时期学科功能被狭隘化为一种学术研究，理想主义成分过浓，加上由于其思想投入实践所必需的学科主体重要条件难以寻找，以及学科发展缺乏重要的外部环境，这使得蔡元培的思想充满了理想化色彩，在现实学科建设中难以实践。但是蔡元培给北京大学同时也给中国高等教育定下许多影响深远的现代教育运行规则，他把握了学科的内在本性，对现实的学科建设活动具有范导作用，理想本位的学科价值取向毕竟突破和超越了传统视域，但是这种学科理想因无法超出特定时代的现实条件与精神状况的限制而最终无法实现。

郭秉文时代的东南大学学科建设的价值评判不再仅仅根据"研究高深学问"的理想标准，学术与政治之间的序列也发生了微妙的变化，这是一个重要的变化。东南大学中董事会被视为最高权威，这为学科理想在现实中开辟了生存空间，大学学科取得了现实形态，从而为其有效发挥作用提供了现实条件。但是这种现实本位的学科价值取向学科教育体制与科学研究体制并未与社会实践形成互动机制，导致当时学科建设与中国社会相脱节，其持续发展难以保证，无法形成累积性学科增长方式，同时由于不与中国实际国情相结合，学科建设成效也是有限的，不可能使当时的社会经济从根本上摆脱萧条的困境。

理想与现实本位学科价值取向运用分析思维抽象的理论思辨，将价值的两极——主体与客体预设为独立自存的实体，把本是处于关系之中的价值主客体孤立出来并拔高到本体的高度，这使得价值带有非此即彼的二元对立色彩，导致价值预设和作为学科主体行为的实践出现偏离与冲突，正如杜威所言，"人们喜欢用极端对立的公式进行思考。他们迷恋于把自己的信念归结为非此即彼，认为它们之间没有种种调和的可能性"①。在分析思维二元对立特征影响下，大学学科在对知识与真理的崇尚、秩序与等级的追求以及对市场逻辑的依恋中价值冲突被放大，碎裂片段化的价值抉择造成学科成员的价值迷失，学科组织逐渐陷入了个人自由主义的险境。罗家伦学科建设遵循实践本位学科价值取向，按照历史主义的原则，在社会实践中让两种形态的学科建设理念实现有机统一。

罗家伦时代的中央大学学科价值理念放弃形式主义的二分法，实现理想性学科价值理念与现实性学科价值理念的"和谐共生"，以社会实践为根基在这二元价值中选择最佳的平衡点，这是维系学科体制化的关键。因为一方面在当时生产力极为低下的中国，大学学科必须要充分发挥自身的经济功能，推动社会生产发展，而只有这样，也才能够获得社会各界认同支持，为其体制化奠定基础，因此，服务经济发展是学科建设的首要任务；另一方面，当时大学学科要想融入国际学术共同体，在世界学术界能够享有一定声誉，就必须实现自身理论上的创新与突破。中央大学实践本位学科价值取向将学理和应用两方面价值实现了有效迭合，相依相促，为中央大学学科功能整合提供了观念载体的有效保障。

（二）学科结构重心：由"重学""重术"到"学术并重"

学科结构在不同时期所包含的学科要素是动态变化的，总处于不平衡状态。民国国立大学学科结构经历了北洋政府前期北京大学"重学"、北洋政府后期东南大学"重术"到南京国民政府时期中央大学"学术并重"的演变历程，反映了民国学科建设主体对于学科从表层认知到深层认知，再到实际行动的变化过程。

蔡元培主掌北大时期大学学科制度正处于确立阶段。受传统学科实用理性、政教合一价值理念的影响，大学学科结构普遍存在着重应用、

---

①　赵祥麟、王承绪：《杜威教育论著选》，华东师范大学出版社1981年版，第89页。

轻学理的倾向。学科结构失衡直接导致了学科发展后劲不足，难以实现其推动经济发展的功能。在这一历史过程中，势必要求对现代大学学科建设准则做进一步的规范，并让人们从思想观念上认同、接受现代学科制度和秩序。因此，在这一时期，蔡元培在从事学科制度建设的同时，又高度重视基础理论学科建设。理想本位学科价值取向具有映现学科现实缺陷的批判性功能，但是过于理想化的学科结构设计同现实之间的反差太大，同时由于传统套路运作形成了一种强大的惯性，学科结构现实运行难以从种种根深蒂固的习惯思维定式的运作轨道中摆脱出来，传统同新的学科理想之间存在着厚厚的隔离带，时常发生碰撞，学科理想在实践中步履维艰，难以有效地变为现实。

北洋政府后期东南大学文、理、工、商、医等学科得到和谐发展。郭秉文积极推进多科并重，数者互补的学科结构，多种学科相互交叉渗透，彼此影响支撑，各具特色，既适应了多方面的社会需要，也有利于学生增进知识，拓宽眼界，获得通才与专才相结合的培养。但是学科结构在实际运作中由于缺乏整体意识和全局观念，尤其缺少理性原则的统一指导，应用性学科由于具有与社会沟通融合的直接性以及满足现实社会需要的实效性而受到极端重视，于是基础学科、人文学科备受冷落。"知识的应用"堂而皇之地成了大学学科的首要职能。学科价值合理性的背离引起学科功能失调，学科、专业结构失衡的状况开始受到社会的广泛关注。

南京国民政府成立以后，随着经济、社会的不断发展，产业结构的不断调整，大学学科结构体系有了进一步的修正与完善，强化了学科结构与经济、产业结构、社会需求的适应性，学科结构在市场机制的调节下逐渐趋于合理，学科结构与经济发展基本协调，但仍然需要按照与经济发展的契合度进行科学理性的调整。这一时期大学学科价值观念也由宣扬西化到重视本土化，开始从实践中改变行为，创造模式。学科结构在社会实践中实现了"学"与"术"的有机平衡。中央大学伴随着社会现代化的进程以及学科自身发展，增设医学院，工学院的水利工程系，航空工程系、理学院的心理学系及法学院的社会系，凸显现代学科的实践性、活动性。学科主体现代学科意识增强，文化自觉有了很大提升，从技术和物质层面、组织制度层面到理论精神层面，大学学科的现代意识初现系统性建构，基于自身的历史文化、学术传统和学校实际培育自己的特色学科和优势学科。要建构大学的特色和优势学科，必须要夯实能够体现学科学术本质的文化基础，根植于中国传统学科文化以及本校学科文化历史发展基础之上创造性地转变学科价值观，同时发扬世界其他国家大学学科文化的优秀部分，进而用发展的、系统的观点加以整合，在实践中不断审视大学学科文化的效能，保证大学学科结构动态创新，与时俱进。

（三）学术主体：由"自在""自为"到"文化自觉"

人的存在和发展是自在与自为的统一。"自在"指的是人无意识的存在，他自身规定了自身，不以人的意志为转移的，表现了人存在的客观性；"自为"是人有意识的存在，它是人自身否定自身的存在，是人展开了的存在，它反映了人的思维的转化由低级阶段到高级阶段的发展，即思维会自己创造出自己的对象。"世界不会满足人，人决心以自己的行动来改变世界。"① 无论是"自在"的实体存在还是"自为"的主体都仅仅是片面的而不完整的，只有"自在""自为"后的"自觉"精神才实现了绝对的永恒和统一。自觉指的是在经历了"自在"与"自为"阶段以后，主体在通过内外矛盾关系的冲突与碰撞中完成了对内在深层自我的认知，站在另一种高度上领悟到了事物的本质，主体自此获得了真正独立自由阶段。"文化自觉是指生活在一定文化中的人对其文化有'自知之明'，明白它的来历，形成过程，所具有的特色和它发展的趋向，自知之明是为了加强对文化转型的自主能力，取得决定适应新环境、新时代文化选择的自主地位。"② 学科文化自觉是指学科文化主体对学科文化的自知之明，不仅清晰地知道学科文化的历史来源，同时能够适应新的历史不断调整学科文化，从而在大学转型中达到学科文化的超越。它表现为学科建设主体对于学科发展的理性认识与把握，在实践中的一种自觉践行的愿望以及在学科建设中以一种辩证思维方式主动追求多维文化动态平衡的能力。知

① 中共中央编译局：《列宁全集》55 卷，人民出版社 1990 年版，第 183 页。
② 《费孝通论文化与文化自觉》，群言出版社 2007 年版，第 190 页。

识分子是学科建设的主体，其自在、自为及自觉的精神状态与活动状态反映了学科建设内在的矛盾，也反映了学科实践中主体的觉悟程度。

民国国立大学学科体制构建于 20 世纪初的北大，代表学科建设主体的新式知识分子成分和来源是十分复杂的，有一部分是脱胎于传统的士大夫，他们在 1905 年科举制度废除以后入仕的道路被阻断，传统文化的根基在巨大的历史文化惯性力量作用下依然深厚，他们受到西方民主自由思想文化的洗礼，普遍主张平等、自由的民权思想观念，沉迷于创办期刊，传播新思想，为近代西方国家民主自由理论学说鼓噪呐喊，他们大部分有留洋经历，头脑中满是一些不成熟的新思想新观点，对于民主、自由、共和国的认识并不深刻，也很不到位，这部分人的典型特点在于长于空想，短于实践，具有鲜明的年轻人的个性心理特征。他们清楚地感受到了中国科学技术的落后，并且从不同来源的分散的知识信息中依稀感觉到西方科学技术的先进。

因此，他们所介绍的西方科学，是一种表象化的科学技术，或者说是一种被物化了的技术，他们还没有揭示近代科技知识与资本主义工商业的关系，没有揭示科学技术内部的整体性和系统性结构。同时由于当时社会经济落后，科学教育欠发达，也没有科学研究的联合体，科学重要性只是局限于进步人士所认识，科学家社会地位仍受到诸多限制。当时的知识分子还没有意识到自己是一个阶级和独立的政治力量，不了解自己的历史使命，学科建设表现出浓重的意识形态色彩，德国学科建设理论支配下多数知识分子表现出消极被动"自在"的适应状态。

五四运动以后，大学学科价值主体实现了从"自在"到"自为"的过渡。在这一时期，他们试图在社会中寻找学科外部的"价值"，学者试图将学科学术应用功能置于全部问题的中心，同时，关于现代学科系统理论的构建，让学科建设主体明显表现出了实现"自为"的强烈欲望。这一时期大学学科建设建立在对学科发展规律把握基础上，超越了盲目地受必然性支配，发挥了价值主体能动性，学科价值主体"自为"主要表现在：学科制度的修正与完善中表现出的相对稳定性与延续性，提出董事会的《国立大学校条例》也是对《修正大学令》和"壬戌学制"所规定的国立大学内部管理体制更趋完善有一定的历史价值。①

学科共同体作为一种共同语言发挥了作用，学科主体在学科建设的长期实践中已经成熟起来，逐渐认识到自己的历史使命，建立了自己的组织体系，进行着有领导有组织的学科实践；五四运动后以东南大学为代表的国立大学在追赶世界先进水平的学科建设目标指引下，以美国为蓝本，对当时的大学学科宗旨、学科结构、学科组织与管理模式进行了全面而系统的变革，许多方面在此后都得到了实施或部分实施，引发了思想观念层面的震撼与反省，对于西方科学技术，科学方法与科学精神认识的逐层深入，在思想文化领域为学科发展扫清了道路。确立新的学科价值观念，所追求的教育上的民主化、科学化、实用化和专业化等主流倾向，当时成为中国大学学科建设的一种潮流，对当时大学学科教育理论与实践产生了重要影响，同时对中国科技教育和科学研究的发展无疑起到了重要的作用。相关的学科建设成果开始在相关职业领域得到应用，并深刻地影响了社会行动；建立了一系列农村改进试验区。取得了显著的成效，繁荣了农村经济，改善了农民生活，推动了农业现代化的发展。

但是，这一时期大学学科价值主体受分析思维模式的影响，主体的精神存在被工具存在所吞噬，学科价值主体文化自觉意识淡漠。把大学学科看作政治的附属物，没有充分认识到学科自身的相对独立性，缺乏从学科发展自身规律的角度来探索解决当时大学学科建设实际问题的出路；同时，对西方国家大学学科建设理论的照搬照抄，不考虑到本国的客观条件，学科的规范和学科标准定得过高，超出了当时社会的实际需要与可能，这导致学科建设成效也是有限的，当时科学自主研究与科学家职业化并未因此形成。学科价值主体文化自觉的时代还没有真正到来。

1928—1937 年是中华民国之"黄金十年"。此时以中央大学为代表的民国国立大学由于影响学科发展的外在社会历史条件的变革与学科内在因素共同合理作用，直接推动了学科主体素质的全面提升，这是一个

---

① 董宝良：《中国近现代高等教育史》，华中科技大学出版社 2007 年版，第 122 页。

艰难与持久的过程，只有在正确认识与了解我国优秀传统学科文化基础上，更好地分析和解释所接触到的他国多种学科文化，才能在世界多元学科文化的格局中确定自己所在的位置。对学科文化地位作用的深刻认识、对学科文化发展规律的正确把握、对发展学科文化历史责任的主动担当是学科价值主体文化自觉的先在条件。学科本土化是学科价值主体文化自觉的本质逻辑，这一时期大学学科建设超越"理想"与"现实"的矛盾以及"物"与"人"的迷惘，由"绝对"到"相对"，在社会实践中实现了两种取向的融合。这一时期中央大学对建立民族文化的倡导，对国家意志的追随和对政府需求的积极回应，体现了近代中国大学应该担负的时代使命。学科价值主体坚守学术救国的信念，执着地以大学作为振兴民族文化的基地，体现了大学对于振兴民族的使命感；由于紧密服务国家需求，与政府机关密切合作，大学的经费来源和发展空间得到很大开拓；这一时期学科建设走出了理想与现实非此即彼的价值困惑，回归学科实践本体形态，学科课程设计中或凸显学科知识或突出应用能力，在适应现代化进程中找到学科新的持续生长点。对学科建设社会化的强调以及形式的多样化探索，推进了学科"现代性意识"的深化，出现了民国大学学科发展的高峰期，并对中国社会文化转型起到了推动作用。

此时学科主体能够有效协调学科社会目标与学术目标的关系，自主开展研究工作，学科价值主体在对学科发展理性认识与把握基础上，在学科建设中以一种辩证思维方式主动追求多维文化动态平衡。学科价值主体不断实现由必然王国向自由王国的转化和飞跃，这一时期中国科学家精英将在自己国土上取得的研究成果贡献给国际科学界。抗战前夕，中国高校也因此达到巅峰水平。

（四）学科管理方式：由"民主""集中"到"相互制衡"

学科是大学履行人才培养、科学研究与社会服务职能目标的工作载体，组织结构是学科的基本架构，是学科生存和发展的基础，它是将"组织划分为若干管理层次和管理机构，表明组织内各部分的排列顺序、空间位置、聚散状态、联系方式以及各要素之间的相互关系"①。它反映了学科内部以及学科内部与外部各相关利益群体之间的利益关系，决定了学科成员分工与协调的方式，直接影响学科间资源整合的有效性。高校学科组织结构包含以行政人员为核心的纵向科层组织结构和以科研人员为核心的横向专业组织结构，学科组织结构设计的关键在于合理设定二者严格而明确的界限，使行政权力与学术权力有机结合，形成完备的协调制衡机制。高校学科是一个动态的组织，其生命周期运行不同的发展阶段学科基本特点与主要任务都会有所变化，学科组织结构也会发生变化。学科不同组织结构决定了不同的管理方式，学科管理方式总体上要顺应时代潮流，满足学科成长的要求。自由与秩序是贯穿现代大学学科制度建设的价值主线，民国以来，学科组织结构与管理方式经历了多次演变，每次演变都对大学产生了不同影响。

蔡元培时代的北京大学延续德国大学精神，学科管理方式已发生了重要变化，建立了评议会、教授会，学科组织管理由校长学长独裁制变为"教授治校制度"制。现代大学制度对自由的价值追求要求大学必须崇尚学术、发展学术，保持大学的自由氛围和独立精神，评议会以各科学长与教授为会员，初步建立了近代大学学科管理模式，北大学科管理从国子监封建式管理到追求学术自治的近代大学，不能不说是一种蜕变与进步。古代学科管理主要依靠学术权威个人意志与影响力实现学术组织运作，属于"人治"管理，中国古代诞生于小农经济土壤之上依附于大一统的中央集权君主专制政治体制形成了古代官学学科文化，其从属于政府集权管理，这形成了古代知识分子群体性驯服的心理；另外，囿于封闭的自然地理环境、相对落后的信息传播方式，古代官学形成"师法""家法"的学术传承以及以地域为中心的学术派别，这样容易受到管理者个人意志影响而呈现出随意性、多变性的弊端。

"教授治校"制度在一定程度上体现了民主自治的意义，重视学者政治地位及个体独立之人格，倡导开放自由的学术风气，推崇学者独立钻研；学者依据学术研究的志趣、内容等机缘形成学术共同体，运用成员公认的专业标准进行比较公允的学科评价；倡导通过学人的自律与学

---

① 季诚钧：《大学属性与结构的组织学分析》，人民教育出版社 2006 年版，第 193 页。

术道德建构完备的学科规范。与封建传统学科管理制度相比，"教授治校"学科管理体制更具有学术上的纯洁性，它体现了学科永恒的、精神性的理想状态的设定及价值诉求，是学科发展的内在动力。

但是，北大自实行"教授治校"体制以来，囿于当时社会中存在的人情和关系形成的差序格局及个体价值取向等多方面因素，出现了利益团体之间的权力斗争，参与校务决策成为一部分教授谋取私利的手段，他们借助自己手中的行政授权来影响学校的管理决策，教授权力超出规定范围，出现滥用现象，对学校的良性发展造成极大危害。1918年到1926年的七届评议会，每届评议会参会的评议员共有十六名，其中有七名在七届评议会中竟然连续当选，几乎占评议会总人数的二分之一，这种现象的产生，不能不说与学术地缘化导致利益团体之间出现的权力斗争有极大关系，这种地缘文化造成了传统学科组织零散分割的局面，强化了小群观念，削弱了大群意识，学者将维护狭隘的团体利益作为自身行为的出发点，造成了北大地域学科团体间权力之争。另外，"教授治校"的副产品是教育与实践脱节，大学培养不出社会急需的人才，评议会权力的范围与限度过于宽泛。

郭秉文时代的东南大学学习美国大学学科管理传统，在保留评议会与教授会的同时，增设董事会。这是在行会模式、评议会模式之后的第三代大学学科管理模式。在1924年《国立大学校条例》中规定教育总长指派各校董事，教育部对于校董事会的成员任免具有决定权，所以校董事会实际上是在教育部的操控的范围之内；另外，《国立大学校条例》将原来归于教授会及评议会的教务方面的权力收归教务会议，加强大学行政领导的权力，削弱教授的权力，实则加大了国家行政力量对大学学科的控制与干预；董事会（理事会）制度的优势在于：大学内部的决策机构和执行机构之间，行政权力与学术权力之间划分清晰，机制明了；学科运行有法可依，有章可循，保障了大学的独立法人地位；校外人士作为大学董事会（理事会）的成员，参与大学学科管理，使学科能够更好地反映社会需求，取得社会的理解支持；校长的权力来自董事会（理事会）的授权，这种自上而下的授权方式有利于学科组织各种核心能力的充分发挥，有利于学科资源的统一调动与安排，有利于充分发挥管理者的决策能力和号召力，把握住学科发展机遇，引领学科朝着正确的方向发展。

　　但是，这种董事会学科管理制度也会导致管理者权力因过于集中而难以监督，学科发展带来急功近利的问题。比如东南大学在校董会决策下，经费向哪个学科投入，给哪个学科投入多，哪个学科投入少，时常暗箱操作，完全不顾教育规律，这引发了教授们的强烈不满。1921 年，校董会决定将商科迁往上海，与暨南大学合办商科大学，事先没有征求商科主任杨杏佛的意见，杨杏佛在报纸上才看到这一消息后，顿时勃然大怒，这是导致他与郭秉文后来矛盾激化的根本原因。1924 年 3 月，东南大学校董会以经费不足为名停办工科，由于事先不与主任茅以升沟通，酿成大学风潮。由于受到中国传统从属于政府集权管理和群体性驯服的心理管学学科文化影响，东南大学董事会并不具备独立的决策和监督职能，实践中，大学董事会制度应当根据发展实情进行必要的调整，保证董事独立、客观和公正履行职责，这样才能使董事制度最大限度地发挥协调运转、有效制衡作用。

　　1928 年，以蒋介石为首的国民党，在南京建立了代表大地主大资产阶级专政的国民政府。同时宣告全国统一基本完成，国家政体及运作形式由此进入"以党治国"及"训政"时期。

　　1929 年 7 月，国民政府颁行《大学组织法》，强调大学施行训政体制，贯彻"以党治国"理念，保证政令统一。《大学组织法》正是在这一背景下制定出台的，它废除了原来大学学科管理中的"评议会"、"教授会"机构，而以"校务会议""院务会议"和"教务会议"取而代之。"校务会议"是设于学校层面的学科管理机构，人员构成等同于原来的评议会，只是权力较评议会大为缩减，尤其是取消了"决算""校内各机关设立废止及变更"等权力。主要负责学校总体战略目标、大政方针的决策导向。"院务会议"是设在学院层面的学科管理机构，其权利范围相当于原来的教授会，但其人员并非由教授构成，而是"以院长、系主任及事务主任组织之"，它担负着全校各方力量协调，使管理活动上下通畅的职责。"教务会议"是设在学系层面的学科管理机构，其人员构成包括本系教授、副教授、讲师等，教务会议实际上相当于原来的教授会，只不过权力与重要性大为下降。与此形成对比的是，《大学组织法》中明显提升了校长、院长等行政人员的权力，强调校长具有聘任院长之权力，系主任聘任权需由院长和校长商量决定，完全否定了原来教授会的选举权。各大学忠实地贯彻《大学组织法》的规定，1931年1月，校长蒋梦麟公然表明了北京大学的办学方针："校长治校、教授治学、职员治事、学生求学。"[①] 中央大学校长罗家伦则开创了"中国式"学科管理模式：以学术研究为灵魂，为人类增加知识总量；大学一定要把握时代发展趋势，为民族的生存和发展做贡献。作为社会的中坚和政治精英，大学学人须肩负起救亡图存、改造社会的政治任务；作为学术创新引领者与文化精英，大学学人又须担负起重构民族文化的历史重任。这也就是说，近代中国知识分子需要一身兼二任，承担起"文化人"与"政治人"的双重社会角色，具备文化及政治的双重社会关怀。

　　总之，中央大学在学科管理上以"校务会议"取代评议会，以"院务会议"和"系务会议"取代教授会，同时在学校层面上设立"行政会议"和"教务会议"。这两个机构主要由行政人员构成，将原属于评议会和教授会的一些权力收回，归为己有。中央大学在学科管理实践中实现"校长治校、教授治学"，行政效率有所提高。这样，大学教授治校程度有所削弱，权力有所制衡，大家的话语权才可以保障。中央大学学科管理模式对当前大学推进学科职能转变具有启示意义，它彰显了学科的实践判断性，是一种动态开放的管理模式，强调管理是在人的生存实践活动中现实地生成和展开的，这是适应多变的高等教育外部环境而产生的管理模式，它保持了学科与外部环境变化的适应性，持续给学科带来竞争优势。学科内部依据"能级"原则以及"整分合"原理形成优化组合的群体结构，将具有不同能量的管理者个体有机组合成为一个稳定复杂的动态立体组织结构系统，进而实现各层级管理者责、权、利相对应，决策、执行、监督各管理环节"三位一体"的动态管理模式，是一种"中国式"的学科管理模式。

---

① 杨翠华：《蒋梦麟与北京大学》，载《中央研究院近代史研究所集刊》第17期下册，台北："中央"研究院1988年版，第271页。

三　学科价值取向流变实质之发展态势

学科价值取向是学科运作的灵魂，它通过对学科目标、学科结构与学科管理的定向与调控进而影响整体学科的质量。在不同时期，学科建设理论主旨导向的差异致使其哲学运思方式有所不同，从而表现为学科建设理论形态特性的分歧。

（一）学科主旨流变之发展态势

从学科主旨来看，蔡元培时代的北京大学学科建设主旨主要是要确立学科建设活动的终极根据，这是对于学科的一种永恒的、精神性的理想状态的设定及价值诉求，是学科发展的内在动力，它为大学学科建设提供了确定性终极依据，具有深刻的理论意义，但对于现实的学科实践活动来说，它只是一个理想，是对现实学科发展的心中意象，我们将永远看不到它的充分实现；郭秉文时代的东南大学学科建设则是要确立学科建设的现实保障，学科建设的主题由完美理想转变到在现实中"如何可能"的思考，它所构想的大学学科是要在现实中实现的，所以我们说郭秉文时代的东南大学学科建设这种转变是源于其主旨从理想到现实的变换。

无论是蔡元培时代的北京大学还是郭秉文时代的东南大学学科建设都只从一般原理和抽象原则出发，只具有形式的规范特征，撇开复杂的历史文化及诸多的人的特殊规定，因而缺乏现实感和历史感。学科建设归根到底是一种实践方法，实践之维的学科建设遵循"以现实人的活动为基础、坚持历史主义原则、着眼实践生活的现实要求"的建构思路，是学科实践者在实践中对于一个具体鲜活的实践案例基于理论规范与制度要求的现实判断模式，它是连接着学科理论、学科制度规范和具体学科建设事实之间的"桥梁"与"纽带"，彰显了学科的实践判断性，是学科实践者在实践过程中通过规范与事实之间的相互建构而形成的一种判断思维与操作模式。

实践形态的学科是学科最活跃、最革命的部分，它既是学科的出发点，也是学科的归宿。实践本位的学科建设主旨表现为学科价值既是学科主体的价值生成的过程，也是创造现实社会价值的过程，双方统一决定于学科主体的存在方式及自身的发展状态。罗家伦时代的中央大学学科建设就是以学科实践本性为鹄的，从现实的学科建设实践活动出发，通过学科理想与现实价值取向的互动，在实践中实现二者统一。中央大学这一时期将学科建设主旨整合到民族复兴和国家建设的框架之下，与大学使命与民族救亡的时代主题紧密相连，这种"建立有机体的民族文化以振起整个民族精神"的学科主旨为中央大学学科建设提供了强大的实践整合机制和新的目标导向，大学学科建设走向把握时代精神、以学术研究服务于国家和民族需要的发展道路。

（二）学科运思方式流变之发展态势

从学科运思方式来看，不同时期学科建设者都以确立好的学科知识生产方式为鹄的，只不过同归而殊途，为达成这一共同目标而选取的角度各不相同，决定了运用的思维方式存在差别。蔡元培时代的北京大学学科建设主要运用从现实到理想，现实屈从于理想的思维方式；郭秉文时代的东南大学学科建设主要运用从理想到现实、理想屈从于现实的思维方式；罗家伦时代的中央大学学科建设则着眼于理想与现实互动，主要采用理想与现实有机融合、动态统一的关系思维方式。

蔡元培时代的北京大学学科建设主要以目的论的认知模式为基础，确立以学术研究为本位的理想主义学科价值取向，体现于注重"学理研究"的学科宗旨，"学术分校"的学科结构，教授治校的学科管理，习明纳式的学科组织模式。在这种思维方式之下学科建设趋向于学科建设者纯粹的理性建构，凸显了对大学学科内在本性的把握，从而为学科建设建立了确定性根据。由于缺乏对于学术本位学科价值取向运行的现实要素，诸如学科社会环境及学者的人格特质的考虑，忽略了学科建设实践的复杂性和具体性，理想主义学科价值取向的学科体制在运行过程中遭遇多重困境，这直接导致这一时期大学学科建设"开风气则有余，创造学术则不足"，[①] 学科扭曲式发展，学科价值理想不易实现，基本上

---

① 《胡适思想录5·回顾与反省》，中国城市出版社 2013 年版，第 217 页。

变成一种虚无缥缈的幻想。

郭秉文时代东南大学学科建设主要运用从理想到现实、理想屈从于现实的思维方式，它以工具主义认知模式为基础，确立以学术应用为本位的现实主义学科价值取向，体现于"四个平衡"的学科宗旨、寓文理、农工商教育于一体的学科结构、"董事会制"学科管理模式。在这种思维方式之下大学学科发展步入现实理性轨道，学科发展"现代性意识"进一步深化，学科建设更具体、更具有可操作性。东南大学在学科功能上做了现实主义典型化理论的探讨与实践探索，开拓出一条与社会经济发展密切结合相互促进的大学发展道路。但是，在具体的学科实践中，东南大学现实本位的学科发展模式依然具有很大程度的主观臆断性，缺乏对本国社会发展现实状况的考虑，与当时社会实际需要相背离，将自身的角色限定在专业教育的范围内。此时大学学科发展陷入工具理性主义的危机。

以上两者均是在线性思维运行下得出的。这种二元论的线性思维是一种静态理性主义"非此即彼"的思维方式，尽管在某些情况下也具有一定的必然性和合理性，但是总体上会导致人对于存在的形式化理解的思维困境，而在对理性抽象范畴的原始性的限定中思维进入简单化，最终导致判断错误。

罗家伦时代的中央大学学科建设则主要运用理想与现实的有机融合、互动统一的关系思维方式，它以实践论的认知模式为基础，确立以学科建设实践为本位的学科价值取向，它是学科内在基因与外部环境互动生成的结果，体现于"建立有机体民族文化"的学科宗旨、基于实践"立体化"的学科结构、本土化"校务会"学科管理体制的建立。学科建设者不仅要以高度的文化自觉学习借鉴西方现代学科文化精华，同时挖掘传统学科文化中的先进因素进而做出合理的价值选择，创造性地实现学科价值整合；它改变了从现实到理想以及从理想到现实的单向推进，把学科建设放在人的现实活动中，根植于当日中国之现象社会，通过适应并改变现实社会的生产方式，进而获得新型学科文化深厚的社会现实基础，此时的中央大学在具体的学科实践中，学科知识走向本土化，学科发展与社会实践的互动生成，社会民众科学素养的提升，在满足社会经济发展的需要和水平以及社会对人才培养规格的要求中，学科建设不断实现理想性与现实性价值"和谐共生"，实现具体历史的统一。

（三）学科理论基础流变之发展态势

从学科理论基础来看，蔡元培时代的北京大学学科建设的理论基础是"认识论高等教育哲学"，而郭秉文时代的东南大学学科建设则是一种更具现实合理性的"政治论高等教育哲学"，罗家伦时代的中央大学学科建设则以"实践论高等教育哲学"为指导。

哲学是人们对于美好生活方式的思想认识，并为美好生活方式的实现所设计的一系列制度。高等教育哲学中对大学学科制度的设计一般存在以下类型：一是倾向于学科终极理想，防止现实因素造成对理想的破坏而做的制度设计；二是着眼于现实需要，关注学科现实生存的制度设计；三是既关注理想实现的现实制约因素，又不忘超越现实的理想追求，保障理想和现实实现良性互动的制度设计。由于处理理想与现实的不同方式使得民国三所国立大学表现出从认识论高等教育哲学到政治论高等教育哲学再到实践论高等教育哲学三种理论形态间的演变。

蔡元培时代的北京大学学科建设以认识论高等教育哲学为理论指导的大学学科建设，它认为大学学科目的就是追求知识本身，这是一种精神追求，与任何实用的目的无关。是探讨高深学问追求学理的机构，学术是大学学科的生命，它趋向于把"闲逸的好奇"精神作为学科追求的目的，体现的是学科的自然存在状态，表现出学科建构在超越于现实之上的应然性。认为学科应是一个按自身内在规律发展的独立有机体，遵循的主要是科学研究本身的规律，它摆脱了外界的束缚，成为保护人们进行自由探讨学问和追求真理的自律的场所。同时，它又是一个教化机构，其目的是为社会培养有教养、有趣味、懂得本国或本民族基本价值观和规范的公民。

郭秉文时代的东南大学学科建设以政治论高等教育哲学为理论指导，它认为大学学科不仅仅是探讨高深学问追求学理的机构，而且它对国家有着深远的影响，还是体现国家的意志和时代的要求的社会服务机构，它趋向于将社会服务看作学科追求的目的，认为学科受到国家间不同的历史文化传统、政治体制模式和经济发展水平外部因素的影响，其所扮演的公共角色及其文化性格也自然有所差异，它体现的是学科的社会存在状态，表现了学科建构在现实基础之上的实然性。以客观为认知的中心，体现国家的意志和时代的要求，关注学科建设实施的可行性，彰显学科的法定性与工具性意义，作为一个教化机构，学科力图关注学生的社会现实生存，目标在于为社会培养掌握专门知识与技术的实用型人才。

罗家伦时代的中央大学学科建设以实践论高等教育哲学为理论指导，它视学科价值为人的实践本性，根基于学科建设实践活动的内在性、基础性和本体性，坚持历史主义的原则，从学科建设的现实问题出发，遵循学科价值增长规律，通过学科主体对学科内外部环境变化的理性把握，动态实现学科价值目标体系的创新，不断深化各相关领域的沟通协作，推进学科内外系统有机整合，最终使得学科资源得以合理配置，学科科学发现与技术创新能力实现最大化。

本章小结

学科的构成要素主要包括学科价值目标、学科结构、学科主体、学科管理方式等要素，而学科建设历史的进步，总是需要有适应一定社会时代发展需要的思想观念为先导，所以学科价值取向体现了学科最本质的特征，它决定了学科构成要素所有方面的特征，对学科发展起到决定性的影响。根据民国国立大学学科价值取向的变迁，可以将国立大学的学科发展按照理想本位、现实本位与实践本位的划分，分为三个时期：现代学科制度确立阶段（1912—1919 年）；现代大学学科制度发展阶段（1919—1928 年）；现代大学学科制度成熟阶段（1928—1937 年）。

民国国立大学学科在不断的历史转型中逐渐走向现代化发展之路，通过对大学学科发展历史进程的理性分析，可以发现，一直以来，政府政策在大学学科制度建立过程中所起的重要推动作用，而外部社会经济、文化对学科制度运行产生了重要影响；同时，学科内部学术期刊专业化、学科共同体完善化、学术主体独立化也是民国大学学科逐渐走向组织化与规范化的重要原因。学科建设在不断移植外国经验基础上，逐渐走上以本国学科建设实践为中心的民族化发展道路。

1912—1919 年蔡元培掌校时期的北京大学是现代大学学科制度确立阶段，这一阶段主要是大学学科建设者对西方现代学科理念认识与理解的过程，这是学科实践活动得以开展的前提，是现代大学学科获得实践形态的条件和保证，但是由于只是局限于超验性的理解，这一时期现代学科制度时常陷入实践困境。

1919—1928 年郭秉文掌校时期的东南大学是现代大学学科制度发展阶段，这一阶段主要是大学学科建设者基于对西方现代学科理念认识与理解基础上将之付诸客观现实的过程，因此，这一时期学科建设更加依赖于客观现实的需求，此时大学学科制度走向规范化与制度化，但是在彰显自身法定性与工具性基础上也使自身陷入实践困境。

1928—1937 年罗家伦掌校时期的中央大学是现代大学学科制度走向成熟阶段，这一阶段主要是大学学科建设者在对学科建设实践的批判与反思中不断调整自身观念与行为，使学科获得了新的内涵并且获得更深层次丰富与发展的过程。

这一时期中国现代大学学科制度逐渐走向完善，控制与秩序、民主与自由得到了较为合理的统一，学科发展基于本国实践，获得了自身内部动力。

总的说来，1912—1937 年，大学学科建设逐步完善和系统化。进入 21 世纪以来，大学学科建设内外部环境日益复杂，以人为本、多元和谐应当是这一时期大学学科建设追求的核心价值。以民国国立大学学科建设为历史借鉴，当前大学学科建设应当凸显学科的实践批判性品质，以此建构适应我国现代化进程的学科建设新的生长点。

第六章

民国国立大学学科价值取向
流变之现实反思

  当前，我国正在进行着一场全新而意义深远的高等教育改革，在与这场改革有关的诸多任务中，大学学科建设无疑是改革的重中之重，学科竞争力是大学最持久和最根本的核心竞争力，它也是衡量一所高校办学水平的重要标志。学科建设是一个立足现实、放眼未来具有全局性、整体性和前瞻性的活动，它需要一定的价值观念支撑，学科价值取向对学科建设具有导向作用，它影响着学科建设主体的趋避取舍，有效地引导学科发展路径。要建立这种价值观念需要处理好两个基本维度，即理想性维度和现实性维度。目前我国大学学科建设正面临着价值困惑和难题，由于陷入了"非此即彼"的思维定式导致这种价值观念的摇摆，这客观上强化了人们在"现实与理想"关系上的价值冲突，体现在教育全球化与本土化、学术自由与科层体制、精英教育与大众教育、教育公平与教育效率等诸多矛盾上。大学学科建设在对秩序与等级的追求、对知识与真理的崇尚以及对市场逻辑的依恋中逐渐背离了其自身的价值理念和本质功能，迷失了自己前进的方向，学科的自主性逻辑丧失。当前大学学科建设能否做出符合新时期我国学科发展需要的价值理性选择，将是制约未来大学学科建设成效的关键。民国时期的大学学科价值取向演变的历史轨迹为当前大学学科价值取向的建构提供了一定的借鉴意义。为化解当前大学学科建设价值转型矛盾，学科建设需要"回过头来反思到出发点"，"朝向事物本身"[1] 回归被"悬置"的实践价值形

---

  [1] 张庆熊：《"朝向事物本身"与"实事求是"——对现象学和唯物论的基本原则的反思》，《哲学动态》2008 年第 12 期。

态，实现"理想性维度"与"现实性维度"相依生存，和谐共进，这体现了作为学科外部及内部各相关利益群体的政府、市场及学术之间制衡力量在高等教育资源配置中此消彼长的利益关系，决定了学科成员分工与协调的方式，也体现了学科人才培养、科学研究与社会服务构成的三位一体、多维共生复杂综合的功能体系。

一　实践价值哲学：当前大学学科价值体系构建的理论依据

当前中国社会转型时期在全球化和现代性语境背景下引发不同文化之间的碰撞和冲突，这导致现时代生活实践的一系列价值矛盾和价值冲突。追求价值成为现代人的时尚，"价值"问题在哲学中的位置越来越重要。对于价值问题的哲学思考催生了价值哲学的实践价值论，推动了价值哲学的实质性"变革"。

要搞清楚实践价值哲学的理论进路，必须首先了解实践哲学的历史发展。实践哲学的现代复兴是在哲学的大背景下发生的，它是在综合吸收从古至今一切有益的思想因素之后，对人类实践的一个崭新的哲学思考和回答。传统实践哲学试图从人所从来的终极存在及始初本源中去理解和把握人的思维与存在的关系，这种哲学是人类道德实践的追随品，在对"至善""幸福"的"形而上"的本体诉求中与人的经验世界相分离；近现代哲学则热衷于实证化的物质技术实践，实践智慧放任于"形而下"的活动，它以实用为主的价值取向，虽然更加接近人类经验领域，但却远离了人的意义与价值世界。当代实践哲学的复兴超越了古代本体论和近代认识论的思维方式，实现了哲学理念的根本变革，哲学回到真实的基础之上，也就是回到人类的实践领域，回到生活世界之中，它开始在人的现实的生存活动中理解思维、存在及思维与存在的关系，它认为思维、存在以及思维与存在的关系并不是抽象的固定的存在，而是在人的生存活动中的存在。只有在人的生存活动中，思维和存在才是内在同一的现实的存在，才是不断创造、不断显现的存在。人、人的世界以及人与世界的关系正是在人的生存活动中现实地生成和展开的，因而"离开生存论的本体论和认识论为无效"。哲学不再寻求世界背后的本体，也不再考察人的认识，而是面向人的生存，反思和追问人的生存方式。

当代实践哲学（即马克思意义上的实践哲学）是以人的自由自觉活动为核心，以扬弃异化和人类自由解放、全面发展为目标，以理论和实践（"知"与"行"）相统一为宗旨，以实事求是和批判现存为特点的哲学样态，它摒弃了古代本体论和近代认识论单极思维方式，倡导全面彻底的关系思维，实现了哲学理念的根本变革。

受实践哲学影响，实践价值哲学突破了认识论研究模式以及理论价值哲学的束缚，对价值的概念进行了新的阐释。实践价值论认为，价值是主客体相互作用的产物，价值范畴是关系范畴，而不是实体范畴，也不是事物固有的属性。要科学地理解价值，必须坚持全面的、彻底的关系思维。既要重视主体的作用，重视价值的主体性；又要重视客体的作用，重视价值的客体性；还要重视价值中介的作用，重视时间、地点或环境、条件的作用。"价值是以人和人的生活实践为中心的，是以'人的内在尺度'为根据的，具有鲜明的主体性，它体现着人自身的本性和目的，体现着人的活动的方向性和目的性，体现着人对自身活动的自主调控。"① 实践价值哲学中人的思想与行为被统摄、整合起来，形成具有内在联系的"一体化智慧"。实践价值哲学的特点是：首先，以实事求是思想为指导，"从实践、实践结果出发去理解价值"②。拿事实来说话，重视价值的客观性，强调实践是检验真理的唯一标准，这是实践价值哲学对西方否认价值客观性的主观主义价值论的超越。其次，坚持全面的、彻底的、辩证的关系思维。实践价值哲学不仅重视解释世界，更重视改变世界，它强调实践效益和实践效率的辩证统一，坚持物质文明与精神文明建设相统一，坚持工具理性与价值理性相统一，坚持个人利益与社会群体利益协调统一，眼前价值与长远价值统一，在此基础上把人的现实行动与崇高理想统一起来，既讲求实效，又重视理想、信念、

---

① 孙伟平：《价值论与哲学的实质性"变革"》（http：//news. gmw. cn/2014 – 10/22/content_ 13611706. htm）。

② 王玉樑：《21 世纪价值哲学：从自发到自觉》，人民出版社 2006 年版，第 26 页。

道德建设。再次，坚持综合动态发展的价值尺度。实践价值哲学以社会"综合的文明"为尺度，强调物质文明、政治文明和精神文明的协调发展，凡实践证明能促进主体自由而全面发展的就有正价值；反之则是负价值。最后，坚持实践价值主体文化自觉，在实践中自觉地追求实践活动的高效性。实践价值哲学体现了价值主体的理性批判精神，主体在对具体的、历史的实践客观条件把握的基础上，能够将各种孤立自存的抽象规定重新联结起来，建立主客体之间与诸要素关系之间的统一性和协调性，在实践中力求用最小的代价获取最大价值，体现价值主体特有的能动的过程。

　　总而言之，大学学科价值的多样性和学科价值主体及其需求的复杂性决定了学科建设价值取向的多元性，实践价值哲学为正确地认识学科价值的内涵提供了全新的思维方式，使之摆脱深陷的"非此即彼"的价值困惑，进而实现学科多主体与学科多维客体统合，建立主客体之间的统一，实现学科建设合情（合于人才培养规律）、合理（合于大学学科生命周期基本规律）及合法（合于社会发展的现实）的统一；在实践价值哲学指导下，能够有效推动政府、社会与大学深度合作互动，通过建构三方联动机制，进而优化大学学科管理、提升学科建设效果（见图6—1）。

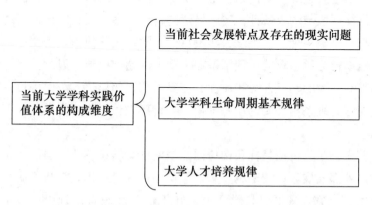

图6—1　当前大学学科建设实践价值体系构成的维度

二　实践价值哲学视域下当前大学
学科价值实现策略

　　大学学科建设最终归宿在于价值的实现，这是一项综合工程，最终在于建构学科价值主体多方联动机制，实现学科价值的和谐统一。当前大学学科价值实现存在着严重的外在价值压倒内在价值，政治价值覆盖了学术价值失衡的现象，因此亟须以实践价值哲学为理论依据，通过动态平衡学科价值目标体系，兼顾学科发展内外影响因素，统筹学科学术结构，实现学科价值主体文化自觉、实现学科管理之张弛有度等策略，推进大学学科价值实现。

（一）"一体两翼"：学科价值目标体系之互动生成
　　学科价值目标是学科建设的出发点与归宿，也是学科建设的首要核心问题，制约着学科建设的整个过程。学科价值目标体系是根据其所处时代与地域条件，以及自身的历史和现实条件综合决定的，它应当是一个立体多元的结构，它是由人才培养、科学研究与社会服务构成的三位一体、多维共生的复杂体系，是在统筹整体利益的基础上，重视单项目标的具体环境与约束条件，实施灵活的目标方案，具有复杂性，动态发展性与不可确定性。由于学科建设目标与学科实践使命紧密相连，它是学科建设行为所追求的预期结果在主观上的超前反映，因此其目标体系建构带有很大的动态性与相对性，需要以辩证的思想方法保持目标体系恰当的张力维系与必要的动态平衡。学科建设目标构建应遵循以下基本原则。
　　首先，学科价值目标建构应回归当前社会转型实践。当前大学学科建设内外部发展环境越来越复杂，学科不再仅是承担教学与科研任务的"象牙塔"，它需要通过科学研究、知识创新和教育培训以产、学、研相结合的方式来为社会提供服务，学科建设需要走进社会的中心，表达当时社会经济发展的需要和水平以及社会对人才培养规格的要求，社会实践是学科建设的最终落脚点，只有扎根于现实社会的土壤之中，才会获得学科价值实现深厚的社会现实基础，学科多主体与学科多维客体统合，其合理性与合法性才能"和谐共生"。

现时中国最大的社会实践就是正经历一场旷日持久的系统经济转型，"区域经济转型就是一个国家或地区运用体制创新、科技创新等手段在其国民经济结构和经济运行机制等方面进行深刻调整和全面转换，对整个社会生活产生重要影响的过程"①，因此，这是一场全面而整体的变革，"是一场由自给半自给的产品经济社会向社会主义市场经济社会的转型，一场由农业社会向现代工业社会的转型，一场由乡村社会向城镇社会的转型，一场由封闭半封闭社会向开放社会的转型，一场由同质单一性社会向异质多样性社会的转型，一场由伦理社会向法治社会的转型"②。社会转型作为大学学科建设的外部因素会影响学科价值目标的变革，这决定了大学学科价值目标的建构与调整是一个动态、渐进的过程，它必须考虑现实社会与教育的需求，以解决区域社会问题，推动区域社会变革为旨归，学科价值目标体系的选择和实施在遵循学科精神总体方向前提下，结合不同大学具体学科建设实践的环境与条件因素以及建设主体自身的心理因素，学科目标可以有着不同的表达形式，在服务社会经济发展中把优势特色学科做强做活。

其次，学科价值目标建构应当实现价值内涵动态平衡。学科价值目标建构是一项复杂的系统工程，现实与理想价值取向是难以消解的一对矛盾。要想协调二者之间的矛盾冲突，目前必须着重处理好以下几对关系。一是精英与世俗文化的关系。大学是学者圣地，知识精英的社群；大学是文化发展的重心，有科学民主创新的精神理念，有平等开放自由的学术氛围，有着几十年乃至数百年的文化积淀；同时，大学也应当对社会发挥能动性，不仅能够适应社会而且能够改造社会，不断增强自身的科学性、针对性和实效性。当然，大学又不能仅仅满足于实现国家利益、政府意志和市场需求，除了推动科技进步之外，更重要的是大学也是一个文化机构，应当是社会的良心，应成为社会的矫正力量引领社会发展，不能完全为世俗所左右。二是中西文化关系。作为不同类型的异质文化，中西两种学科文化各自有着自己鲜明的特征。西方学科文化以科学求真与思想自由为学科价值理念，强调规范化的学科管理，"科学的任务是解释世界，而且解释的形式必须保证具有客观性与说理性，必须排除任何形式的随意性"①。规范化学科管理使学科从模糊状态转向系统和精细化，增强了学科的说服力。另外，西方学科文化追求公共开放的学科知识。学者需要"让自己的认识接受公众的裁决和修正。在他的判断中消除自我，提出对每一个心智与对他自己同样为真的论据。……在这些事实上形成不受个人情感偏见影响的判断"②。中国传统学科文化依附于大一统的中央集权君主专制政治体制形成了古代官学学科文化，从属于政府集权管理和群体性驯服的心理，它囿于封闭的自然地理环境、相对落后的信息传播方式，古代官学形成"师法""家法"的学术传承以及以地域为中心的学术派别；与西方以促进经济发展为目标的法治管理不同，中国古代学科管理是以政治权术为目标的人治管理，它容易受到管理者个人意志影响而呈现出随意性、多变性的弊端。大学学科建设者需要以高度的文化自觉学习借鉴西方现代学科文化精华，同时挖掘本国学科文化中的先进因素进而做出合理的价值选择，创造性地实现学科文化整合。三是传统与现代的关系。中国正处于各领域现代化进程中，现代化是一个多层面进程，它涉及人类思想和行为所有领域的变化。"现代化不只是经济发展，也是政治发展，同时又是文化发展与精神发展。"③ 新的学科文化必须有利于促进学科变革，它需要在传统与现代冲突中实现继承性与创新性的平衡。在学科建设目标运行过程中既要遵循目标体系相对稳定的空间构成与时间运行的章法与秩序，同时还应根据执行环境的发展变化提升自身应变能力，这要求学科建设者以清醒的头脑自觉控制学科建设目标运行状态。

最后，学科价值目标建构应以实践价值目标为核心，实现学科价值

① ［德］波塞尔：《科学：什么是科学》，生活·读书·新知三联书店2002年版，第33页。

② ［英］皮尔逊：《科学的规范》，华夏出版社1999年版，第10页。

③ 罗荣渠：《现代化新论》，北京大学出版社1997年版，第15页。

体系的互动统一。学科建设目标是由现实目标、理想目标与实践目标三个方面构成的有机体。理想目标是学科建设的价值依据，现实目标是学科建设的现实基础，实践目标是学科建设的动力保障，大学学科价值维度不是单一的、凝固的、封闭的体系，而是多元的、动态的、开放的价值系统，现实目标、理想目标与实践目标共同构成"一体两翼"跃动型立体目标系统，使学科价值目标体系呈现螺旋式发展与波浪式前进的良性循环之势，三者统一于反映社会发展需要变迁与合于具体情境的大学学科建设实践。通过三者之间的互动，目标实现动态整合，不断实现学科价值最优化，进而大学学科建设水平得以持续提升。

（二）"内外兼顾"：学科价值影响因素之有机统一

大学学科价值流变的实际状况是多种因素综合作用的结果，学科组织作为区别于企业和行政组织的学术组织，影响其发展的内部基础与外部条件具有自身特点（见图6—2）。知识增长的内部逻辑，学科共同体的形成以及学科带头人的素养是影响学科发展的内部因素；社会环境，学科经营环境及学科自身环境因素是影响学科发展的外部因素，内因和外因是辩证统一的关系，外因是事物发展的条件，在一定条件下对学科发展起着特殊重要的作用；内因是学科发展的自身的内在根据，它在根本上决定着学科发展的方向与速度。现分述如下：

1. 影响学科组织发展的内部因素

知识增长的内在逻辑有助于以知识作为经营材料的学科组织的形成。纵观历史，近代学科知识增长经历了一个"综合—分化—综合"螺旋式发展过程，学科知识逐渐形成了相对完整的体系，学科方法论也得到了相应发展。学科是一个知识系统，它由不同的知识单元和理论模块组成，具有知识管理和知识发现的功能。学科组织是根据具体的知识分类进行知识生产的集约化组织，符合知识增长的内在逻辑要求就能够大大提高知识生产效率。

学科共同体是由一些学有专长的学者组成的科研机构，它们有着共同的科学探索目标及共同关注的领域，经常进行充分的学术交流及多样化高效的实践互动，是在彼此相互依赖、充分合作的基础上所形成的相对稳定的学术团体。学科共同体是学科体制化重要的标志，它表明学科

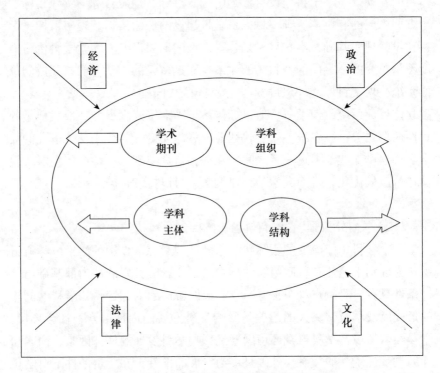

图6—2　影响学科价值的因素及其相互关系

进入的规范化与独立化的发展轨道。学科共同体促进了学科要素的相互渗透和融合，为学者学术研究提供了精神家园，成为学者学术生活方式的载体以及具有公共性质的学术交流和社会传播的渠道与平台。

　　学科带头人的素养在学科组织发展中发挥着十分关键的作用。"组织创新者的存在及其努力是潜在集团转变为有形组织的最主要因素"，学科带头人在学科发展中正扮演组织创新者的角色，其强烈的个人魅力及强大的学术权威性是一个组织创新者不可或缺的特质。"组织创新者具有把潜在集团转变为有形的组织的使命感；具有一定的鼓动力和领导魄力，能够提出和传播一种信念，吸引更多成员加入；还要具有一定利他主义倾向，在一定范围中和一定程度上愿意为别人而放弃自己的利益，以便创立与维系一个组织。组织创新者就好像是一团面粉当中的酵母，通过他的作用，使一团松散的面粉成为作面包的原料。"① 学科带头人是学科的生长点和凝聚核心，其自身所具有的渊博知识、深厚功力、敏锐思想、开阔视野、谦逊宽容等品质为他人所信赖敬重，能吸引具有共同学术偏好的学者凝聚在一起。学科带头人由于"占有知识优势"而形成感召的权力，被组织内部的学者认同其领导地位，并在他的统筹协调下共同进行本学科领域知识生产，加快知识产出。

2. 影响学科组织发展的外部因素

宏观社会环境因素。宏观社会环境因素包括社会需求与政府支持。社会需求（指的是经济、政治、文化等广泛领域的需求）是整个人类社会发展的不竭动力。大学组织的产生缘于时代要求，并为满足社会需求服务。作为大学基层学术组织的学科组织亦是如此。社会需求对学科发展具有制约和导向作用，社会需求既决定着学科投资的需要量，也决定着学科投资的供给量。这必然要求大学学科的规模与发展速度与经济建设的规模和发展速度相适应，学科发展的规模、学科教育内容、组织形式、教育教学手段以及学科人才培养的素质应当与社会需求相适应，相协调。另外，政府在经费上的投入、政策上的支持是促使学科组织发展的重要动力。学科学术价值只有在国家范围内才能得到实现，只有通过刚性的制度保障，学科学术价值才能从理想转变为现实。

中观学科经营环境因素。大学自主办学法人制度的完善意味着大学具有独立法人资格，其主体地位及办学自主权在法律上获得了根本保障。大学是独立的办学实体，学校对办学方针的制定、资源分配等都有自主权，学科组织是大学内部特有的学术组织，因此学校的发展规划以及相关政策对于学科组织影响最为直接，包括学校的战略规划、经费政策、人员政策等，中观学科经营环境因素直接影响学科要素的形成，对于学科组织形成具有决定性意义。

微观良好的学科环境因素。学科环境指的是大学各学科组织之间的相互关系与影响。不同学科组织之间会像生物种群一样存在竞争与共生的关系，从资源的有限性来说，不同学科组织的生存与发展对资源的需要可能完全相同或者部分相同，因此不同学科组织便会出现不同程度的

---

① 张旭昆：《组织形成的条件》，《浙江大学学报》（人文社会科学版）2004 年第 6 期。

争取资源的竞争。同时不同学科组织还存在着共生关系，主要表现在：学科相关的知识水平越高，知识的共享与使用程度越高，学科价值越会有所提升，也越容易催生新的学科组织；各学科要素的关联性与适用性越强，学科组织越活跃，游离态的学科要素越齐全，越容易生成新的学科组织。

　　总之，影响学科价值取向的因素是多元的和不断变化的，其影响的作用是综合性的，程度是非均衡性的，不同的历史时期、不同的学科类型其影响的程度和范围不同。因此简单地用固定的一元化的思维来考虑大学学科的价值选择，只是一种难以付诸现实的理想化模式。但是在这种多元变化的取向之中，却始终贯穿着一条不变的主流（取向），如同钟摆的平衡点，始终牵制着其他各种取向的摇摆幅度，使其不能偏离过远。这一主流取向就是学术本位（理想）的价值取向。这就需要构建大学学科发展演变的张力平衡机制，实现多种影响力量间的相互"制衡"。最主要的是要强化学科组织自身的作用，学科发展的动力或活力，归根结底来源于自组织活动。因此，大学学科建设必须强化学科影响内在因素在学科管理中的主导地位，实现学科组织由"他组织"向"自组织"的转型，通过动态调整学科发展目标、学科知识创新、推进学科共同体建设与完善、推升学科主体素质等来推动学科组织的发展。

（三）"朝向事物本身"：学科结构之实践观照

　　大学学科具有结构性特征，学科结构是大学的基本架构，是大学其他结构存在的基础与依据，它是指在一定学科价值观的指导下学科系统中的组成要素间的配比关系。学科就性质上包含以学科知识本身为研究对象的，偏学术性的基础学科，如数学、物理、化学、哲学等；以及以解决工程实际问题、社会实际问题为研究对象的，具有实践岗位性的应用学科，比如工程类、管理类、计算机科学技术、农学等；因此从性质上学科结构主要体现基础学科与应用学科合理配比关系。学科就内容上包含以解释世界是依照自然程序而运作的自然科学，以社会事物的本质及其规律为研究对象的社会科学，以人的内心活动、精神世界以及作为人的精神世界的客观表达的文化传统及其辩证关系为研究内容、研究对象的人文科学，因此从内容上学科结构主要体现自然科学、社会科学、人文科学的合理配比关系。学科结构的基本特征：一是具有整体性与多元性。学科结构的各组成部分围绕满足社会需求及学科自身发展规律而组合起来，各组成部分之间互异，不能互相取代，也不是单个部分的简单相加，而是根据各组成部分之间内在的联系和规律，形成合理的比例及构成状况，从而使学科结构具有高度的整体性；各大学按照学科不同的社会需求及自身发展实际，学科结构可以划分为不同的类别，因此又表现出多元性特征。二是具有层次性与功能性。学科结构包含了不同程度的层次类型。例如，根据不同的地理空间可以划分为不同的学科区域结构；从社会需求角度划分有高、中、低三个层次的学科市场需求结构等。学科层次结构决定学科功能，学科功能又促进学科结构层次的变化，不同的学科结构层次会产生不同的学科功能。

近年来学科结构战略调整成为贯穿我国高等教育发展全过程的主攻方向，学科结构优化的实质就是以知识创新为指导思想而对现有学科结构进行的合目的性改造。以实践价值哲学为指导，大学学科结构调整应当以适应现代产业发展优化设计为目的，同时遵循动态协调原则实现学科结构的优化统筹。

首先，适应现代产业发展实现学科结构优化设计。当前大学学科结构急需适应现代产业发展实现学科结构优化设计，学科结构应不断根据社会需求进行优化升级，做到学科发展为经济服务。大学需要理顺政府、社会与自身在学科结构建设中的关系，以当地的产业需求为导向，以促进当地的产业发展为己任，构建产学研协同创新的学科发展新模式，利用当地产业优势发展特色学科，建立新兴产业对口学科，最终形成根据自己所处地区的产业结构来设置具有自身特色的学科结构，不断提高学科自主创新能力。

其次，遵循动态协调原则实现学科的融合。大学学科结构调整应以全面提高教育质量为核心，强化学科内涵建设，遵循高等教育和人才成长规律，立足学生发展和区域经济社会发展对人才之需求，逐步建立与社会经济发展相适应的学科结构自我调节机制，根据社会需求以及学科价值链特点来构建适应不同发展阶段特点的动态可持续发展的学科结构模式。第一，学科结构调整应体现系统性与协调性。学科竞争力体现在学科对于人才培养、科学研究及社会服务整体功能协调发挥的程度与水平上，因此学科结构调整应当寻找学科内部各要素与外部系统内在联系，动态统筹规划，协调整体推进。以系统论为指导，把握住学科结构的整体性、相关性、层次性及动态性，优化学科价值链的结构与功能，在学科价值运行中寻找最优方案，使得学科功能实现全方位与重心移动。它既要遵循高等教育发展规律，又要紧密结合我国经济总体发展目标、发展战略和发展方针，根据产业结构的优化升级而主动调整，从而实现大学学科专业结构与产业结构有效对接和最优匹配，真正实现教育为社会为经济服务。第二，学科结构调整应体现适应性。学科环境对学科结构动态调整具有重大影响，学科结构主动适应国家区域经济社会发展需要，适应知识创新、科技进步及学科发展需要，立足学校实际，合理规划实现人才培养与人才需求结构平衡及良性互动。社会需求的变化很大程度上会直接影响到高校学科优势和劣势之间的转化，学科结构调整则是高校培优汰劣的过程，学科结构调整的动态优化机制在有效促进学科专业内涵建设的同时，增强了大学人才培养对社会需求的主动适应性。大学应建立起适合本校实际的"动态调整机制"，并加以严格实施，才能从根本上确保学校未来学科的健康发展，实现学科价值最大化。第三，学科结构调整应体现特色发展。学科特色是大学打造好自己的核心竞争力，可持续发展的必然选择，也是大学服务区域经济、社会发展的有力保障。大学学科结构调整应注重传统，在对本校的学科发展脉络进行系统的挖掘与梳理基础上，寻找学科结构调整突破口；同时应当善于剖析自身办学条件、人才培养现状，充分发挥学科建设主体自身的主动性和积极性，在对本校学科特色目标准确定位的基础上，对契合社会需求的学科"特色产品"给予应有的固化培育。

总之，大学学科结构调整是一个不断完善探索的过程，其必须伴随学科生命周期的不同对学科外部环境变化做出及时反应，未来的高校学科应当以实践价值哲学为指导，充分发挥学科与区域经济社会发展协调与互动，发挥学科主体的积极性和首创性，根据学科自身发展阶段的不同表现与动态能力维度的异质性特征，实现学科结构要素合理性匹配。

（四）"文化自觉"：学科价值主体性之理性诉求

学科价值是标志学科客体对于学科主体需要的满足之间的肯定性关

系的范畴，具体是指学科客体对主体需要的满足所产生的积极效应。学科价值主体指的是以自身内在需要为出发点对学科价值客体的价值属性做出感受和判断，并能够基于价值客体对自身的重要性进而协调自身和客体的关系，并且对学科客体认识，适应，改造和利用的人。当前高等教育转型时期学科价值主体是谁呢？传统的观点认为是由从事教学与研究工作的大学教师、各种不同层次的学生、支撑事务性与学术性工作的职员组成，这种看法遗漏和忽视了其他非常重要的发展资源与社会资本。① 传统对于学科价值主体的认识存在片面性，当前需要重塑学科价值主体，这是大学学科可持续发展的关键。联合国教科文组织在巴黎召开的世界高等教育会议上指出，高等教育正面临着巨大的挑战，而且必须进行从未要求它实行过的最彻底的变革和创新，为适应这一变革和解决所面临的问题，高等教育不仅需要各国政府和高等院校的积极参与，而且需要所有有关人士，包括大学生及其家庭、教师、商业界和企业界、公共和私营经济部门、议会、传播媒介、社区、专业协会和社会的积极参与。② 由此可见，当前大学学科价值主体包含内部价值主体（如教师、学生、行政管理、后勤人员、股东等）和外部价值主体（如用人单位、家长、社会公众、政府有关部门、中学、校友、相关高校、合作单位、媒体、社区等）。大学师生、学校、企业、政府是大学学科最重要的价值群体。

学科价值主体文化自觉意识的培养是面向 21 世纪大学学科能动地把自己建设成独立的综合性大学科的主体前提。它指的是价值主体在学科建设中能够自觉地把理论价值与实践价值相协调，使科学价值与人文价值相辉映，把自我价值与社会价值相统一，并使多元学科价值统一于学科建设实践之中，为大学学科的进步与发展做出应有的努力。当前大学学科价值主体文化自觉需要实现从主体性到主体间性根本变革，这也是当代人的生存方式及教育方式的根本变革。主体性文化自觉建立在

---

① 赵纯均等：《中国管理教育报告》，清华大学出版社 2003 年版，第 135—185 页。

② Anon, The World Conference on Higher Education World Declaration on Higher Education in the Twenty-first Vision and Action Adopted by the World Conference on Higher Education（1998 - 10 - 09），http：//www. unescoorg /education/educprog/ wche/declaration_ eng. Htm.［2008 - 06 - 06］.

"主体—客体"认识人格，把自身之外的一切都占为己有，为自己所用。建立在主客关系基础上的主体将自身之外的一切都视为客体，对它们进行支配，在"主体—客体"的框架中的主体性是一种认识论的主体性，客体成为被征服、改造的对象，主体和客体被分离，建立在主客体关系中的大学学科建设只能是一种人与人关系的对立和分裂。

主体性文化自觉本身所潜藏的危机和缺陷已暴露无遗，主体间性为学科主体文化自觉提供了新的哲学范式和方法论原则，它关注的基本问题就是作为主体的个人与他人的关系问题。"处于主体与主体关系中的人的存在是自我与他人的共同存在，人不能在绝对的意义上独在。"主客体之间也不再是对立的关系，而是平等交往和理解关系。主体间性指的是主体间的相互性与统一性，主体与主体之间内在的相关性，主体间性强调的是不同主体间的协调合作，主体间的自由交往和谐共存。可以说，从主体性到主体间性是学科建设主体"他者"回归的必由路径，也是当前学科价值主体文化自觉应有的价值取向，它是按照一定的学科文化的价值标准，对学科价值选择的理性动态过程，必须保持科学主义和人文主义的张力，倡导技术与人文关怀的融合，保持人与自然的张力，倡导学科实践价值的回归。这一方面需要学科价值主体展开对话，通过彼此价值的输入与输出，实现学科价值和谐化；另一方面，学科价值的产生与发展总是一定文化的产物。这就需要学科建设立足本土，回归价值主体公共的社会实践本源，充分认识自身公共的社会文化的来历，形成过程与价值，在推动社会变革为旨归的学科建设实践中，学科价值主体价值冲突才能得以消弭，才能"和谐共生"，得到具体的历史的统一。

（五）"动态立体化"：学科管理之张弛有度

当前大学学科物质条件有较大改善，内部管理逐步规范化，正式化程度相应提高，学科内部知识增长方式由"粗放型"向"集约型"转变，创新成为大学学科竞争优势更重要的来源，面对更加复杂多变的经营环境的挑战，大学学科管理亟须按照现代立体管理"整分合"的原则，贯彻"立体化"管理模式。

立体化管理是信息社会下关系思维在管理中的运用，它是一种动态开放的管理模式，强调管理是在人的生存实践活动中现实地生成和展开的，管理活动的本质在于在实践中协调人与人以及人与世界的关系。大学学科立体化管理是对传统的平面化管理模式的一种改进，是适应多变的高等教育外部环境而产生的新兴的管理模式，它指的是为了确保学科核心竞争力，保持与外部信息环境变化相适应的领先性，持续给学科带来竞争优势，依据"能级"原则以及"整分合"原理使学科内部形成优化组合的群体结构，将具有不同能量的管理者个体有机组合成为一个稳定复杂的动态立体组织结构系统，进而实现各层级管理者责、权、利相对应，决策、执行、监督各管理环节"三位一体"的动态管理模式。为了实现立体化管理模式转型，大学学科需要在以下方面做出努力。

第一，学科动态统筹管理理念确立。从系统论的角度看，学科是一个由若干要素以一定形式连接构成具有某种功能的动态开放的资源转换系统，它以一定物质资源及人力资本为输入，以知识生产、知识传播和知识应用为主要活动，通过提供知识产品（专业人才）及知识服务来满足多元利益主体的需求，进而实现学科的知识创新能力最大化和知识主体的可持续发展。学科知识生产的目的决不仅是满足政府（投资者）利益最大化的需要，其目的在于动态地满足相关利益者的需要，因此必须对学科的内、外环境，特别是对学科的资源和竞争能力进行动态统筹。

第二，学科事业部式组织结构调整。组织结构是大学学科的基本架构，它反映了学科各相关利益群体之间的利益关系，是学科生存和发展的现实基础，直接影响学科资源整合的有效性。事业部式组织结构又称M形结构，它是对直线职能制组织结构的改造，它指在学科内部以产品、区域需求为依据，将相关的负责知识生产的研究所，负责知识传播的学系以及负责知识应用的发展中心等部门结合成一个整体并相对独立的组织结构形式。每个部门相对独立，独立核算，自负盈亏，享有一定的管理权限，有相当大的经营自主权，同时各部门受学科最高决策机构长期战略计划严格限制，并要完成其制定的一定学科发展目标。这是一种战略管理与内部管理有效结合，实行集中决策指导下的分散经营的相对分权的一种组织结构。事业部式组织结构的特点是：一是施行专业化管理。事业部式组织结构按学科的产出将业务活动组合起来，成立专业化的经营管理部门，每个事业部专门负责知识的生产、传播、应用等业务活动，这样学科总部可以摆脱日常事务，集中精力考虑全局，另外通过分工和有效授权，可以极大调动各部门积极性，增加各部门之竞争实力。二是高度关注经营。事业部式组织结构遵循学科价值增长规律，根据学科的资源状况和所处的外部竞争环境动态创新学科发展目标，通过各相关领域的协作推动学科内外系统有机结合，进而合理配置学科资源，以知识创新能力最大化为标准，对学科发展运筹和谋划，增强了学科内部跨职能部门之间的横向联系，实现知识的生产、传播及应用一体化，最大限度满足各利益相关者利益需求。三是紧密结合实践。事业部式组织结构经营的起点与终点都指向学科建设实践。它紧密结合学科发展的实际，在解决学科建设实践存在的问题、应对现实面临的挑战等重大课题上寻找学科管理的价值的来源和可靠根据，而学科建设实践的实效是最终评价依据。四是实现主体创新。事业部式组织结构体现了学科管理主体的理性批判精神，在对学科具体的、历史的客观条件把握的基础上，依据外部环境和条件的变化，将各种孤立自存的抽象规定重新联结起来，适时调整目标与结构，不断增强主客体之间与诸要素关系之间的统一性和协调性，在动态适应中完成思考力向行动力的转变。管理主体在无止境的对学科发展的理性批判中不断自我超越，达到新的历史高度。

第三，学科组织良好沟通及考核体制的建立。有创造性的、富于效率的、人性化的公共对话机制能够促使大学学科多元合作主体之间增强彼此信任，深化相互合作，实现共同目标，促进共同发展。学科组织应拓展沟通渠道，进一步实现沟通信息化和数字化，保证部门之间信息共享的畅通性；不断完善沟通形式，创新强化双向沟通，使管理信息既能够自上而下的传送，又能自下而上顺利反馈，保持信息的公开通畅；建构学科系统的内部整合机制，通过研究所、学系及发展中心三方联动机制，进而优化学科管理，努力推动"产学研"一体化。另外，为了提升学科整体管理水平和经营业绩，应当建立学系、研究所及发展中心等多部门共同参与的考核机制，考核对象从成员个体绩效考核转向团队整体绩效考核；考核主体建构以政府或各级教育主管部门为主导、学校自主评价为主体、同行评议、社会各界广泛参与的多元开放式学科评价体系；考核重点在于通过考察学科相关职能部门管理者与所属成员和谐共振的程度，考察学科管理理念与落实措施之间的差距；考核手段以学科人才培养过程状态与水平为主线，运用主客体评价互动相结合以及量化评价与质化评价相结合的评价手段，最终通过学科评价促进管理主体自我反思，自我成长。

结　语

　　近代大学学科制度萌芽于 20 世纪初清末新政改革之后，诞生于民国前期，发展于民国中期，它历经三个阶段近半个世纪的发展和演变，完成了近代化历程学科阵地的三次转移：20 世纪 20 年代之前在北京大学，20 年代在东南大学，30 年代在中央大学。每个时期的演变都是为了满足当时社会和经济发展的需要，适应社会和经济的发展而对学科价值系统做出的一系列调整。综合来看，历次演变具体内容不尽相同，这不仅体现出学科发展从理想到现实的"螺旋式"发展过程的一脉相承，又同时显现出每个历史阶段学科建设重心的转换。

　　当前在我国社会转型期利益格局调整的背景下，大学学科建设内外部发展环境越来越复杂，大学学科价值的多样性和学科价值主体及其需求的复杂性决定了学科建设价值取向的多元性，有效激发了相关利益群体的协同动力。当前大学学科建设应该尽快向实践价值哲学转变，实现学科建设范式整体转型。

　　学科价值目标是由理想、现实与实践三个方面构成的有机体。学科理想价值目标是学科建设的价值依据，现实目标是学科建设的现实基础，实践目标是学科建设的动力保障，三者共同构成"一体两翼"跃动型立体学科价值系统，使大学学科建设呈现螺旋式发展与波浪式前进的良性循环之势，三者统一于反映社会发展需要变迁与合于具体情境的学科建设实践。这体现了大学学科建设主体的理论眼光和把握时代的自觉能动精神，也体现了学科与时俱进的创新品格。

　　学科具有结构性特征，学科结构是指在一定课程价值观的指导下学科系统中的组成要素、要素间的配比关系。以实践价值哲学为指导，大学学科结构调整应当适应现实社会需求实现优化设计，同时遵循动态协调原则实现基础理论学科与应用学科的有机融合。

　　基于实践价值哲学视域下大学学科管理模式彰显了学科价值主体的实践判断性，这是适应多变的高等教育外部环境而产生的管理模式，它保持了学科与外部环境变化的适应性，持续给学科带来竞争优势。这需要拓展学科参与主体，发挥政府作用，政府通过发挥公共服务的职能，建立与政府、社会及大学三方联动机制，以推动大学学科管理模式协同创新，实现大学与社会企业深度合作互动。

　　当前需要重塑大学学科价值主体，这是大学学科可持续发展的关键。当前地方高师院校学科价值主体包含内部价值主体（如教师、学生）和外部价值主体（社会企事业、政府有关部门等）。关注学科价值主体的共同素养的提升，通过拓展教育培训内容，加强学科价值主体职责的制度化建设以及在实践中实现学科价值主体能力及素养的提升。

　　总之，学科价值取向是学科运作的灵魂，它通过对学科目标、学科结构与学科管理的定向与调控进而影响整体学科的质量。民国时期学科价值取向之流变无疑对当前大学学科价值定位有着一定借鉴意义。长期以来，人们缺乏对这一时期学科现代化问题的基于实践的系统分析认识，而只是一些片面选择反复强调的面向，在以后的研究中如何通过对史料系统整理分析，本着实事求是的态度，将学科发展与当时社会文化发展与社会变革相结合，特别是对于民国时期相关的学科与政治、学科与文化、学科与社会以及学科与人才培养等重大关系问题在更广阔的意义上进行思考研究，将是研究的重中之重。另外，当前大学学科建设的关键取决于对"学科价值"的认识及在这种认识指导下的具体操作。但到目前为止，相关的理论研究和实践研究都存在不足之处，本书也尚未触及具体的定义和操作系统。未来可以开展的后续研究还包括：对大学学科建设体制及运行机制的研究；对于协同创新大学学科管理模式的政策设计研究等，建议相关部门整合研究力量，得出较为全面、准确的结论，进而指导大学学科的具体建设实践。

参考文献

一 相关史料

《北京大学校史（1898—1949）（增订本）》，北京大学出版社 1988
　　年版。

[美] 费正清：《剑桥中华民国史（1912—1949）》，上海人民出版社
　　1991 年版。

《国立中央大学沿革史》，国立中央大学秘书处编纂组，1930 年。

《国立中央大学校况简表》，国立中央大学秘书处编纂组，1930 年。

《国立中央大学 70 年》，国立中央大学建校十周年纪念特刊，1985 年。

中国社会科学院近代史研究所中华民国史研究主编：《胡适来往书信选》
　　上、中、下册，社会科学文献出版社 2013 年版。

何清儒、郑文汉编：《教育与职业》1932—1934，中华职业教育社 1949
　　年版。

《科学》月刊，中国科学社，1915—1938。

李兴华：《民国教育史》，上海教育出版社 1997 年版。

罗家伦：《中央大学之回顾与前瞻》，中央大学，1941 年。

南京大学档案馆：《南大百年实录中央大学史料选》，南京大学出版社
　　2002 年版。

《南京大学校史资料选编》，南京大学，1982 年。

潘懋元、刘海峰：《高等教育中国近代教育史资料汇编》，上海教育出
　　版社 1993 年版。

潘懋元、刘海峰：《中国近代教育史资料汇编（高等教育）》，上海教育
　　出版社 1986 年版。

宋恩荣、章咸：《中华民国教育法规选编（1912—1949）》，江苏教育出

版社 1990 年版。

舒新城：《中国近代教育史资料》，人民教育出版社 1981 年版。

王焕深：《中国留学生教育史料》，台北编译馆 1980 年版。

萧超然：《北京大学校史》，上海教育出版社 1981 年版。

《中华民国史档案资料汇编财政经济》第五辑第一编，江苏古籍出版社
　　1994 年版。

《中国近代史料丛刊：洋务运动》，上海人民出版社 1957 年版。

《中国近代史料丛刊：戊戌变法》，上海人民出版社 1957 年版。

《中国近代史料丛刊：辛亥革命》，上海人民出版社 1957 年版。

朱有瓛：《中国近代学制史料》第 3 辑上册，华东师范大学出版社 1990
　　年版。

朱有瓛：《中国近代学制史料》第 3 辑下册，华东师范大学出版社 1992
　　年版。

朱有瓛：　《中国近代学制史料》第 4 辑，华东师范大学出版社 1993
　　年版。

朱一章、郑姚铭：《东南大学校史研究》，东南大学出版社 1998 年版。

朱斐：《东南大学史》，东南大学出版社 1991 年版。

二　中文著作

［英］阿什比：《科技发达时代的大学教育》，滕大春译，北京人民教育
　　出版社 1983 年版。

［美］布鲁贝克：《高等教育哲学》，浙江教育出版社 2002 年版。

［美］伯顿·克拉克：《高等教育新论——多学科的研究》，王承绪等
　　译，浙江教育出版社 2001 年版。

陈心爱：《中国现代学术机构的兴起——以北大研究所国学门为中心的
　　探讨》，江西教育出版社 2002 年版。

陈洪捷：《德国古典大学观及其对中国大学的影响》，北京大学出版社
　　2002 年版。

陈平原、夏晓虹：《北大旧事》，生活·读书·新知三联书店 1998 年版。

陈平原、郑勇：《追忆蔡元培》，中国广播电视出版社 1997 年版。

陈平原：《中国大学十讲》，复旦大学出版社 2002 年版。

陈平原：《大学何为》，北京大学出版社 2006 年版。

陈平原：《中国现代学术之建立：以章太炎、胡适之为中心》，北京大学出版社 2010 年版。

陈万雄：《五四新文化的源流》，生活·读书·新知三联书店 1997 年版。

陈翊林：《最近三十年中国教育史》，太平洋书店 1932 年版。

陈能治：《战前十年中国的大学教育 1927—1937》，台北：商务印书馆 1990 年版。

陈燮君：《学科学导论：学科发展理论探索》，上海三联书店 1991 年版。

陈学恂：《中国近代教育大事记》，上海教育出版社 1981 年版。

程新国：《庚款留学百年》，东方出版中心 2005 年版。

程星：《世界一流大学的管理之道：大学管理决策与高等教育研究》，北京大学出版社 2011 年版。

东南大学高等教育研究所：《郭秉文与东南大学》，东南大学出版社 2011 年版。

董宝良：《中国近现代高等教育史》，华中科技大学出版社 2007 年版。

杜成宪：《中国教育史学九十年》，华东师范大学出版社 1998 年版。

方增泉：《近代中国大学（1898—1937）与社会现代化》，北京师范大学出版社 2006 年版。

范先佐：《教育经济学》，人民教育出版社 1999 年版。

［德］费希特：《论学者的使命·人的使命》，梁志学、沈真译，商务印书馆 1984 年版。

高平叔：《蔡元培全集》（1—7 卷），中华书局 1984 年版。

高平叔：《蔡元培教育思想研究》，辽宁教育出版社 1994 年版。

高瑞泉：《中国近代社会思潮》，华东师范大学出版社 1996 年版。

耿有权：《郭秉文教育思想研究》，东南大学出版社 2014 年版。

高伟强：《民国著名大学校长 1912—1949》，湖北人民出版社 2007 年版。

高桂娟：《现代大学制度演进的文化逻辑》，中国海洋大学出版社 2007 年版。

郭金彬：《中国科学百年风云》，福建教育出版社 1991 年版。

黄济：《教育哲学通论》，山西教育出版社 1998 年版。

霍益萍：《中国近代高等教育》，华东师范大学出版社 1999 年版。

黄瑞雄：《文化的冲突与融合》，广西师范大学出版社 2000 年版。

何艾生、梁成瑞：《中华民国科技史》，人民出版社 1994 年版。

金林祥：《思想自由、兼容并包：北京大学校长蔡元培》（八卷本），山东教育出版社 2004 年版。

金以林：《近代中国大学研究：1895—1949》，中央文献出版社 2000 年版。

纪宝成：《中国大学学科专业设置研究》，中国人民大学出版社 2006 年版。

梁柱：《蔡元培与北京大学》，宁夏人民出版社 1983 年版。

李国钧、王炳照：《中国教育制度通史》（八卷），山东教育出版社 1999 年版。

林家有：《政治·教育·社会：近代中国社会变迁的历史考察》，天津古籍出版社 2004 年版。

梁传杰：《学科建设理论与实务》，武汉理工大学出版社 2009 年版。

李喜所、刘集林：《近代中国的留美教育》，天津古籍出版社 2000 年版。

罗荣渠：《中国现代化历程的探索》，北京大学出版社 1992 年版。

李泽厚：《中国现代思想史论》，人民出版社 1979 年版。

柳海民：《现代教育理论进展》，东北师范大学出版社 2001 年版。

柳海民：《当代教育理论进展》，东北师范大学出版社 2002 年版。

冒荣：《至平至善鸿声东南：东南大学校长郭秉文》，山东教育出版社 2004 年版。

毛礼锐、沈灌群：《中国教育通史》第 6 册，山东教育出版社 1989 年版。

孟丹青：《罗家伦的教育思想及实践》，江西人民出版社 2012 年版。

《韦伯论大学》，孙传钊译，江苏人民出版社 2006 年版。

牛力：《罗家伦与国立中央大学》，南京大学出版社 2015 年版。

潘懋元：《高等教育学》，福建教育出版社 1995 年版。

潘懋元：《中国高等教育百年》，广东高等教育出版社 2003 年版。

庞青山：《大学学科论》，广东教育出版社 2006 年版。

曲铁华：《中国教育发展史纲》，东北师范大学出版社 2006 年版。

曲铁华：《中国近代科学教育史》，人民教育出版社 2010 年版。

曲铁华：《新编中国教育史》，东北师范大学出版社 2011 年版。

上海财经大学校史研究室：《郭秉文与上海商科大学》，上海财经大学出版社 2010 年版。

申晓云主编：《动荡转型中的民国教育》，河南人民出版社 1994 年版。

田正平、商丽浩：《中国高等教育百年史论：制度变迁、财政运作与教师流动》，人民教育出版社 2006 年版。

田正平：《留学生与中国教育近代化》，广东教育出版社 1996 年版。

田正平：《中国教育近代化研究丛书》，广东教育出版社 1996 年版。

吴舸：《蔡元培高等教育管理思想研究》，上海交通大学出版社 2012 年版。

［美］魏定熙：《北京大学与中国政治文化》，金安平、张毅译，北京大学出版社 1998 年版。

王德滋：《南京大学百年史》，南京大学出版社 2002 年版。

王玉樑：《从理论价值哲学到实践价值哲学》，人民出版社 2013 年版。

王军：《文化传承与教育选择》，民族出版社 2002 年版。

许小青：《政局与学府：从东南大学到中央大学（1919—1937）》，中国社会科学出版社 2009 年版。

熊明安：《中国高等教育史》，重庆出版社 1983 年版。

熊明安：《中华民国教育史》，重庆出版社 1990 年版。

徐辉：《变革时代的大学使命》，浙江大学出版社 1999 年版。

宣勇：《大学变革的逻辑》上篇，人民出版社 2009 年版。

［加拿大］许美德：《中国大学 1895—1995：一个文化冲突的世纪》，许洁英译，教育科学出版社 2000 年版。

姚国华：《民国教育史》，上海教育出版社 1997 年版。

［美］叶文心：《民国时期大学校园文化》，中国人民大学出版社 2012 年版。

余立：《中国高等教育史》下，华东师范大学出版社 1994 年版。

阎光才：《识读大学组织文化的角度》，教育科学出版社 2002 年版。

［美］亚伯拉罕·弗莱克斯纳（Abraharn Flexner）：《现代大学论》，徐辉、陈晓菲译，浙江教育出版社 2001 年版。

杨东平：《大学精神》，辽海出版社 2000 年版。

于伟:《现代性与教育》，北京师范大学出版社 2006 年版。

周天度:《蔡元培传》，人民出版社 1984 年版。

《光辉的五四》，中国青年出版社 1959 年版。

张宏生、丁帆:《走近南大》，四川人民出版社 2000 年版。

张晓京:《罗家伦评传》，人民出版社 2008 年版。

张宪文:《中华民国史》，南京大学出版社 2005 年版。

张楚廷:《高等教育学导论》，人民教育出版社 2010 年版。

张俊宗:《现代大学制度》，中国社会科学出版社 2004 年版。

张应强:《高等教育现代化的反思与建构》，黑龙江教育出版社 2000
　年版。

张建新:《高等教育体制变迁研究》，教育科学出版社 2006 年版。

张静如:《国民政府统治时期中国社会之变迁》，中国人民大学出版社
　1993 年版。

郑金洲:《中国教育研究新进展·2005》，华东师范大学出版社 2007
　年版。

郑登云:《中国高等教育史》，华东师范入学出版社 1994 年版。

钟叔河、朱纯:《过去的大学》，长江文艺出版社 2005 年版。

朱新梅:《知识与权力：高等教育政治学新论》，教育科学出版社 2007
　年版。

左玉河:《中国近代学术体制之创建》，四川人民出版社 2008 年版。

左玉河:《从四部之学到七科之学》，上海中国书店 2004 年版。

左玉河:《移植与转化：中国现代学术机构的建立》，大象出版社 2008
　年版。

三　期刊论文

鲍嵘:《学科制度的源起及走向初探》，《高等教育研究》2002 年第
　4 期。

陈平原:《北人传统另一种解释——以蔡元培与研究所国学门的关系为
　中心》，《文史知识》1998 年第 5 期。

陈金圣:《从蔡元培北大改革看大学学术权力的制度构建——基于组织
　新制度主义的视角》，《复旦教育论坛》2012 年第 1 期。

陈元、彭春妹：《蔡元培的大学研究院所思想及其成因与启示》，《现代大学教育》2012 年第 2 期。

陈元：《民国时期我国大学研究院所创建与发展的贡献、问题及启示》，《高教探索》2014 年第 1 期。

陈洪捷：《蔡元培对德国大学理念的接受——基于译文〈德意志大学之特色〉的讨论》，《北京大学教育评论》2008 年第 3 期。

陈磊：《蔡元培与郭秉文办学思想比较》，《煤炭高等教育》2010 年第 3 期。

陈博：《罗家伦与中央大学》，《聊城大学学报》（社会科学版）2008 年第 2 期。

陈中文：《论学科建设的价值冲突》，《黄冈师范学院学报》2006 年第 26 期。

楚保玲：《五·四时期蔡元培在北大的教育改革》，《南都学坛》1997 年第 5 期。

蔡磊砢：《蔡元培时代的北大"教授治校"制度：困境与变迁》，《高等教育研究》2007 年第 2 期。

储朝晖：《民国时期党化教育的牺牲者郭秉文与东南大学》，《华中师范大学学报》（人文社会科学版）2012 年第 6 期。

段怀清：《〈学衡〉与东南大学》，《复旦学报》（社会科学版）2000 年第 5 期。

邓小泉：《蔡元培教育观述论——以北大改革为例》，《黑龙江高教研究》2007 年第 5 期。

丁希宇：《中央大学六易校长高校史上一大奇观》，《文史月刊》2011 年第 12 期。

冯夏根、胡旭华：《注重学术服务民族——论罗家伦的大学理念》，《现代大学教育》2009 年第 1 期。

高平叔：《北京大学的蔡元培时代》，《北京大学学报》（哲学社会科学版）1998 年第 2 期。

高树仁：《学科建设的价值取向与实施策略：基于区域的视角》，《现代教育管理》2011 年第 3 期。

谷建春：《高等教育的价值取向与学科专业设置》，《高等教育研究学》

2003 年第 26 期。

霍益萍：《郭秉文和东南大学》，《高等师范教育研究》1995 年第 2 期。

胡延峰：《留学生与中国近代心理学系科的创建》，《徐州师范大学学报》2007 年第 3 期。

胡延峰：《学科规训视野中近代中国心理学学科的发展——以中央大学心理学系为例》，《心理学探新》2009 年第 5 期。

陈何芳：《论大学的学科文化及其功能》，《教育研究与实验》2009 年第 4 期。

蒋宝麟：《抗战时期的国家与大学政治文化：中央大学"易长"研究》，《史林》2009 年第 3 期。

蒋宝麟：《财政格局与大学"再国立化"——以抗战前中央大学经费问题为例》，《历史研究》2012 年第 2 期。

蒋宝麟：《"党国元老"、学界派系与校园政治：中央大学首任校长张乃燕辞职事件述论（1928—1930）》，《社会科学研究》2013 年第 3 期。

蒋洪池：《大学学科文化的内涵探析》，《江苏高教》2007 年第 3 期。

蒋洪池：《高等教育市场化及其对大学学科文化影响》，《江苏高教》2010 年第 4 期。

江沛、迟晓静：《中国国民党"党国"体制述评》，《安徽史学》2006 年第 1 期。

匡尹俊：《蔡元培大学教育理念对大学学术管理的启示》，《湖南师范大学学报》2004 年第 6 期。

刘剑虹：《蔡元培学科建设理论初探》，《学位与研究生教育》2001 年第 6 期。

刘建：《政治与学术的张力：蔡元培"去行政化"教育管理思想论略》，《南京师范大学学报》（社会科学版）2015 年第 4 期。

刘正伟：《国立东南大学与江苏教育近代化》，《东南大学学报》（哲学社会科学版）2002 年第 3 期。

刘继青：《大学改革的理想与困境：罗家伦整理整顿清华大学的前前后后（1928—1930）》，《清华大学学报》（哲学社会科学版）2013 年第 6 期。

李江源：《略论蔡元培的大学制度思想》，《高教探索》2002 年第 4 期。

李春萍：《"春风化雨"：蔡元培与中国现代大学制度》，《高等教育研究》2010 年第 2 期。

李海萍、上官剑：《教授治校制与董事会制：民国初期大学内部职权体系之比较》，《自然辩证法研究》2011 年第 1 期。

李雅娟：《罗家伦与中央大学》，《云梦学刊》2009 年第 5 期。

李泽彧、赵凤娟：《我国高等教育学学科建设：基本轨迹及未来取向》，《中国高教研究》2010 年第 3 期。

李春雷：《20 世纪二三十年代中国新闻学学科的建立》，《河北大学学报》（哲学社会科学版）2007 年第 1 期。

娄岙菲：《蔡元培"兼容并包"之再诠释》，《教育学报》2007 年第 5 期。

娄岙菲：《蔡元培与北大校风的重塑（1917—1918）》，《教育学报》2011 年第 4 期。

雷洪德、马翠民：《蔡元培与北京大学文科》，《高教发展与评估》2012 年第 2 期。

路云：《罗家伦的治校观及其启示》，《扬州大学学报》（高教研究版）2012 年第 1 期。

罗玲、李禹阶：《民国时期国立中央大学的历史教学与历史研究刍议》，《历史教学月刊》2010 年第 7 期。

孟克、常文磊：《科学名世鸿声东南——东南大学工科教育研究》，《价值工程》2014 年第 34 期。

马贝贝、韩冬：《民国时期东南大学"三会一体"管理体制述评》，《教育教学论坛》2015 年第 11 期。

马睿：《当学术史遭遇社会史：论民国文化与中国现代学术体制之建立》，《广东社会科学》2010 年第 6 期。

牛力：《国家需求与大学治理——论罗家伦的大学理念及其实践》，《江苏高教》2013 年第 2 期。

彭江、刘仲全：《中国高等教育近代化中的科学与人文之争——基于文化心态与斗争轨迹的分析》，《黑龙江高教研究》2009 年第 3 期。

曲铁华、于桂霞：《中国近代中小学教材的改革》，《教育研究》2006 年第 4 期。

曲铁华、李娟:《中国近代高等教育的发展演变及反思》,《河北师范大学学报》(教育科学版) 2003 年第 2 期。

曲铁华、王健:《中国近现代科学教育发展嬗变及启示》,《东北师大学报》(哲学社会科学版) 2000 年第 6 期。

曲铁华、李娟:《中国近代科学教育中科学精神的缺失及启示》,《东北师大学报》(哲学社会科学版) 2005 年第 6 期。

曲铁华、袁媛:《近代中国乡村教育实验特点探析》,《教育科学》2007 年第 23 期。

曲铁华、李娟:《论中国近代科学观对科学教育的影响》,《教育科学》2005 年第 21 期。

曲铁华,罗银科:《论国民政府初期职业教育的发展及启示》,《东北师大学报》(哲学社会科学版) 2008 年第 2 期。

曲铁华、梁清:《论蔡元培科学教育思想的内涵及现代价值》,《河北师范大学学报》(教育科学版) 2004 年第 1 期。

曲铁华、袁媛:《〈科学〉月刊的创办及对科学教育的弘扬》,《西北师大学报》(社会科学版) 2009 年第 3 期。

宋月红、真漫亚:《蔡元培与〈北京大学月刊〉——兼论蔡元培对北京大学的学术革新》,《北京大学学报》(哲学社会科学版) 1997 年第 6 期。

田正平、张寅:《南京国民政府初期教育厅长群体研究》,《高等教育研究》2014 年第 9 期。

田正平:《蔡元培与民初教育改革》,《高等教育研究》2011 年第 7 期。

田正平:《教育制度变迁与中国教育现代化进程》,《华东师范大学学报》(教育科学版) 2002 年第 1 期。

田正平:《南京国民政府初期省级教育行政与省教育经费独立》,《高等教育研究》2014 年第 4 期。

田正平:《论民国时期的中外人士教育考察——以 1912 年至 1937 年为中心》,《社会科学战线》2004 年第 3 期。

田正平:《国民政府初期对高等教育的整顿 (1927—1937 年)》,《河北师范大学学报》(教育科学版) 2012 年第 1 期。

田正平:《近代中国大学教师的资格检定与聘任》,《教育研究》2004 年第 10 期。

田正平：《辛亥革命与中国教育近代化》，《浙江大学学报》（人文社会科学版）2002 年第 1 期。

田正平：《中国教育期刊的现代化特征》，《高等教育研究》2003 年第 1 期。

田正平：《嬗变中的留学潮流与民国初年的教育改革》，《华东师范大学学报》（教育科学版）1995 年第 2 期。

王建艳、余生：《论蔡元培"教授治校"的民主管理思想》，《教育与职业》2007 年第 11 期。

王剑：《杜威孟禄的中国之行与东南大学》，《东南大学学报》（哲学社会科学版）2002 年第 3 期。

吴民祥：《蔡元培的"悖论"——中国近代大学的学术诉求及其困境》，《清华大学教育研究》2010 年第 3 期。

王运来：《罗家伦主持中央大学》，《民国春秋》1998 年第 4 期。

王业遴、曹寿椿：《国立中央大学农学院园艺系简史》，《中国农史》1997 年第 4 期。

万力维：《学科：原指、延指、隐指》，《现代大学教育》2005 年第 2 期。

项义华：《"兼容并包"：在理念与现实之间——以蔡元培为中心的考察》，《浙江学刊》2009 年第 5 期。

项贤明：《蔡元培的高等教育管理思想及其启示》，《高等教育研究》2001 年第 2 期。

项建英：《民国时期综合性大学教育学科论略——以中央大学、北京大学为个案》，《高教探索》2006 年第 5 期。

许小青：《论东南大学的国立化进程及其困境（1919—1927）》，《高等教育研究》2006 年第 2 期。

许小青：《郭秉文与民国教育界》，《教育学报》2014 年第 5 期。

许小青：《北伐前后北京的国立大学合并风潮（1925—1929）》，《中山大学学报》（社会科学版）2010 年第 1 期。

许小青：《从"国学研究会"到"国学院"——东南大学与 20 年代早期南北学术的地缘与派分》，《江苏社会科学》2006 年第 2 期。

徐剑虹：《学术性·民族性·本土性：罗家伦的大学理念与实践》，《高教探索》2011 年第 4 期。

宣勇：《基于学科的大学管理模式选择》，《中国高教研究》2002 年第 4 期。

薛其林：《学术兴盛与方法创新——论民国学术研究方法问题》，《中州学刊》2003 年第 1 期。

殷修林：《蔡元培"教授治校"教育体制改革探析》，《广西社会科学》2012 年第 10 期。

阎光才：《中国学术制度建构的历史与现实境遇》，《北京师范大学学报》（社会科学版）2008 年第 6 期。

赵俊芳：《论大学学术权力》，《东北师范大学学报》2008 年第 2 期。

赵俊芳：《转型期我国大学学术组织的变迁》，《福建论坛》2010 年第 11 期。

赵俊芳：《现代大学制度构建的内在冲突及路径选择》，《高等教育研究》2011 年第 9 期。

赵俊芳：《中国高等教育 60 年历程及经验》，《中国高等教育》2009 年第 10 期。

左玉河：《现代学科体系观照下之经学定位》，《江海学刊》2007 年第 3 期。

左玉河：《坚守与维护：中国现代大学之"教授治校"原则》，《北京大学教育评论》2008 年第 2 期。

左玉河：《典籍分类与近代中国知识系统之演化》，《华东师范大学学报》2004 年第 6 期。

左玉河：《从孔门四科到儒学四门》，《中州学刊》2004 年第 5 期。

左玉河：《先秦分科观念与中国学术分科之特征》，《学术研究》2005 年第 4 期。

左玉河：《西学移植与中国现代学术门类的初建》，《史学月刊》2001 年第 4 期。

张雪蓉：《国立东南大学办学思想和办学实践的启示》，《高等工程教育研究》2003 年第 2 期。

张雪蓉：《1920 年代东南大学的董事会制度研究》，《东南大学学报》

（哲学社会科学版）2005 年第 6 期。

张雪蓉：《民国初期国立东南大学的教育推广活动》，《大学教育科学》
2011 年第 3 期。

张雪蓉：《20 世纪 20 年代东南大学留美知识分子群的集聚与离散》，
《江苏社会科学》2011 年第 4 期。

张雪蓉：《1920 年前后中国大学变革的现实启示》，《南京社会科学》
2005 年第 6 期。

张大良、王运来：《郭秉文"四个平衡"的大学教学思想探微》，《中国
大学教学》2007 年第 10 期。

张晓京：《近代中国的"歧路人"——对罗家伦生平与思想的再认识》，
《湖南科技大学学报》（社会科学版）2008 年第 2 期。

张守涛：《民国中央大学党化教育研究》，《档案与建设》2015 年第 3 期。

张立文：《民国学术的发展与中国学术理论形态的应世转生》，《求索》
2001 年第 3 期。

周洪宇、陈竞蓉：《艰难的改革家：中国现代教育改革先驱郭秉文》，
《高等教育研究》2014 年第 10 期。

周洪宇：《论中国现代性大学的起源》，《高等教育研究》2015 年第 6 期。

周洪宇：《留美归国教育家对中国现代本土教育理论的探索》，《中国教
育学刊》2010 年第 8 期。

朱庆葆：《国家意志与近代中国的大学治理——以罗家伦时期中央大学
的发展为例》，《学海》2012 年第 5 期。

四 硕、博士学位论文

陈学东：《近代科学学科规训制度的生成与演化》，博士学位论文，山
西大学，2004 年。

崔恒秀：《民国教育部与大学关系之研究（1912—1937）》，博士学位论
文，苏州大学，2008 年。

陈元：《民国时期我国大学研究院所研究》，博士学位论文，华中师范
大学，2012 年。

邓小林：《民国时期国立大学教师聘任之研究》，博士学位论文，四川
大学，2005 年。

胡金平：《学术与政治之间——大学教师角色的历史分析》，博士学位论文，南京师范大学，2005 年。

雷婷婷：《郭秉文的平衡办学理念与实践研究》，硕士学位论文，南京师范大学，2007 年。

李娟：《党化教育、大学自治与人事纠葛》，博士学位论文，华东师范大学，2009 年。

李春萍：《学科制度下中国学术的演变：以北京大学为例 1898—1927》，博士学位论文，北京大学，2004 年。

李婷：《郭秉文的高校办学思想研究》，硕士学位论文，山东师范大学，2015 年。

刘贵华：《大学学术生态研究》，博士学位论文，华东师范大学，2004 年。

庞青山：《大学学科结构与学科制度研究》，博士学位论文，华东师范大学，2004 年。

任艳红：《民国高等教育立法与现代大学制度的形成（1912—1949）》，硕士学位论文，陕西师范大学，2006 年。

宋旭红：《论学术职业发展的内在逻辑》，博士学位论文，华中科技大学，2007 年。

王婕：《民国时期大学生就业研究（1912—1937）》，硕士学位论文，郑州大学，2012 年。

夏兰：《民国时期现代大学制度演变研究》，博士学位论文，复旦大学，2012 年。

许衍琛：《近代中国大学社会服务研究》，博士学位论文，南开大学，2014 年。

胥秋：《大学学科文化的冲突与融合》，博士学位论文，华中科技大学，2010 年。

徐春霞：《民国时期国立中央大学的农业教育》，硕士学位论文，扬州大学，2008 年。

张雪蓉：《以美国模式为趋向：中国大学变革研究（1915—1927）——国立东南大学为个案》，博士学位论文，华东师范大学，2004 年。

翟亚军：《大学学科建设模式研究》，博士学位论文，中国科学技术大学，2007 年。

五　外文文献

Humboldt W. V. *Der Litauische Schuilchte. Flitner*, *A. Wilhelm Von Humboldt* ——*Schriften zur Anthro-pologie und Bildungslehre*, Berlin：Spring Verlag Berlin, 1984.

Isaiah, *The Crooked Timber of Humanity*：*Chapters in the History of Ideas*, Landon：John Murry, 1990.

Ruth Hayoe, "Peking University and the Spirit of Chinese Scholarship", *Comparative EducationReview*, Vol. 49, 2005.

Oili-Helena Ylijoki, "Disciplinary Culture and the Moral Order of Studying—A Case Study of FourFinnish University Departments", *Higher Education*, Vol. 39, No. 3, 2000.

Charles E. McClelland, State, Society, and University in Germany, 1980.

Jennings Pinkwei Chu, Chinese Students in America：Qualities Associated with Their Success, 1922.

Wen-hsin Yeh, The Alienated Academy：Culture and Politics in Republican China, 1919 – 1937, 1990.

后　记

　　"读书不觉已春深，一寸光阴一寸金"，与书相伴的日子总感觉时光是在飞逝，蓦然发现春天带着她那独有的母性的温暖和香色再次来到人间，柔嫩的柳枝在春风里畅快地舒展着自己的腰身；羞涩的小草也悄悄从土里探出头来，睁开惺忪的睡眼，好奇地张望着这个世界；广场上，一群大人还有孩子们手拉线绳，正快乐地将风筝送入天空，有立体感十足的龙、鹰、大黄蜂等，形象逼真，让人大饱眼福。

　　博士论文终于在这样一个阳光明媚的春日完成了，历经艰辛，终于如愿以偿，这时心里反倒没有太多的兴奋与快乐，甚或隐约感到一丝局促与忧伤：局促的是"书到读时方恨少"，"学，然后知不足"，在知识的某个领域，当你越深入研究，越感到令自己迷惑的问题越多；忧伤的是，师大九载，铺就了我生命中最重要的时光，此情此景此人，要说再见，心中难舍之情溢于言表。

　　书者，述也。可以明智，可以寄情，可以达意，可以导行。读书能够让人的内心宁静，能让人心灵自由，能让人灵魂独立。"世事洞明皆学问，人情练达即文章"，读书能够让人更加了解与懂得生活，父母之爱，师生之情，同学之谊，夫妻之缘，一切都是那样值得珍惜。面对这篇完成的博士论文，让我想起了许多人，许多事，而这些回忆像微笑一样，带着一份阳光般的温暖和感伤，让我永远不能忘怀。

一　无迹方知流光短　有梦不觉人生寒

（一）植梦

　　没上小学的时候心中就有一个梦想，那就是自己能够在一间宽敞明亮的教室里，站在三尺见方的讲台上，手拿粉笔与教鞭，大声给学生们讲课。每当大人们询问："你长大了想要当什么"的时候，我总是毫不犹豫地回答："当老师啊。"

记得有一次，应当是晚春初夏时节，小伙伴们在一起玩游戏，模仿老师给学生讲课。讲什么呢？有人建议说就讲植物课吧，讲地里的玉米，认识它的根茎叶，学会它名字的写法。可是，要有形象的教具就更好了。这时，我想到家中菜园爸爸种的一片玉米苗，于是，毫不犹豫，三下五除二，回家齐刷刷把玉米苗全拔光了拿到"课堂上"，那次我是过足了当老师的瘾，现在想来还兴味悠长呢。只不过，爸爸回家后，把我痛打了一顿。想想那个时候真是很单纯，为了做好老师，不管不顾，这种精神，这种当老师的感觉，现在很难再找到了。

上小学的时候，与同学疯闹，嘴唇跌破一个大口子，出了很多血。去医院打针换药，每次当很疼想哭的时候，爸爸就说："别哭了，你得配合医生好好治，不然的话，嘴唇留疤，你就当不成老师了。"这句话果然奏效，说完我就会乖乖的，悄无声息。

童年时代的梦想一直伴随着我。人生的戏剧那时开始上演，生命的卷轴也从那里舒展。童年的梦想是生命的保鲜剂，人生一步一步前行，它让我感觉到梦想就像手电光一样，它照亮了我前行的路，总是让自己心里充满着温暖的能量。

（二）寻梦

树立梦想简单，成就梦想的过程不易。冰心有一句话说道：成功的花，人们只惊羡她现时的明艳，然而当初她的芽儿，浸透了奋斗的泪泉，洒遍了牺牲的血雨。

初中是在一个小镇上读的，那里没有高中，很多学生读完初中就出去打工，或者在家务农，有的甚至选择结婚。要想考大学，只能考上市里的独立高中，这对于一个镇上初中学生而言，真的是很难很难。初三的时候，教我数学的老师曾对我说：你考上独立高中，希望不大。不知是为什么，她的这句话并没有让我心灰意冷，反而激发了我的执拗，此后，我反而更加斗志昂扬，我在心中默念：我一定要考上，证明给数学老师看。我记得初三下半学期，我几乎没怎么好好睡觉，和衣而卧，醒了，就继续学习。晚上做理科习题，早晨背诵记忆文科知识。家门前菜园里有一条小径，那是我来回走着练习背诵的地方，由起点到终点五十步，由终点到起点五十步。我还记得当时综合习题性质的黄皮书，因为书中答题处地方有限，我的那些黄皮书里都夹满了纸条，上面都密密麻麻写满了我的解题步骤。功夫不负有心人，中考我以全县第一名的成绩考入市独立高中，现在想起还时常为自己当时的执着与拼搏赞叹不已，考上独立高中，自己离梦想更近一步，其实也要感谢数学老师，是她的激将法激发了我沉睡的潜能，让我超越了我自己。

　　高中住校。每个周末都会坐客车回家，大吃一顿后，妈妈再给我带上一些好吃的。周日晚上坐车回校，一般都是爸爸送我到车站。有一次，客车已经启动了，开得越来越快。不经意间，从客车后视镜中我看到有个人在跟着车子奔跑着，啊？似乎是爸爸。是的，是爸爸。我急忙呼唤司机停车。这时爸爸已是气喘吁吁、汗流浃背。他跑过来，从里怀兜里掏出来二十元钱，对我说："这钱留着自己买些水果什么的吧，学习累，吃的不能凑合，身体很重要。"我的眼泪马上流了出来，为了不让爸爸看见，我接过钱急忙上了车。一路上，我的眼睛始终是模糊的。爸爸对我一直都很严厉，而我自此才明白他是爱我的，只不过他的爱不外露、很隐藏。

　　爸爸当了一辈子老师，所以他也很支持我报考师范大学的梦想。填报志愿的时候，爸爸帮助我将所有志愿依次排列，都填写了师范类院校。如愿以偿，我顺利地被东北师范大学提前录取。追寻梦想的过程的确就是"衣带渐宽终不悔，为伊消得人憔悴"的过程，痛苦并快乐着，回首往事，人生种种经历都积淀为自己人生的财富。

　　（三）圆梦

　　1993 年 9 月，我终于在兴奋与好奇中来到东北师范大学。当时的感觉就是校园真大啊，校园太美了。1994 年春节联欢晚会上宋祖英演唱了一首歌《长大后我就成了你》，"小时候我以为你很美丽，领着一群小鸟飞来飞去，小时候我以为你很神气，说上一句话也惊天动地。长大后我就成了你，才知道那间教室，放飞的是希望，守巢的总是你……"那个时候我在师大读本科二年级。好喜欢那首歌，没事的时候经常吟唱，感觉歌中说的就是自己。童年的梦想马上就要实现了。

本科毕业以后，我来到吉林师范大学，当了一名大学老师。说实话，刚刚参加工作的时候，我并不知道科研对于大学教师的重要性，如何去搞科研？甚至认为老师只要教好课就行了。但是在教学中发现，当一名真正优秀的大学教师远不止"传道、授业、解惑"这么简单。在教中国教育史课程的时候，看到两千多年以前荀子曾谈到对大学老师的要求："师术有四，而博习不与焉。尊严而惮，可以为师；耆艾而信，可以为师；诵说而不陵不犯，可以为师；知微而论，可以为师。"大学老师需要拓展自己的知识视野，练就自身对学科发展及社会发展的预见力，形成自己自成体系的学术观点，这需要时间的历练与自身不断的努力。我知道，在日趋平淡的教学生活中自己需要重拾初生牛犊不怕虎的精神和新鲜，不断尝试改变自己，推动自身生命成长。所以，报考硕士与博士是摆在我面前提升自己的必经之路。

《华严经》中有一句话，叫："不忘初心，方得始终。"一个人做事情，如果能够始终如一地保持当初的信念，最后就一定能得到成功。"无迹方知流光短，有梦不觉人生寒"，路是艰辛的，但是因为怀有最初的梦想，我会一路欢歌，邂逅生命最美花开！

二　路漫漫其修远兮　吾将上下而求索

2011年9月，我考上东北师范大学教育学部教育史专业博士，重回母校，师从曲铁华老师，研究方向是近现代教育史。曲铁华老师为人严肃，对学生总是严格要求。在上博士一年级专业课的时候，课下老师就总是与我们商定博士论文选题的问题。我读硕士的时候毕业论文选题是《论近代"中体西用"的教育思想》，将"中体西用"的教育理念放在近代历史发展的背景下，研究其由早期洋务派、资产阶级改良派、资产阶级维新派到以张之洞为代表的晚期洋务派的发展演变，揭示其内涵的动态变化以及对于近代教育实践产生的影响。我想拓展硕士期间的研究，将其拓展到民国时代，在中西文化冲突融合的背景下民国高等教育的历史发展，当时选题还不是很清晰。初定的大方向也得到了老师的认同。

2011 年 10 月，省高师培训中心有一个培训课程，关于高校学科发展与专业建设相互协调的问题，我有幸参与其中，课下我进行了反思，写了一篇题目为《论大学学科发展与专业建设相互协调的管理策略》的论文，投到《江苏高教》，被其 2012 年第 2 期录用。在此基础上，我在想民国时期大学学科发展是如何应对学科的多重功能的？在学术与政治的矛盾冲突中大学都采取了哪些策略呢？于是有了这样的思路：以理想与现实价值取向为主线，研究民国时期大学学科发展的历史变迁。老师在这方面正好有一定先期成果积淀，她的一些文章都给了我很好的启示。

研究的过程的确是个艰难的过程。对于论文的框架的清晰程度，与研究者文献掌握、阅读与理解的多少有直接的关系。朱熹《观书有感》中说：半亩方塘一鉴开，天光云影共徘徊。问渠那得清如许？为有源头活水来。那种忽明忽暗，一会儿明白一会儿糊涂的感觉持续了很长时间。民国时期（1912—1936）国立大学学科价值取向主要经历了理想本位、现实本位与实践本位的发展历程，具体表现在政府政策文本设计与大学制度规定当中，但是在实践运行上是否与之相合，还是偏离了最初的规定呢？这就需要以当时有代表性的国立大学作为近代大学学科发展的案例，考察学科价值取向的实践表征，考察学科价值取向所设计的制度安排实际运行情况，进而分析造成如此流变的影响因素，以之为当前研究型大学学科建设的价值判断和选择提供借鉴。

论文力图通过系统整理现有研究成果，将民国国立大学学科放在一个开放、复杂多变的环境中，进而从动态的、演化的视角来分析和理解学科存在与发展规律，通过学科价值取向"应然"设计与"实然"表征的对比，分析造成如此流变的影响因素，突破了传统学科价值取向研究仅着眼于学科建设理论研究的局限，研究内容深入到具体的操作层面，深入探讨外在学科环境变迁对学者及其学术工作所带来的影响。论文从构思到行文得到了导师曲老师无数次的启发与指点，曲老师从论文逻辑层次到具体内容帮助我耐心修改，写论文的过程中，自己最大的收获无疑是看了大量的史料与文献，另外，感觉自己分析与解决问题的能力也获得了极大提升。

由于参考文献与历史研究资料的欠缺以及时间与经验的限制，对于不同历史阶段理想、现实与实践本位学科价值取向的现实表征还缺乏深入研究，尤其是对于学科价值历史演变的内外部逻辑的解释较为薄弱。作为当前学科建设理论指导的实践价值哲学研究的理论框架还比较稚嫩和单薄，这些不足之处都需要假以时日逐步完善。"行路难，行路难，多歧路，今安在"，后续的研究道路仍然艰辛崎岖，但是在崎岖的道路上会比在平坦的道路上行走收获更多，也更加精彩，"路漫漫其修远兮，吾将上下而求索"，在积累中收获，在收获中反思，在反思中成长。

三　借得大江千斛水　研为翰墨颂恩情

论文是在导师曲铁华教授的悉心指导下由本人独立完成的。论文从选题、资料收集、框架设计到论文的撰写与修改，每一个环节中都凝聚着导师的汗水和心血。忘不了师门读书报告会后导师请我们吃饭时的谈笑风生，忘不了自己与导师就论文每一段落、每一词汇的推敲与争辩，忘不了被导师点拨后的茅塞顿开、恍然大悟，也忘不了长途电话的那边导师对自己学业的督促与鞭策……导师海纳百川的气度、既温和又严厉的性格、机智敏捷的思维以及宽宏博大的视野让我永志不忘，深刻影响着我日后的工作和生活。民国时期清华大学校长梅贻琦曾说过："学校犹水也，师生犹鱼也，其行动犹游泳也，大鱼前导，小鱼尾随，是从游也。"

导师的教诲，春风化雨，受益终生，我会以导师为榜样，进而影响我的学生们。在此衷心祝愿老师身体健康，事业顺利，阖家幸福。

感谢东北师范大学教育科学学院教育史导师组的所有老师，各位老师给予我很多的帮助和支持，在论文的开题和写作过程中各位老师都有针对性地提出了宝贵的意见和建议，使我对论文相关问题有了较深刻的理解。非常感谢！老师们对研究工作的严谨态度和一丝不苟的精神，令我深深感佩。

感谢东北师范大学！是母校培育了我，让我在这里度过了人生中最为重要的九年的时光，临近毕业的边缘，回首校园度过的春秋，我有着无限的感慨和依恋。我对师大充满了深深的感激之情，是她教会我在勤奋求知中不断陶冶心灵，提升品格，"生斯长斯，吾爱吾庐"，我对师大充满了深深的感激之情。衷心祝愿东北师范大学早日成为世界一流师范大学。

"独学而无友，则孤陋而寡闻。"今得与同窗师门兄弟姐妹同窗共学，相互切磋，乐趣无穷。感谢师门大集体，感谢我的学友樊涛、于喆、夏辽源、苏刚、邵林海、慈玲玲、郑晓坤和霍东胶多年来给予过我的大大小小的帮助，求学期间的共勉互励、相互扶持至今令我难忘。与大家共同度过的学习时光永远是那么美好，风雨同舟的生活使我求学路上不再寂寞。

最衷心地感谢我最亲爱的父母！我所有的一切都凝聚着父母无限的爱和无尽的心血，是父亲引导我走进了师范大学的殿堂，是母亲在生活中给予了我无微不至的关怀。父母对女儿的深厚感情和无私奉献是我学习和生活的巨大动力，永远激励着我在学业上孜孜以求。感谢我的爱人与孩子，多年来他们的幕后支持使我的论文撰写免去了后顾之忧。

最后，对所有的给予论文关心、帮助、支持、鼓励的师长、学友、亲人和朋友们表示诚挚的感谢与崇高的敬意！

王丽娟于吉林师范大学图书馆四楼

2016 年 3 月 10 日

在学期间公开发表的论文及著作情况

论文名称	期刊名称	刊发时间	刊物级别	第几作者
1.《论大学学科发展与专业建设相互协调之管理策略》	《江苏高教》	2012 年第 2 期	CSSCI	1
2.《由依附到整合——近 30 年农村教育价值观的历史变迁与现实审思》	《东北师范大学学报》（哲学社会科学版）	2012 年第 5 期	CSSCI	2
3.《大学校长行政伦理：困境与出路》	《江苏高教》	2014 年第 4 期	CSSCI	1
4.《德性规范实践——论高等教育政策三维伦理向度》	《黑龙江高教研究》	2016 年第 4 期	CSSCI 来源（核心期刊）	1
5.《论课程的三维形态》	《教学与管理》	2015 年第 1 期	核心	1
6.《地方政府公共服务教育职能的拓展及履行》	《教育评论》	2015 年第 3 期	核心	1
7.《由"平面化"到"立体化"：论地方高校学院制管理转型》	《教育评论》	2016 年第 5 期	核心	1
8.《基于生命周期的高校学科组织结构演化研究》	《吉林师范大学学报》（人文社会科学版）	2016 年第 3 期	省级	1